新時代の沖縄観光の諸相：
コロナ禍とその後の挑戦

The Multifaceted Aspects of Okinawa Tourism in the New Era: Challenges in the Wake of the COVID-19 Pandemic

沖縄国際大学産業総合研究所［編］

泉文堂

序　論

　公然の事実として，新型コロナウイルス感染症は世界全体に甚大な影響を及ぼしています。この難しい時期において，沖縄の観光産業もまた，例外ではなく深刻な影響を受けています。本書では，新型コロナウイルスの大流行が沖縄観光に与えた影響を詳細に分析し，新しい方向性，ビジョン，そして地域の持続可能な発展を目指すための具体的な戦略やイニシアティブに焦点を当てています。沖縄県は県経済を支える産業として，地域の資源を有効に活用した観光施策を1976（昭和51）年から全国に先駆け，沖縄県観光振興基本計画を策定し，「観光」を今日の基幹産業に成長させてきました。しかし，これまでに経験したことのない世界的なパンデミックが沖縄の観光産業にも大きな影響を与えています。多くの産業が変革を迫られている中，沖縄の観光産業はこれらの課題をどのように乗り越え，新しい時代に適応していくべきでしょうか。この疑問に答えることが，本書の主な目的です。本書は沖縄国際大学産業総合研究所による二つのグループプロジェクト，「沖縄観光の海外顧客ターゲットの多様化とリスク分散に関する研究」及び「ニューツーリズムと観光クラスター形成に関する総合的研究」の一部の研究成果を基に編纂されています。これらのプロジェクトは2018年度から2022年度にかけて実施され，多角的な調査が行われました。沖縄観光が直面するであろうさまざまな問題と課題を包括的に分析し，解決策を提案しています。

　本書の構成は，コロナ禍と観光産業の変化，地域観光施策と課題，観光消費者の行動と地域ブランディング，観光産業と地域支援の４つの主要なテーマを取り上げており，観光関連の研究者，専門家，地域のプラクティショナーや政策立案者など，幅広い読者に情報を提供しています。第１部「コロナ禍と観光産業の変化」では，新型コロナウイルスの影響を受けた観光産業に焦点を当てています。「国際通り商店街」を取り上げ，商店街の再活性化戦略と将来展望を探求します。また，コロナ禍による人々の移動パターンの変化とそれが将来

1

の旅行需要に与える影響を分析し，観光産業全体の現状と国内観光の将来展望を詳述しています。オーバーツーリズムを背景に，新型コロナウイルスの影響を受け入れることで，観光産業の適応と発展の方向性を模索します。

　第2部「地域観光施策と課題」では，地域固有の観光施策とイニシアティブを探求し，その効果と存在する課題を詳細に分析します。例として，久米島町を挙げ，市町村産業連関表を用いた新しい評価アプローチを紹介します。また，北海道ニセコ地域の成長と，観光産業の発展が税収構造に与える影響を分析します。スポーツツーリズムの推進に関する活動や課題，地域資源を守りつつ持続可能な観光を実現するための入島税導入の検討，沖縄のクルーズ観光の現状と課題にも焦点を当てます。

　第3部「観光消費者の行動と地域ブランディング」では，観光市場における消費者行動の変化と地域ブランディングの役割に注目し，Z世代の行動パターン，新たなトレンドとしてのワーケーション，価値共創を活用した地域ブランディングのアプローチ，そして沖縄の観光産業と地域ブランドの関連性について深い洞察を提供します。これにより，観光市場における消費者のニーズの変化とそれが地域ブランディングにどのように影響を与えるかを理解するための基盤を築くことができます。

　第4部「観光産業と地域支援」では，観光産業が地域経済や社会に与えるポジティブな影響を探ります。地域金融機関が観光振興に果たす役割，宿泊業界の雇用の特徴と直面している課題，そして働く人々の健康と福祉の向上をいかに促進するかに焦点を当てます。これにより，観光産業が持続可能な地域社会の発展にどのように寄与できるかについての理解が深まります。

　産業総合研究所は，県内のビジネスと経済を中心に，地域社会に根ざした研究活動に取り組んでまいりました。本書は「沖縄の観光」をテーマに，産業総合研究所の叢書第6号として発行をしております。沖縄の魅力を最大限に活かしながら，新しい観光の形を模索し，その未来を共に考える一助となれば幸いです。共同プロジェクトの研究成果を活かし，沖縄の産業の発展に貢献するこ

と，そして県内外のさまざまな地域と連携することを目指しています。今後も研究所の所員一同，研究活動を通じて微力ではございますが，地域の皆様にお役に立てるよう精進して参りたいと思います。最後になりますが，第6号叢書の編集にあたり，投稿者の皆様，泉文堂，そして産業総合研究所の研究支援助手である上原彰公氏に心より感謝申し上げます。

2023年10月12日
沖縄国際大学産業総合研究所
所長　原田優也

目　　次

第1部　コロナ禍と観光産業の変化

第1章　コロナ禍における国際通り商店街の変化と展望
　　　　―DXによるポストコロナ時代への対応に関する一考察―　　　（中野　謙）

第2章　コロナ禍における人の移動及び
　　　　　今後の行動分析について　　　　　　　　　　　　　（比嘉一仁）

第3部　観光消費者の行動と地域ブランディング

第4部　観光産業と地域支援

第15章　働く人のヘルスプロモーション　　　　　　　　（島袋　桂）

執筆者紹介 （執筆順）

第 1 章	中野　謙	産業総合研究所	所員
第 2 章	比嘉一仁	産業総合研究所	所員
第 3 章	平敷　卓	産業総合研究所	所員
第 4 章	比嘉正茂	産業総合研究所	所員
第 5 章	高　哲央	産業総合研究所	所員
第 6 章	慶田花英太	産業総合研究所	所員
第 7 章	仲地　健	産業総合研究所	所員
第 8 章	兪　炳強	産業総合研究所	所員
第 9 章	原田優也	産業総合研究所	所員
第10章	李　相典	産業総合研究所	所員
第11章	髭白晃宜	産業総合研究所	所員
第12章	瑞慶覧美恵	産業総合研究所	特別研究員
第13章	島袋伊津子	産業総合研究所	所員
第14章	岩橋建治	産業総合研究所	所員
第15章	島袋　桂	産業総合研究所	所員

Table of Contents

第 1 部

コロナ禍と観光産業の変化

コロナ禍における
国際通り商店街の変化と展望
—DXによるポストコロナ時代への対応に関する一考察—

The Changes in Kokusai Dori Shopping Street During the COVID-19 Pandemic and Its Future Outlook
—A Study of the Use of Digital Transformation in the New Normal of the Post-covid World—

中野 謙
Ken NAKANO

はじめに

　沖縄県は政府が推進する国家戦略特別区域に指定され，観光を経済構造の中心に据えた「21世紀ビジョン」を推進してきた。その中核の1つとして観光発展を支えてきたのが那覇市国際通り商店街（以下，国際通り商店街）である。しかし2020年に新型コロナウイルス感染症（以下，コロナ）が沖縄県に伝播したことにより，その様相は大きく変化している。

　以下では，その影響による国際通り商店街の変化と対応に焦点を当て，ポストコロナ時代（コロナ禍における変化が定着した社会）に向けた観光発展の在り方を検討する。なお国際通り商店街に関する内容は，とくに断らない限り那覇市国際通り商店街振興組合連合会（以下，振興組合連合会）に対して2022年11月に行った聞き取り調査に基づく。

② 国際通り商店街の再活性化戦略

1　入域観光客の減少

　沖縄県への入域観光客はコロナ禍前の2019年（暦年）に1,016.4万人となり，過去最高を記録した。このとき国内客は723.4万人（71.2%）であり，外国客は293万人（28.8%）であった。一方，2020年2月にコロナが県内に伝播すると同年の入域観光客の数は373.7万人に激減し，国内客348万人（93.1%），外国客25.7万人（6.9%）となった。さらに2021年には水際措置[1]による入国制限の影響によって外国客がゼロとなり，国内客も301.7万人に減って，過去最低の水準に落ち込んだ（沖縄県2020-2022）。これはコロナ禍によって年間の入域観光客が7割以上減少したことを意味する。

　他方，沖縄県は産業に占める第3次産業の割合が82.1%（2019年度）であり，全国平均の72.5%（同）を10ポイント近く上回っている（沖縄総合事務局2022：15）。また島嶼部であることから第3次産業に占める観光関連産業の割合が大きく，地域経済は観光客の動向に大きく影響される。そのため，コロナ禍で入域観光客が7割以上減少したことによる影響は県内の至る所に表れており，とくに観光客の訪問が多い国際通り商店街の影響は深刻であった。

　一般的な商店街の主な客は近隣の住民であり，地域の人々が日々の買い物をするために利用する。これに対して国際通り商店街の主な客は入域観光客であり，それに対応するための店舗が集積している。これは本土復帰後からの傾向だが，沖縄県が2014年に国家戦略特区制度による「国際観光イノベーション特区」の指定を受けたことにより，一層深化している[2]。こうしたことから国際通り商店街はコロナ禍における観光客の減少によってとくに大きな影響を受けることとなった。

２　国際通り商店街の変化

　沖縄県で初のコロナ陽性者が確認されたのは2020年2月14日（沖縄タイムス2020-02-14）であり，県内への伝播が確定的となった。その数日後に国際通り商店街に店舗を構えていた大手家電チェーンが撤退を決め，これを皮切りに閉店や撤退が生じるようになった。その2ヶ月後の4月16日，政府が全国に新型コロナウイルス感染症緊急事態宣言（以下，緊急事態宣言）を発出（NHK，閲覧2023.2.27）したことにより，国際通り商店街に属する約600店のうち，コンビニエンスストアと大手ディスカウントストアを除くすべての店舗が休業を余儀なくされた。

　この感染拡大の第1波に対する緊急事態宣言は5月14日に解除されたが，沖縄県による独自の緊急事態宣言（4月23日発出）は5月31日まで続いた（沖縄県，閲覧2023.2.27）。また夏期休暇の人流増加で感染拡大の第2波が生じるとの見通しから，県内には入域観光客が増加する時期に再び緊急事態宣言が発出されるという予想が広がっていた。これによって業績の回復がさらに遠のくとの閉塞感が，国際通り商店街にも満ちていた。こうした状況の打開を目指し，振興組合連合会は再活性化戦略として「奇跡の一マイル再び！頑張れ国際通り応援プロジェクト」（以下，応援プロジェクト）を立ち上げた。

　応援プロジェクトに伴い，振興組合連合会が国際通り商店街を訪れる客の調査[3]を行った結果，県内にコロナが伝播する前の2020年1月25日（土）は，県外客が52％，県内客が48％であった。この結果は入域観光客だけでなく，地域住民も比較的多く国際通り商店街を訪れていたことを示す。売上においては県外客の占める割合が多いと思われるが，訪問客の半分近くは県内客であることが見て取れる。また，この日の県外客と県内客をそれぞれ100ポイントとして換算すると，図1のような推移が確認できた。

図1　県外客と県内客の推移（2020年）

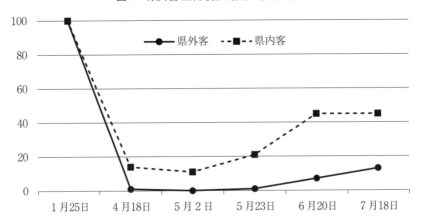

注：縦軸は1月25日の値を100とした指数を表す
出所：那覇市国際通り商店街振興組合連合会提供データより作成

　政府が全国に緊急事態宣言を発出した後の4月18日（土）は，県外客が1ポイント（99ポイント減），県内客が14ポイント（86ポイント減）であった。これに加えて沖縄県が独自の緊急事態宣言を発出した後の5月2日（土）は，県外客が0ポイント，県内客が11ポイントであり，共に減少した。

　政府が沖縄県の緊急事態宣言を解除した後の5月23日（土）は，県外客が1ポイント，県内客が21ポイントであった。このときはまだ沖縄県独自の緊急事態宣言が解除されておらず，県外客に対する渡航自粛要請（5月7日から6月19日まで）も継続していたため，県内客が増加した一方で県外客はほとんど増加していない。

　沖縄県が渡航自粛要請を解除した翌日の6月20日（土）は，県外客が7ポイント，県内客が45ポイントであり，夏期休暇が近づいた7月18日（土）は，県外客が13ポイント，県内客が45ポイントであった。この間，国内の移動制限は解除されていたが，世界的な出入国制限によって外国客の訪日は限定的であったことから，県外客の内訳は，ほとんどが国内客だったと考えられる。その国内客についても，当時は他地域への移動を自粛する雰囲気がまだ残っており，

これらが県外客の回復を鈍化させていた。

　このような状況に照らして振興組合連合会は，時期や地域に囚われず，国内外の幅広い層に国際通り商店街を知ってもらうことに重点を置き，沖縄県が渡航自粛要請を解除した6月19日に合わせて観光客に向けた「ウェルカム宣言」を行い，応援プロジェクトを開始した。

❸　応援プロジェクトの概要

　琉球新報（2022-06-20）は，この応援プロジェクトを構成する5つの事業を「①割引キャンペーン」「②『路上マルシェ（市場）』などのイベント開催」「③インターネットを使ったプロモーション」「④売り上げの一部が振興組合連合会に寄付されるくじ『みるくロト』」「⑤旗のスポンサー募集」と紹介している。

　振興組合連合会によると，①は政府が推進する「Go Toキャンペーン」に対する各種商品・サービスの割引対応である。②は国土交通省が2020年11月に創設した「歩行者利便増進道路制度」（通称ほこみち制度：後述）を活用した「国際通りマルシェ」の開催を指す。③は「デジタル部会」の立ち上げを通じた国際通り商店街のウェブサイトの刷新と公式オンラインショップの開設である。④はコンピュータで当選管理された商店街振興くじをウェブサイト上で売買する事業を指す。⑤は国際通り沿いに設置された街灯にバナーフラッグ（広告用の旗）を掲げ，そのオーナーとなる協賛者を募る事業である。

　これらの事業とそれに関連する取り組みを整理すると，①，②は行政との連携によるコロナ禍への対応であり，③，④，⑤はデジタルトランスフォーメーション[4]（以下，DX）によるコロナ禍への対応であるといえる。とくに②，③，⑤は相互に波及効果があり，コロナ禍への対応だけでなく，その後の観光発展に向けた示唆的な事例といえる。そこで以下ではこれらに焦点を当て，ポストコロナ時代への対応としての有用性を検討する。

③ ポストコロナ時代への示唆

1　コロナ禍だから実現できた「国際通りマルシェ」

　前掲の琉球新報が応援プロジェクトの事業として紹介した「②『路上マルシェ（市場）』などのイベント開催」は「国際通りマルシェ」という名称のイベントとして2020年7月26日（日）に開催された。この国際通りマルシェは路上空間を利用して物販や飲食サービスの提供が行える「人中心の道路空間」（いわゆる歩行者天国）であり，前述の「ほこみち制度」によって開催が実現した。

　このほこみち制度は物販や飲食サービスの提供などによる道路の占用条件を柔軟化するものであり，コロナ禍における3密(5)を回避するための特例として創設された（国土交通省，閲覧2023.2.27）。この制度により，店舗内での買い物や飲食による3密状態に不安を覚える客に対し，店舗外の道路を接客空間として利用することが可能となる。またそれに伴って店舗内の滞在人数が減ることで，コロナの集団感染の防止につながることも期待できる。

　一方，国際通りマルシェの構想は，国際通り商店街で2007年から実施されている「トランジットモール」の立ち上げ当初からあった。本来トランジットモールは国際通り商店街の一角を歩行者天国とし，路上で物販や飲食サービスの提供が行える空間作りを目的としたものであった。しかし道路法などの規制により，歩行者天国であっても道路を占用した物販や飲食サービスの提供は禁じられていた。この規制がほこみち制度によって緩和されたことで，国際通りマルシェの実現につながった。つまり，これは社会変化への政策的な対応という転機をうまく捉えた成果であり，コロナ禍だから実現できた事例である。だがこうした新事業には前例がないことが多く，その実現は容易でない。

　国際通りマルシェの開催には，主に2つの課題を解決する必要があった。1つ目は行政との連携である。国際通りは県道39号線であり，これを利用して国

際通りマルシェを開催するためには，管轄する沖縄県と警察の許可が必要となる。また新設のほこみち制度には前例がないことから，開催方法や安全面など18項目に渡る課題の解決が不可避であった。

　2つ目はイベントの開催が平時ではないことである。コロナ禍でのイベント開催であることから，集団感染を防ぐための対策は欠かせない。そこでマルシェの会場となる道路の一角を70mに渡ってフェンスで囲い，その両側の出入り口にゲートを設けて入場制限を行った。入場者には手指の消毒，ミストシャワー，検温，マスク着用確認（着用していない場合は無料配布），追跡アプリの登録，最低1m（可能な場合は2m）のソーシャルディスタンス確保を依頼した。

　また場内では，従業員にはフェイスシールドの着用を徹底させ，蓋付きのごみ箱設置，不特定多数が触れるサンプル品や見本品を置かない，パンフレット等も配布せず，据え置きのみとした。飲食に関しては，購入者への除菌シートの無料配布，飲食スペースへの除菌シートの設置などの対策を行った。

　このように対策を徹底すれば，入場に手間がかかるため集客力が低下することが懸念されるが，実際には抽選1,000人を大幅に超える応募があり，最終的に1,500人はどが集まった。これは入場の手間よりも安全性や安心感を重視する来訪者が一定数いることを示している。

　この国際通りマルシェはコロナ禍における規制緩和の機を捉えた事例であり，コロナ禍によって実現が可能となった。そのきっかけとなったほこみち制度の特例がポストコロナ時代も継続されるかどうかは不明だが，その継続の是非を問う上で，これは参照に値する事例である。

❷　デジタル部会によるDXの推進

　前掲の琉球新報が「③インターネットを使ったプロモーション」と紹介した事業は，振興組合連合会の組織内に「デジタル部会」を設置し，プロモーションのIT化を進めたことを指す。これがのちにさまざまな事業と結びつき，国際通り商店街のDXに発展した。

　コロナ禍前の国際通り商店街は立地の良さを生かした実店舗販売が主であり，

商店街自体のウェブサイトはあったものの，活用はなされていなかった。だがコロナ禍で人流が減ったことにより，より多くの人に国際通り商店街の情報を発信することを目指し，ウェブサイトの刷新に取り組んだ。その過程で，外部委託していたウェブサイトの管理を振興組合連合会で行うために，組合員の有志を募ってデジタル部会を立ち上げた。これがIT化の発端となった。

　ウェブサイトの刷新に加え，店舗間の情報共有もIT化した。従来は回覧方式で情報を共有していたが，コロナ禍でほとんどの店舗が休業したことにより，回覧だけでなく電話による情報伝達も行えなくなった。Eメールアドレスを持つ店舗はごくわずかであり，個人の連絡先が不明な組合員も多く，商店街全体での情報共有が立ち行かなくなった。こうしたことから組合員専用のサイトを作り，ウェブ上で即時に情報の共有と管理が行える仕組みを整えた。

　また国際通り商店街の公式オンラインショップを立ち上げ，個別にインターネット販売を行っていた店舗の商品も統合して，買い物客の利便性を高めた。店舗ごとのインターネット販売では，買い物客は各店舗のウェブサイトを閲覧する必要がある。また店舗ごとに購入と支払いの手続きが必要になるだけでなく，商品の受け取りも店舗ごとに個別になる。

　一方，公式オンラインショップであれば，各店舗が出品したすべての商品を公式オンラインショップのウェブサイトで閲覧でき，購入と支払いの手続きも一括で行える。また同時に購入した商品は公式オンラインショップからまとめて発送されるため，出品する店舗の違いにかかわらず一括で受け取れる。

　商店街全体でこうした仕組みを構築している例は先進的だが，振興組合連合会は国際通り商店街をメタバース⁽⁶⁾の仮想空間内に再現した「バーチャル沖縄」を展開することで，IT化をさらに深化させている。このバーチャル沖縄へのアクセスを提供するのは世界的に有名なゲーム配信業者であり，利用登録は英語でも行えるため，世界各地からのアクセスが期待できる。

　バーチャル沖縄は3つの仮想空間からなり，国際通り商店街はその1つである。アクセスすると，国際通りの入口にあたる県庁北口交差点付近にアバター（仮想空間内で自分の分身となるキャラクター）として現われる。商店街は県庁前

エリアと呼ばれる区画が再現されており，いくつかの店舗は中に入ることができる。店内には県産品が展示されており，アバターの手に取らせることで拡大して見たり，食べたり飲んだりするアニメーションで雰囲気を楽しんだりすることができる。また公式オンラインショップのサイトを開いて買い物をすることができるようになっており，仮想空間での情報発信を購買行動につなげる工夫がなされている。

　2021年4月に，このバーチャル国際通り商店街で初めてのイベントを行った際には4万6,000人の参加があり，そのうちの3分の1は海外からの参加であった。当時は感染拡大の第4波が生じており，イベントの制限や他地域への移動の自粛が求められていたことなどから，実際の国際通り商店街を訪れる客よりもバーチャル国際通り商店街を利用する参加者の方が多かった。

　こうして国際通り商店街のIT化は国内外の多様な人々を巻き込んでDXへと深化していくが，これもコロナ禍が契機となって実現した事例である。

❸　「リアル」と「バーチャル」の融合

　このIT化と並行して進められた事業の1つに「一万人のエイサー踊り隊」（以下，一万人エイサー）のオンライン開催がある。エイサーは沖縄県の伝統芸能であり，一万人エイサーは国際通り商店街で最大の恒例行事となっている。しかし2020年はコロナ禍で開催できず，2021年の開催も絶望的な状況にあった。そこでインターネットでのライブ配信に着目し，その特徴を生かして世界各地の演舞団体をつないだ「世界同時演舞」の実現を目標に掲げた。

　一万人エイサーは国際通り商店街が演舞団体に演舞を依頼し，出演料を支払って開催する。だが国際通り商店街はコロナ不況によって，経済的な余力を失っていた。一方の演舞団体は最大の晴れ舞台を失っただけでなく，チーム全体での練習ですら困難となっていた。3密を避けながら苦労して練習を重ねても公演の機会はなく，失望した演者の脱退によって存続の危機に陥る団体も生じるようになっていた。

　行政によるイベント開催の制限が続く中，何とか一万人エイサーを開催した

いという両者の思いが重なり，出演料なし，観客なしのライブ配信を引き受ける演舞団体が集まった。また，こうした状況は海外の演舞団体も同じであり，世界中のチームに呼びかけを行ったところ，86地域のチームが出演に応じた。

　ライブ配信による一万人エイサーは2021年8月1日に開催する予定だったが，それに先だって6月からプロモーションビデオの配信を行った。だが単にエイサーの映像を配信するに留まらず，伝統エイサーと創作エイサーが存在することや，その違いの説明，ライブ配信に向けた練習の様子，演者の紹介や秘話などのインタビュー，さらにはその撮影風景を「メイキング映像」として公開することなどにより，エイサーへの親しみと好奇心を高めてもらうことに重点を置いた。こうしたプロモーションが奏功し，開催当日の視聴者は5万4,000人に達し，ライブ配信の集客が現実の公演を上回る結果となった。

　このライブ配信を通じて得た気づきも多かった。現実の公演では観客の感想を聞く機会はほとんどないが，ライブ配信では文字による会話機能を用いた応援や感想がさまざまな言語で寄せられた。これにより，運営側だけでなく演者側も現実の公演とは異なる感動を得ることができ，「リアル」だけでは実現できないことでも，「バーチャル」を組み合わせることで可能になる場合があると実感した。こうしてイベントの制限が緩和された2022年の一万人エイサーは，リアルとバーチャルを組み合わせた「ハイブリッド」での実施へと発展した。

　これもまたコロナ禍が契機となって実現した事例であり，ポストコロナ時代の情報発信や集客の方法を考える上での参考例となるだろう。

4　バナーフラッグからデジタルサイネージへ

　前掲の琉球新報が「⑤旗のスポンサー募集」と紹介した事業は，国際通り沿いの街灯に広告用のバナーフラッグを掲げ，オーナーとなる協賛者を募るものである。だが，その真の目的は広告収入ではなかった。

　このバナーフラッグの設置は応援プロジェクトの初期に実施されたものであり，その真の目的は休業続きで疲弊している組合員に対して「商店街の活性化に向けて力を合わせよう」というメッセージを発信することにあった。

　商店街を貫く国際通り沿いに設置された84本の街灯一つひとつに，通行者や県外客に向けた商店街の情報やメッセージを載せたバナーフラッグを掲げる。無論，こうした情報の発信が事業目的であることには違いないが，その作業に「組合員が一丸となって取り組む」ことこそ，この事業の狙いであった。協賛者の募集は，そのための費用捻出の手段に過ぎない。

　このバナーフラッグの設置は応援プロジェクトの開始時点ですでに完了していたが，現在はこのバナーフラッグをデジタルサイネージ（電子掲示板）に置き換える事業に取り組んでいる。

　バナーフラッグの作成には1種類200万円ほどの費用がかかるが，使い捨てになる。また取り替えの手間がかかり，情報の即時性も低い。そこで，これをデジタルサイネージに置き換え，文字・映像・音声によるリアルタイムでの情報発信を計画している。その目的は災害対策であり，通行者に地震や津波の情報を即座に知らせるシステムの構築を目指す。

　現在の国際通り商店街には，地震や津波の予兆が観測された場合にそれを訪問客に伝える手段がない。行政は「全国瞬時警報システム」（通称Jアラート）や災害通知アプリを提供してはいるが，アラームによる断片的な警戒情報は混乱を招きやすく，また観光目的の外国客が国内の災害通知アプリをダウンロードしているとも限らない。防災のための情報は即時に伝えることが不可欠だが，その場の状況に応じた避難指示まで伝えてこそ意味がある。こうした観点において，バナーフラッグをデジタルサイネージに置き換えて，視覚と聴覚の両方で捉えられる避難情報を提供することには大きな意義がある。

　このデジタルサイネージ化には2億3,000万円ほどの費用が必要となるが，訪問客が多い国際通り商店街においては，防災システムの有用性も相対的に高くなる。こうしたことから行政に支援を打診しながら事業化に取り組んでいる。

　また平時はデジタルサイネージを用いてCMを流したり，商品のプロモーションを行ったりすることなどによって，広告収入を得ることを想定している。デジタルサイネージはさまざまなデジタルメディアとの連携も可能であるため，訪問客に向けたエンターテインメントの提供も視野に入れている。これが前掲

の国際通りマルシェと相乗効果を生み出し，集客力の向上とそれに伴う広告収入の増加も期待できる。

　今後，ポストコロナ時代への移行に伴って人流が回復すれば，防災対策や外国客への配慮も重要性が増していく。だが大規模な防災システムの維持費は財政を圧迫するため，こうした防災と収益を両立するシステムの構築は，時代の変化に関わらず，新たなビジネスチャンスにつながるだろう。

 ## 新たな展開と危機への対応

1　ポストコロナ時代を見越した「リアル」の効率化

　これらはいずれもコロナ禍への対応として生じた事例であり，今後もDXによるリアルとバーチャルの融合によってさらに発展していくだろう。こうした事例はコロナ禍への対応に留まらず，その後の社会変化（ポストコロナ時代の社会像）を規定する礎となりうる。

　一方，ポストコロナ時代への移行はリアル（現実世界）での観光需要の回復をもたらす。そのためポストコロナ時代はDXによるバーチャルの拡張だけでなく，「リアルを重視」した対応も不可欠といえる。前掲の公式オンラインショップは，すでにこうした観光回復を見越した対応に踏み出している。

　公式オンラインショップで販売した商品は，次のような工程を経て発送される。まずオンラインショップの販売情報に基づき，各店舗の担当者が「商品の仕訳（A）」を行う。次に振興組合連合会の担当部門が「各店舗が仕訳した商品の集荷（B）」を行い，さらに「商品を購入者ごとに梱包（C）」して発送準備を整える。これを運送業者が受け取り「購入者に配送（D）」する。

　ところがオンラインショップの販売が増加するに伴い，振興組合連合会が担う集荷（B）と梱包（C）の作業に膨大な労力が必要となり，各店舗においても仕訳（A）の作業に人手を取られるようになった。そこで（A）をコンピュータ管理によってサポートするシステムを構築[7]し，さらに（B），（C），（D）を

大手運送業者に委託[8]することで，実店舗での接客とインターネットでの販売が両立できる仕組みを整えた。

またこの仕組みを実店舗での買い物にも適用するための実証実験を2022年12月から行っている。これが実現すれば，買い物客は手ぶらで周遊できるようになるだけでなく，異なる店舗で買った商品を帰宅後に一括で受け取ることができるようになり，購買行動の活発化が期待できる。

観光や食事に出かけた際に買い物をすると，荷物が移動の邪魔になるため，ホテルに置きに戻ったり，買い物を控えたりすることがある。またこうしたことを見越して，帰路に空港でまとめ買いをする観光客も多い。こうした客に一括宅配のサービスが提供できれば，国際通り商店街を利用する買い物客が増え，全体的な売上の向上が期待できる。

こうした買い物の効率化はリアル（現実世界）での顧客満足度の向上を目指すものであり，観光需要の回復が加速するポストコロナ時代においても不可欠な対応である。すなわちポストコロナ時代においても「リアルを重視」し，そこに「バーチャルを組み合わせる」ことで，さらなる発展を目指すという対応が必要であるといえる。

❷　賞味期限と価格競争への対応

一方，コロナ禍の国際通り商店街はさまざまな面で危機的状況に陥っており，その最たるものが土産品の賞味期限であった。コロナ禍で休業が続いた時期，土産品の賞味期限が近づき，大量の廃棄処分が避けられなくなっていた。その対応のために那覇市に協力を依頼して「那覇市土産品消費促進事業」を立ち上げ，那覇市立の小中学校53校18万6,000人分の給食として買い上げてもらった[9]。

給食は持ち帰り禁止が原則であるため，賞味期限の最終日まで提供することが可能である。また地域の子供が地域の土産品を知らなかったり，食べたことがなかったりすることが多かった。そこで賞味期限が近づいた土産品を給食用に提供すると同時に，学校の先生を通じて児童・生徒とその保護者に対して「地域住民であっても，土産品の利用が増えれば地域経済の活性化につなが

る」というメッセージを発信してもらい，土産品のプロモーションを行った。これがきっかけとなって実店舗を訪れる県内客が現われ，給食時の感想を聞かせてくれたり，土産品を買ってくれたりすることにつながっている。

　もう1つの危機は公式オンラインショップの開設に伴う価格競争であった。店舗販売が主であった頃から競合品の価格競争は生じていたが，オンラインショップの開設によって商品の比較が容易になったことで，価格競争が明示的になった。だがこうしたことはオンラインショップの開設前から想定しており，それでもインターネット販売に注力してきた。そうせざるを得ないという事情もあり，価格競争を避けるための差別化や新たな客層に向けた商品開発に取り組んでいる。

　こうした変化への対応とそのための試行錯誤が国際通り商店街の在り方を形成し，ポストコロナ時代における発展へとつながるだろう。

5　おわりに

　コロナ禍における移動制限によって社会情勢は大きく変化し，経済は世界的に停滞した。その一方で，従来の社会では生じなかった変化が生じ，その変化への対応が新たな社会構造を形成しつつある。その対応策にはIT関連技術を応用したものが多く，これがDXの進展を促している。本稿で焦点を当てた国際通り商店街の事例は，こうしたDXの応用において参考例となるだろう。

　しかし国際通り商店街は「リアル」に重点を置き，立地の優位性を生かしつつ，そこに「バーチャル」を組み合わせた発展を目指すためにDXを用いている。「DXありき」ではなく，あくまでも現実社会における顧客対応を重視し，その利便性を高めるためにDXを導入している点が刮目に値する。

　一方，沖縄県はコロナ禍においても観光需要の回復を見越した対応を進めてきた。那覇空港の第2滑走路の供用を開始したのは2020年3月であり，コロナが県内に伝播した直後であった。また那覇港に世界最大級のクルーズ船が停泊できる第2クルーズバースを建設し，2023年2月に供用を始めた。県内へのホ

テル誘致も進め，国際通りにも商店街最大のホテルが開業した。そして政府が2023年5月にコロナの感染症法上の位置づけを5類に引き下げたことで，ポストコロナ時代が始まった。

　今後，リアルでの人流はさらに活発化し，県への入域観光客はコロナ禍前の水準を超えて回復するだろう。こうした過渡期において沖縄県や国際通り商店街が経験した変化とその対応は，ポストコロナ時代の観光発展を考える上で有益な示唆となるだろう。

【注】

(1)　水際措置（正式名称：水際対策強化に係る新たな措置）は2020年12月23日に発表され，12月26日に「すべての国・地域からの新規入国の一時停止」に拡大された（厚生労働省，閲覧2023.3.2）。

(2)　国際観光イノベーション特区の目標は「観光ビジネス振興と沖縄科学技術大学院大学を中心とした国際的なイノベーション拠点形成」である（沖縄県2022.11.30）。国際通り商店街はその目標である「観光ビジネス振興」に注力している（振興組合連合会・事務局長談）。

(3)　この調査は株式会社Agoopが提供するデータを使用して行い，滞在時間から訪問客を割り出した（振興組合連合会・事務局長談）。

(4)　デジタルトランスフォーメーション（digital transformation）の定義は論者によって異なるが，本稿では「情報・通信・デジタル等の技術の活用によって，現実と仮想を結びつけてゆくこと」と捉える。

(5)　3密とは「換気の悪い密閉空間」「多数が集まる密集場所」「間近で会話や発声をする密接場面」を指す用語である。この3つが揃うとコロナの集団感染リスクが高まることから，政府がこれを避けることを推奨している。

(6)　メタバースの定義は明確でないが，本稿では「インターネット上に作られた三次元仮想空間」と捉える。

(7)　このシステムの構築を担ったのは国際通り商店街の組合員（企業）であり，大手インターネット販売業者の受注システムを設計した実績を持つ。

(8)　この企業はショッピングモール内に出店する複数の店舗を対象とした宅配便の集荷・配送を行っており，国際通り商店街はすべての店舗が一本道である国際通りに面していることから，同様の手法で集配を受託している。

(9)　この事業は那覇市が2021年2月3日に公式発表し，「那覇市『経済をつなぐ』応援事業者支援補助金」を用いて実施された（那覇市2021.2.3）。

【参考文献】

沖縄県（2020－2022）「令和元年～ 3 年（暦年）沖縄県入域観光客統計概況」

沖縄総合事務局（2022）「沖縄県経済の概況　令和 4 年10月」

県内で 1 人再検査／陰性確認できず　結果きょう判明，沖縄タイムス，2020－02－14，
　　朝刊，p. 1

チバリヨー!! 国際通り／商店街連合会　集客へ路上市場など，琉球新報，2022－06－20，
　　朝刊，p. 5

【参考URL】

NHK「緊急事態宣言 1 回目の状況」［https://www 3.nhk.or.jp/news/special/coronavirus/
　　emergency/］閲覧2023. 2. 27

沖縄県「2022. 11. 30　国家戦略特区　制度の概要」［https://www.pref.okinawa.jp/site/
　　kikaku/chosei/staff/kokkasenryakutokku.html］閲覧2023. 2. 27

沖縄県「緊急事態宣言等の発出及びその対処方針について」［https://www.pref.okinawa.
　　jp/site/chijiko/koho/corona/documents/hassyutsujyojyo.pdf］閲覧2023. 2. 27

厚生労働省「これまでの水際対策に係る新たな措置，（4）」［https://www.mhlw.go.jp/
　　stf/seisakunitsuite/bunya/ 0000121431_ 00352.html］閲覧2023. 3. 2

国土交通省「ほこみち」［https://www.mlit.go.jp/road/hokomichi/］閲覧2023. 2. 27

那覇市「2021. 2. 3『那覇市土産品消費促進事業』について」［https://www.city.naha.
　　okinawa.jp/websyuccyoujyo/kaiken/ 2020kaiken/kaiken 210203_ 01.html］閲覧2023. 3. 6

第2章

コロナ禍における人の移動及び
今後の行動分析について

Analyses of COVID-19 Effects on Human Mobility and
Travel Demand：Evidence from Japan

比嘉　一仁

Kazuhito HIGA

はじめに

　2020年から2022年にかけて，新型コロナウイルス（COVID-19）が世界中に猛威を振るった。日本においてもその影響は大きく，多くの人がその影響を危惧した。厚生労働省によると2020年1月から2022年12月までに約2,900万件[1]の新規陽性が確認されている。政府は感染の拡大防止のため「3つの密」の回避や移動の自粛，人との接触を減らす，マスク着用の推奨など提言を行った。さらに人々の生活を守る政策として，特別定額給付金（2020年4月27日時点に住民基本台帳に記録される人に1人当たり10万円）の給付，休業による収入減の影響で住居を失う恐れのある人には住宅確保給付金の給付，コロナ禍でも学びの継続を支援する高等教育の就学支援制度などの政策を行った。雇用の安定化を図る政策として再就職・転職のためのスキルアップを支援する求職者支援制度，雇用の維持のための産業雇用安定助成金等がある。他にも事業を守る政策として，事業再構築補助金などの政策を行った。

　本研究ではコロナ禍におけるさまざまな社会問題のうち，人の移動及び旅行

に焦点を当てて議論する。とりわけ沖縄県においては，観光立県を目指し，2012年度に策定された第5次沖縄県観光振興基本計画では観光客1,000万人（うち国外客200万人）等を目標としてさまざまな政策・支援が行われた。2018年度には入域観光客数が1,000万人（300万人）を記録し，観光業をはじめとして今後の経済成長が期待されていた。しかし，コロナ禍における人の移動及び観光客数の減少により地域の経済活動の維持を目的として全国旅行支援等の観光業への支援・政策を行った。

　そこで本研究では，まず2020年から2022年における人の移動について考える。新型コロナウイルスが感染拡大した期間に人はどのように行動していたのかを振り返る。また，人の移動に関連する家計の消費支出についてもデータを用いてみてみる。とくに交通及び旅行に関する支出が2020年から2022年にどのように変化したのかを確認する。最後に，2022年における家計需要の変化が経済全体に与える波及効果についても議論する。

2　コロナ禍における人の移動の変化

　コロナ禍における人の移動の変化についてみる。データはGoogle COVID-19：コミュニティ　モビリティ　レポートのデータを用いる。このデータはGoogle社により提供され，ロケーション履歴の設定を有効にしているユーザのデータを集計した匿名のデータセットとして利用できる。本節では，コミュニティ　モビリティ　レポートの日本全体でみた小売店・娯楽施設及び公共交通機関における訪問者の割合の変化と沖縄県における小売店・娯楽施設及び公共交通機関における訪問者の割合の変化をグラフにまとめた。

　図1〜図2は日本全体の小売店・娯楽施設及び公共交通機関における訪問者の割合の変化を表し，図3〜図4は沖縄県における小売店・娯楽施設及び公共交通機関における訪問者の割合の変化を表す。グラフは曜日別基準値（2020年1月3日から2月6日の曜日別中央値）と比較して，各場所に訪問した人がどの程度いるかを表す。グラフの縦軸がその変化を表す。破線は2020年2月15日から

12月31日の変化，実線は2021年1月1日から12月31日までの変化，点線は2022年1月1日から10月15日までの変化をそれぞれ表す。

　図1をみると，2020年4月から5月において，小売店・娯楽施設における訪問者の割合の急激な現象が日本全体でみられる。この期間は新型コロナウイルス感染症緊急事態宣言が発出された期間と一致する。内閣官房「新型コロナウイルス感染症対策」のHPによると，2020年4月7日に埼玉県・千葉県・東京都・神奈川県・大阪府・兵庫県・福岡県において5月6日までの新型インフルエンザ等対策特別措置法に基づき緊急事態宣言が発出された。その後，区域の変更や期間の延長等を経て，2020年5月25日に全国での緊急事態宣言が解除となった。この期間，感染者数の抑制及び医療提供体制や社会機能の維持を目的として，「三つの密」を避けることや外出の自粛要請等により，小売店・娯楽施設における訪問者が40％近くまで減少したことがわかる。その後も曜日別基

図1　小売店・娯楽施設における訪問者の変化（日本全体）

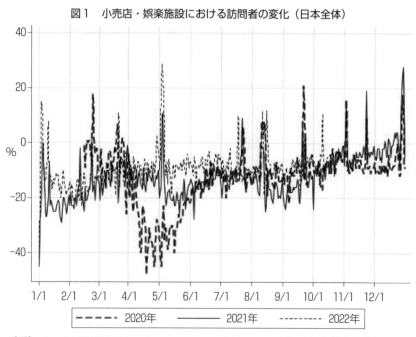

出所：Google COVID-19：コミュニティ　モビリティ　レポートより筆者作成

準値と比較すると，10％程度の減少で推移した。

　図2をみても緊急事態宣言の影響が確認できる。3月から公共交通機関への訪問者が減少し始め，5月には60％近くまで減少した。その後は20％程度の減少で推移している。

　さらに，図1及び図2をみると，その後の緊急事態宣言に応じて減少のトレンドがみられる。2021年1月7日に発出された緊急事態宣言（2021年3月18日に解除）の期間においても，小売店・娯楽施設における訪問者及び公共交通機関における訪問者の割合も減少している。その後も緊急事態宣言の期間延長・区域変更に応じて訪問者の増減の波がみられる。

図2　公共交通機関における訪問者の変化（日本全体）

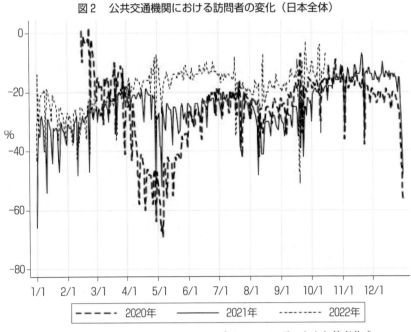

出所：Google COVID-19：コミュニティ　モビリティ　レポートより筆者作成

　一方で，2021年11月以降から2022年については，それ以前の急激な増減はみられない。小売店・娯楽施設における訪問者の変化は期間を通じて10％程度で

推移し，曜日別基準値に近づきつつあることがわかる。公共交通機関における訪問者の変化については，20％前後で推移し，2022年には10％程度の減少に落ち着きつつあることがわかる。

　他方，沖縄県における小売店・娯楽施設及び公共交通機関における訪問者の変化は，日本全体と比較すると比較的波があることがみてとれる。図３をみると，沖縄県においても緊急事態宣言が発出されていた期間においては，小売店・娯楽施設における訪問者の変化が急激に減少した。2020年４月から５月にかけて急激に訪問者が減少し，40％近くまで減少した。７月にかけては一時的に減少幅が縮小するが，８月から10月にかけて訪問者数の落ち込みが再度確認できる。日本全体の変化と比較すると大きな変動であることがグラフからわかる。図４をみると公共交通機関における訪問者の変化は2020年３月以降減少傾向がみられ，５月にかけて60％程度まで急激に減少した。７月にかけて減少幅

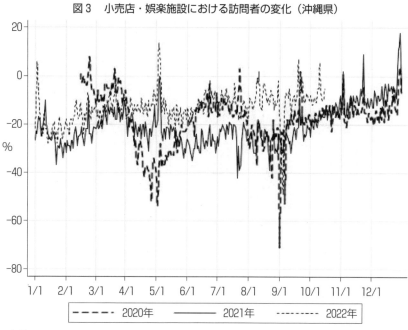

図３　小売店・娯楽施設における訪問者の変化（沖縄県）

出所：Google COVID-19：コミュニティ　モビリティ　レポートより筆者作成

が縮小するも，9月にかけて再度訪問者数の落ち込みが確認できる。上記のように，2020年の沖縄県における小売店・娯楽施設及び公共交通機関における訪問者の変化は日本全体の変化と比べるとより変動が大きい。

2021年においても，訪問者数の変化は時期により変動することがわかる。沖縄県における緊急事態宣言期間中やまん延防止等重点措置期間中においては，訪問者数の減少が見て取れる。とくに公共交通機関における訪問者数の変化はより大きな変動がある。2022年については，一時的に大きな減少があるが，小売店・娯楽施設及び公共交通機関における訪問者数は回復傾向にあり，2022年7月以降は小売店・娯楽施設における訪問者は曜日別基準値の10％程度の減少にとどまり，公共交通機関における訪問者数は曜日別基準値の水準に戻りつつあることがわかる。

図4　公共交通機関における訪問者の変化（沖縄県）

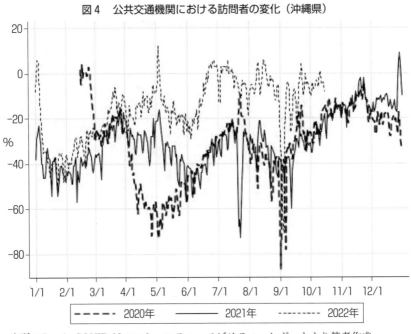

出所：Google COVID-19：コミュニティ　モビリティ　レポートより筆者作成

　以上のように，新型コロナウイルスの拡大による緊急事態宣言の影響などにより，2020年及び2021年においては小売店・娯楽施設及び公共交通機関における訪問者数は大きな減少及び変化が大きかったが，2022年以降は以前の水準に戻っていることが確認できる。

 ## 今後の旅行需要について

　本節では，コロナ禍の交通費及び旅行費支出及び家計消費需要の変化による経済効果について分析する。

　図 5 に交通支出及び旅行支出の推移を示す。データは総務省統計国により公表される家計調査のデータを用いた。家計調査は，全国約 9 千世帯を抽出して，家計の収入・支出，貯蓄・負債などを毎月調査する。 2 人以上の世帯の結果は，主に，地域・世帯属性毎に 1 世帯当たり 1 ヶ月の収支金額にまとめられて毎月公表される。今回は， 2 人以上世帯における月当たり交通とパック旅行費の支出について，前年同月と比較した変化を用いた。

　図 5 をみると2020年は交通支出及び旅行支出のどちらも前年同月の水準を下回っていることがわかる。交通支出については 3 月以降に前年同月の50％程度で推移している。しかし，2021年以降は前年同月比で 0 ％以上を多くの月で記録しており，人の移動が戻りつつあることがわかる。

　また旅行支出について，2020年には前年同月の100％近くまで支出が減少している月もあった。新型コロナウイルスの拡大や緊急事態宣言により，移動の自粛要請などで人の移動が減少し旅行需要も大きく減少したことがわかる。2021年は支出の変化が大きく，2021年 5 月ごろは前年比200％まで旅行支出が増加した。2022年には前年同月比300％まで旅行支出が増加した月もあり，旅行需要の回復が確認できる。

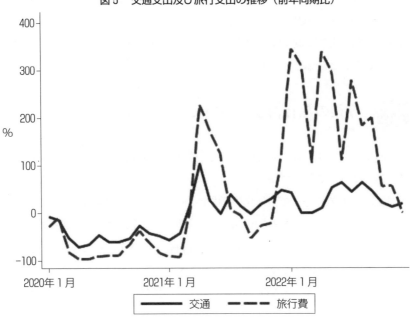

図5　交通支出及び旅行支出の推移（前年同期比）

出所：総務省統計局　家計調査より筆者作成

　次に，座間味（2023）で行われた家計消費需要の変化による波及効果の研究
を引用しながら2021年から2022年における旅行需要の効果について議論する。
座間味（2023）では，家計調査の需要の変動から日本全体における家計需要の
変化による経済波及効果の分析を行った。

　表1に座間味（2023）の分析結果を引用した。最も大きく影響したのは「不
動産」部門だった。直接＋間接の波及効果合計で年間約36兆円増加した。2番
目は「運輸・郵便」部門で，25兆円の増加となった。この部門には鉄道運輸・
道路輸送，自家輸送，水運，航空輸送，貨物利用運送，倉庫，運輸付帯サービ
ス（含旅行業），郵便・信書便が含まれ，観光関連の部門が含まれている。2022
年に新型コロナウイルスの水際対策が段階的に緩和され，日本政府観光局が発
表した2022年の訪日外国人数は，海外からの入国を制限していた2021年（年間
約25万人）と比べて1,458.6％増え約383万人だった。「対個人サービス」は間接

効果の影響は少ないが，直接効果の影響が大きく約９兆円を超えている。「飲食サービス」など，2021年は新型コロナウイルスの影響もあり自粛を要請されていたが，2022年は経済活動が少しずつ動きだしたことを反映している。

表１　2021〜2022年の家計消費需要による直接効果及び間接効果

部門名	2022(1)		2021(2)		増減(3)＝(1)−(2)	
	直接効果	間接効果	直接効果	間接効果	直接効果	間接効果
農林漁業	47	34	16	− 34	31	68
飲食料品	1,182	851	712	− 851	469	1,702
繊維製品	1	0	0	0	0	1
パルプ・紙・木製品	1	2	0	− 2	1	3
化学製品	19	52	31	− 52	− 12	105
石油・石炭製品	112	166	179	− 166	− 67	332
プラスチック・ゴム製品	11	16	27	− 16	− 16	33
業務用機械	0	0	1	0	− 0	0
電気機械	11	5	11	− 5	− 0	10
情報通信機器	1	0	1	0	− 0	0
輸送機械	1	1	0	− 1	1	2
電力・ガス・熱供給	2,040	3,856	836	− 3,856	1,204	7,711
水道	578	147	326	− 147	252	293
商業	2,925	8,464	2,474	− 8,464	451	16,929
金融・保険	4,226	4,824	3,409	− 4,824	818	9,647
不動産	18,360	11,831	4,868	− 11,831	13,492	23,661
運輸・郵便	3,174	11,828	1,382	− 11,828	1,791	23,655
情報通信	2,029	3,965	8,651	− 3,965	− 6,623	7,930
教育・研究	2,209	86	10,145	− 86	− 7,936	172
医療・福祉	3,538	102	12,772	− 102	− 9,234	204
対個人サービス	8,929	824	1,387	− 824	7,542	1,648

出所：座間味（2023）表２より筆者編集

 ４　おわりに

　本研究では2020年から2022年における人の移動（小売店・娯楽施設及び公共交通機関における訪問者数の変化）及び家計の観光関連消費と2022年における消費需要の拡大による経済波及効果について調べた。

　新型コロナウイルス感染拡大による緊急事態宣言期間中には人の移動自粛要

請が行われたことなどにより，人の移動が急激に減少したことが確認できた。また新型コロナウイルス感染拡大の影響によりその減少幅には波があることも確認できた。新型コロナウイルスが日本において感染拡大する以前と比べると小売店・娯楽施設における訪問者数は10％の減少がみられ，公共交通機関における訪問者数は20％程度の減少が続いている。沖縄県のデータをみると日本全体と似たような傾向が見えるが，2022年においてはどちらの訪問者数も以前の水準に回復しつつあることが分かった。

　家計の交通及び旅行支出をみると，2020年は交通支出が50％程度の減少，旅行支出は50～100％程度の減少がみられた。しかし，2022年は旅行支出が前年同月比で300％まで支出が増える月もあった。支出額の水準では2019年以前の水準までは回復していないものの，今後の旅行需要の回復が期待できる。さらに，家計の消費需要による経済効果をみても，不動産について観光関連の部門である運輸・郵便部門及び対個人サービスにおいて大きな経済効果があることが分かった。

　今後は外国人観光客の入国にかかる観光ビザの規制緩和等により新型コロナウイルス拡大以前のように外国人観光客の入国が期待できる。日本政府観光局による2023年の訪日外客数をみると，月150万人程度の入国があることがわかっている。この数字は2019年の水準の4割程度に留まっているものの，その縮小幅は少しずつ縮まっていることが確認できる。また国土交通省によると，外国船社が運営するクルーズ船の寄港回数が2021年及び2022年は0回だったため訪日クルーズ旅客数が0人であったが，日本船社が運営するクルーズ船の寄港回数は少しずつ増加しており，今後は外国船社が運営するクルーズ船の寄港回数も増加することが期待できる。

　以上のように新型コロナウイルスの拡大により2020年から2022年にかけては旅行需要の減少や訪日観光客数の減少等の影響があったが，2019年以前の水準に戻るのは時間がかかることが予想されるが，少しずつ回復することが期待できるだろう。

【注】

(1)　新規陽性者数は新型コロナウイルス感染者等情報把握・管理支援システムHER-SYS
　　データをもとに集計された。また再陽性事例も含む。

【参考文献】

沖縄県「沖縄県観光振興基本計画」「https://www.pref.okinawa.jp/site/bunka-sports/
　　kankoseisaku/ 14742.html」閲覧2023.9.19

沖縄県文化観光スポーツ部観光政策課（2019）「平成30年度　沖縄県入域観光客統計概
　　況」

国土交通省「訪日クルーズ旅客数及びクルーズ船の寄港回数（2022年速報値）」「https://
　　www.mlit.go.jp/report/press/content/ 001584410.pdf」閲覧2023.9.19

厚生労働省「新型コロナウイルス感染症の国内発生状況等について」「https://www.mhlw.
　　go.jp/stf/covid- 19/open-data.html」閲覧2023.9.19

座間味佳子（2023）「ウクライナ侵攻による家計への変化」，Mimemo.

総務省「特別定額給付金」「https://www.soumu.go.jp/menu_seisaku/gyoumukanri_sonota/
　　covid- 19/faq.html」閲覧2023.9.19

総務省統計局「家計調査　家計収支編二人以上の世帯　用途分類（総数）」「https://
　　www.e-stat.go.jp/dbview?sid= 0002070001」閲覧2023.9.19

内閣官房「新型コロナウイルス感染症対策」「https://corona.go.jp/emergency/」閲覧
　　2023.9.19

日本政府観光局「年別訪日外客数，出国日本人数の推移」「https://www.jnto.go.jp/
　　statistics/data/marketingdata_outbound_ 2022.pdf」閲覧2023.9.19

日本政府観光局「2023年　訪日外客数・出国日本人数（対2019年比）」「https://www.
　　jnto.go.jp/statistics/data/ 20230920_monthly.pdf」閲覧2023.9.19

Google「COVID- 19：コミュニティ　モビリティ　レポート」「https://www.google.com/
　　covid 19/mobility/」閲覧2023.9.19

コロナ禍の観光産業の現状と国内観光の展望
―旅行客の目的地・旅行形態の変化から―

Current Status of the Tourism Industry and the Outlook for Domestic Tourism Amid the COVID-19 Pandemic
—from the Viewpoint of Changes in Tourist Destinations and Travel Patterns—

平敷 卓
Taku HESHIKI

はじめに

　2020年に世界的に拡大した新型コロナウイルス感染症の感染拡大は，各国の経済活動に大きな影響を与えた。日本においてもパンデミックは産業全体に深刻な影響をもたらすこととなったが，とくに渡航制限及び人流の制限が観光関連産業に与える影響は甚大となった。本稿では，コロナ禍が観光関連産業にどのような影響を及ぼしたのかを概観し，2021年以降の人流変化が各地の旅行客の動向にどのような影響を与えたのか検証する。コロナ禍で広がった「マイクロツーリズム」が旅行客の回復基調の中でどのように変化しつつあるのか，今後の地域観光の在り方を検討する上で必要な観光客の動向を整理することを目的とする。各地での感染拡大抑制への取り組みと観光支援策を確認しつつ，今後の地域における観光支援の在り方について検討するための材料としたい。

　新型コロナウイルス感染症の感染拡大の様相は，各地で異なり，観光産業への影響も一様ではなかった。国内旅行のみではなく，とくに，外国人観光客への依存度の高い地域においては，インバウンドの消失の影響は多大なものとな

り，困難な状況を生じさせた。人流抑制の中で各地での旅行形態がどのように変化したのか。また観光産業に依存した地域の経済的影響を検証することは，今後も生じうる観光危機を乗り越えるための政策を検討する上で重要となる。

　以下では，新型コロナウイルス感染症の感染拡大期の観光を巡る動静及び地域経済への影響について扱った先行研究を整理しつつ，コロナ禍の地域別での観光関連産業への影響評価を第三次産業活動指数等の変化を通じて確認し，各地の観光客数，旅行形態の変化を追い，国内観光の展望とともに観光振興に向けての課題整理を試みたい。

観光を巡る課題整理
──「オーバーツーリズム」とポストコロナの観光

1　国際旅行客数の増加と「オーバーツーリズム」

　本節では，2010年以降の近年の観光を巡る一連の先行研究を整理し，どのような課題が取り上げられてきたのか，コロナ禍以前とポストコロナの観光が抱える課題の位置付けを確認する。

　世界金融危機以降，観光に寄せられる期待は国際的に高い状況にあった。国連世界観光機関（UNWTO）によると2010年以降の国際観光客到着数は2010年の9億人から2019年には14.6億人と1.6倍規模に達し，年率平均5％水準で安定的に増加を続けてきた[(1)]。こうした状況を「世界経済を上回る成長を続ける国際観光」と位置付け，国際観光輸出額は1兆7,000億ドルに達し，「観光輸出は，7年間連続で商品輸出を上回る成長」を遂げ，貿易赤字の削減に寄与していることが成果として謳われてきている[(2)]。

　一方，急速に増大する世界的な観光客の地域への流入は観光地の地域住民の生活や環境に負の影響を与えはじめ，2016年以降，世界的な観光地であるスペインのバルセロナやイタリアのヴェネツィアなどの世界各都市において「オーバーツーリズム」の問題が取り上げられることとなる[(3)]。日本においても円安

環境，ローコストキャリア（Low-cost carrier：LCC）の普及を背景にインバウンドが増加し，全国各地で同様の問題が指摘されることとなった[4]。

　阿部（2020）は「オーバーツーリズム」について，観光の目的地側のキャリング・キャパシティ[5]を超えた状況によって引き起こされる観光体験の低下や当該観光地の市民の生活の質へ負の影響を与えてしまう観光のありようを指し，消費志向型の観光の定着によって住民の生活を支えてきた商店や施設などが観光系産業に追い出され，界隈のテーマパーク化，場所が商品化され消費されていく[6]，典型的な観光地を作り出すことになったことを問題視している。

　各地で「オーバーツーリズム」に焦点があてられる中，2020年初頭からの新型コロナウイルスの感染拡大を受け，国際観光客到着者数は2020年には4億人まで大きく低下し，2021年以降，回復傾向にあるものの2022年で9.6億人と2019年水準の7割にも達していない状況となっている。

　新型コロナウイルス感染症の蔓延は上述した「オーバーツーリズム」の問題を後景に追いやった感があるものの，2023年5月5日，世界保健機関（WHO）の「国際的に懸念される公衆衛生上の緊急事態」の宣言の終了を待たずに世界各地において，再び観光客の増加が見られ，「ポスト・オーバーツーリズム」と観光の新たな姿を模索する動きが見られつつある[7]。

❷　新型コロナウイルス感染症の拡大と地域経済への影響

　国内に目を向けると，新型コロナウイルス感染症拡大の影響について政府関係機関，地方自治体，民間調査機関を含むさまざまな主体において，事業者，消費者を対象とした意識調査ならびに，企業経営や，地域経済への影響について継続的に調査が実施されてきた[8]。

　地域経済・観光産業への影響については新型コロナウイルス感染症が蔓延し始めた2020年において，「緊急事態宣言」の発出による，4月以降の外出自粛要請・休業要請などにより，個人消費は同年1月に比較し，2割近く減少，宿泊，飲食業を含む個人向けサービス産業では2020年4月から5月にかけて売上は前年比で2割程度減少し，多大な影響を与えたとされた[9]。観光・娯楽産業

のシェアが高い県，外国人観光客への依存度が高い地域ではインバウンドの消失による影響が大きく，宿泊・飲食サービス業を中心に多大な影響を与えるであろうことが報告された⑽。

　2020年3月以降のインバウンドの蒸発による日本全体への経済的影響，業種別，地域別で検討したものが，みずほ総合研究所（2020）である。インバウンドの蒸発は外国人旅行消費額の消失を意味し，その規模は日本全体の名目GDPの1％程度と試算され，その影響は観光関連業種，観光依存度の高い地域に偏ることが想定された。外国人旅行消費額の実績値を利用しつつ，観光消費に係る消費項目に関連する業種と対応させ，産業連関分析による試算を行っている。インバウンド消費の喪失による生産下振れ率が最も大きい業種として，宿泊業で20％減，航空輸送の9％減となり，貸自動車業や，小売，飲食サービス業においても3〜4％減と悪影響が出ると試算された⑾。

　このように，対面接客サービスを基本とする第三次産業全般の需要喪失，観光消費の直接的受け皿となる業種への甚大な影響が懸念される事態となった。

❸　コロナ禍の観光支援策の展開

　上記の危機的状況に，政府は感染症拡大を抑制しつつ，観光産業の支援を行うという難しい舵取りが必要となる政策対応に迫られることとなる。

　2020年の2月5日の大型クルーズ船乗客の集団感染確認以降，政府は全国的なイベント自粛の協力要請を出しつつ，2020年4月の全都道府県対象に「緊急事態宣言」の発令に至った。2020年，夏の一時的な感染収束ののち，同年7月22日には東京都を除く都道府県において「Go Toトラベル⑿」を実施，10月には旅行先で使用できる「地域共通クーポン」の発行を開始した。こうした観光支援を展開しつつ，2020年の年末にかけて再び感染再拡大の波に見舞われ，対象地域を限定しつつ，継続されることとなった。

　翌年，2021年4月には同一県内での旅行への割引支援を行う地域観光事業支援，同年10月には「緊急事態宣言」の解除とともに2022年1月からは県知事が規制対象地域を限定できる「まん延防止等重点措置」が実施された。2022年3

月には,「まん延防止等重点措置」の全面解除, 及び同年10月にはワクチン接種証明を要件とする全国旅行支援を展開し, また, インバウンドについては一部地域に対しての水際対策の緩和を契機として, 観光客数は徐々に回復に至ることとなった。

　とくに2021年以降は各地の感染拡大の様相に差が生じたこと, その政策対応として「緊急事態宣言」,「まん延防止等重点措置」の発令による人流抑制は各地で一様ではなく, 結果として経済的影響も地域間で相対的に差が生じることとなる。例えば, 2021年1月から3月にかけて「緊急事態宣言」下にあった関東の一都三県では, 同時期において, 2019年同週比で移動人口は平均23.2％減となり, 一方, 制限のない東北6県では16.3％減とおよそ7ポイントの差が生じた[13]。経済的影響を知る上で一つの指標となる宿泊者数の動向を取り上げると, 関東では1月では2019年同週比で85.5％減に達しているものの, 東北71.3％減と14ポイント以上の差があり, 人口密度の高い都市部での宿泊客数の減少が大きく,「緊急事態宣言」の発令の効果などについても地域によって影響の大きさに違いが生じたことを伺い知ることができる。

　新型コロナウイルス感染症の拡大とともに, 各種支援事業の展開とその効果にも相違が生じ, 感染収束・回復期においても, 各地の産業構造の違いにより, 経済の回復基調にも差が生じていることが推察できる。

　以下では, 新型コロナウイルス感染症の感染拡大が及ぼした地域別での影響について, 日銀『短観』の業況判断DIを用いつつ, その中においても観光関連産業を構成する「宿泊業」,「旅行業」,「国内旅行」,「国外旅行」などを中心に活動状況の変化を確認し, その動態から当該期の各業種の状況変化について考察を加える。

③　新型コロナウイルス感染拡大と観光産業への影響

１　地域別業況判断DI（全産業及び非製造業部門）の変化

　本節では日銀が３ヶ月毎に公表している「地域経済報告（さくらレポート）」から地域別業況判断DIを確認する[14]。「地域別業況判断DI（全産業）」では，2020年４月の「緊急事態宣言」を受け，東海地方の▼41％を筆頭に全国各地で平均▼31.4％となり，著しい景況感悪化に見舞われることとなった。東海，北陸，近畿では2019年12月段階で消費税増税の影響含み，０水準となっていたため，落ち込みの度合いがさらに大きいものとなった。2022年３月以降，顕著な動きとして，九州・沖縄の景況感の回復が目立ち，３月段階で▼５％とマイナス水準だったものの，６月以降はプラス水準となり，翌2023年６月は18％と全国平均の８％から10ポイント近く，頭一つ抜けている状況にある。九州においては，半導体関連の旺盛な設備投資とともに新型コロナウイルス感染症の感染症法上の位置付けが２類から５類への移行し，旅行需要の回復などが顕著に表れた結果として受け止めることができる。

　2022年２月以降は，ロシアのウクライナ侵攻に伴う世界的なエネルギー価格の上昇及び食糧価格の高騰を受け，全般的に厳しい状況にあるものの，2022年３月の「まん延防止等重点措置」の全面解除以降，全国的には緩やかな回復基調にあることが確認できる。

　感染拡大伴う移動制限や自粛要請が緩和される2022年３月以降，観光業と関連のある「非製造業」部門の業況感及び変化を図１で確認する。

図 1　地域別業況判断DI（非製造業）

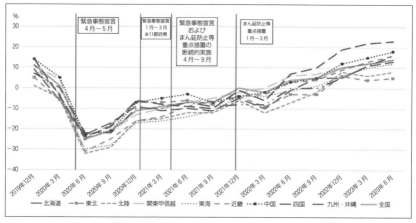

出所：日本銀行「地域経済報告（さくらレポート）」各年度版

　2023年 6 月において東北を除く地域でプラスとなっている。2019年12月の景況感と比較すると，全産業の景況感と同様，九州・沖縄地域が突出しており，2019年12月調査時点の14％から23％と 9 ポイントへ大きく回復した。ただし，「全産業」の景況感に比較し，2021年は「非製造業」部門にとって厳しい状況にあったことが指摘できる。2021年初頭以降，度重なる「緊急事態宣言」や全国各地での「まん延防止等重点措置」の実施によって，景況観は▼10％に近い水準で推移し，2022年 6 月まで低調に推移していた。同年12月以降は，緩やかに回復し，すべての地域で 0 水準を上回っている。ただし，全国的には，東北，北陸を含む東日本の回復が鈍く，西日本では九州・沖縄，中国地方を中心に景況感の回復が大きい「西高東低」型となっている[15]。

❷　第三次産業活動指数（観光関連産業指数）の動向

　次に非製造業部門のうち，観光業を含む第三次産業の状況を把握するため，経済産業省の加工統計である「第三次産業活動指数」を用い，とくに「観光関連産業」として関連業種に位置付けられる「宿泊業」，「旅行業」，「旅客輸送業」，「国内旅行」，「海外旅行」，「飲食店・飲食サービス業」等を中心に業種別

の活動状況についてみていく(16)。

　「第三次産業活動指数」はサービス業に関連する個別業種の生産活動を表す指数系列であり，基準年の2015年の産業連関表による付加価値額をウェイトとし加重平均によって算出し，基準年を100とした指数で後年度の関連業種の活動水準を確認することができる（図2）。

図2　第三次産業活動指数の推移（2019〜2023年）

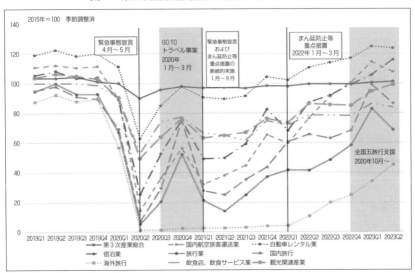

出所：経済産業省「第三次産業活動指数」各年度版

　第三次産業全体の活動指数のうち，第三次産業総合では2020年1月に比較し，4月において10ポイント以上の低下を見せているが，とくに観光関連産業を取り上げると，50ポイント近く落ち込み，急速に悪化した。うち「海外旅行」は政府による水際対策の強化を受け，2019年の第四四半期の89.9から1.3まで低下し，同様に緊急事態宣言下におけるイベント自粛，移動制限等の影響により，「国内旅行」においても7.2となった。「旅行業」も同年第一四半期には67.1，第二四半期に入る4月には5.3となった。

　7月には旅行需要の回復と観光関連消費の喚起を目的とした「Go Toトラベ

ル事業」が実施され，2020年の年末にかけ，「観光関連産業」全体の活動水準を押し上げられた。とくに「宿泊業」と「国内旅行」は第四四半期にかけて指数で75まで戻し，危機的状況の中で一息つく形となった。しかし，2020年12月から年末年始を挟み，各地での感染拡大を受け，「Go Toトラベル事業」は停止措置となり，首都圏近郊の都県及び東海，近畿地方を中心とする11都府県で1月から最長3月まで「緊急事態宣言」が発令された。結果として，2021年初頭から再び活動水準の低下を経験することとなった。

2021年4月から12月にかけて，「東京オリンピック2020」の開催を受け，国内移動に伴う旅行需要の喚起も一部見られた。同年4月に導入された「地域観光事業支援」（県民割）による支援策も一定の効果があったと推察され，各業種で活動指数の改善が見られることとなる。とくに「自動車レンタル業」は2019年水準比では100を超え，2022年以降，順調に回復基調にのった。ただし，「国内旅行」及び「旅行業」は2020年第四四半期の活動水準に回復せず，観光関連産業の中でも差異が生じている。「海外旅行」はこの間，2020年の第二四半期以降，約2年間にわたり，2019年比で10を下回る水準で推移してきたが，2022年3月に観光目的を除く外国人の新規入国が再開され，入国者数上限の緩和が行われたことを契機に徐々に持ち直しつつある。

2022年は全般的に各業種において「宿泊業」，「国内航空旅客運送業」，「自動車レンタル業」，「旅行業」などの一部で回復基調にあるものの，「観光関連産業」全般，「国内旅行」，「飲食店・飲食サービス業」は足踏み状態にあり，明暗が分かれる年となった。2023年を迎え，第一四半期には「国内航空旅客運送業」及び「宿泊業」は活動指数が100を超えたものの，年末年始の感染拡大の煽りを受け，「国内旅行」，「旅行業」で再び厳しい状況に陥っている。

総じて，2021年は第二四半期以降から年末にかけて，業種によって，回復の歩みは異なっている。2022年10月以降，各都道府県において，「全国旅行支援」が実施され，全体的に回復トレンドが確認できるものの，2023年6月段階において活動水準が基準年を超えているのは「自動車レンタル業」，「国内航空旅客運送業」，「宿泊業」のみとなっている。

　ここで確認した第三次産業活動指数は，全国値のみであるが，地域別での観光の様相を確認するため，次節で地域ブロック別の延べ旅行客数の変化を見ていく。

 ## コロナ禍の観光目的地・旅行形態の変化とポストコロナの展望

　コロナ禍において，旅行者の意識変化が生じたことについて各関係機関のアンケート調査が行われている[17]。そこでは，近場志向，人口密集地である都市圏を避け，近隣地域への日帰り旅行への移行，「マイクロツーリズム[18]」の普及など，コロナの感染拡大以前と以降では旅行形態及び観光目的地の変化が生じていることが指摘される。

　本節では，新型コロナウイルス感染拡大前と後の旅行目的地の変化とともに，地域ブロック別に2023年にかけての2019年比の旅行者の回復水準を確認する。コロナ禍に生じた観光目的地の変化には旅行者の「マイクロツーリズム」志向が影響を与えたと考えられるが，旅行客の回復基調の動きの中で「マイクロツーリズム」に不可逆的なトレンドがみられるのか，地域ブロック別での観光客の動向をみる。ここでは2019年から2023年のGWを含む4～6月期を対象に，地方ブロック別の旅行目的地の変化を確認する[19]。同様に当該期の旅行者の回復トレンドから各地の観光動勢について若干の考察を加える。

　旅行客数全体では，2023年当該期において，2019年比で86％に達しているが，旅行形態別でみると「宿泊旅行」は97％水準まで回復しつつある。一方で，「日帰り旅行」の水準は80％弱の水準にあり，とくに近畿，中国，四国，九州では，51～66％と2019年比で低い状況にある（表1）。

　2022年から2023年にかけての旅行客数の変化をみると（図3），「宿泊旅行」では前年同期比で沖縄は約60％の増加を達成しているものの，他地域では四国の▼54％，北海道の▼44％など前年同期比から落ち込んでいる地域も見られ，沖縄を除く地域平均では，▼34％となった。ただし，回復水準では，中部，北

海道，中国，近畿地方では2019年比で 1 を超えていることもあわせて確認できる。「日帰り旅行」の前年同期比は平均▼21％となっている。「宿泊旅行」の変化に比較し，地域毎にばらつきが見られるとともに，2019年水準との比較では，中国，近畿，四国，九州地方では，約 6 割前後の水準の回復に留まっている。

表 1　地域ブロック別の延べ旅行客数（2023年 4 〜 6 月）（観光目的・主目的別）

単位：千人

項目	2019年（4〜6月）			2021年（4〜6月）			2023年（4〜6月）			2023年（対2019年比）		
	旅行客合計	宿泊旅行	日帰り旅行	旅行客合計	宿泊旅行	日帰り旅行	旅行客合計	宿泊旅行	日帰り旅行	旅行客数	宿泊旅行者	日帰り旅行
北海道	4,525	2,357	2,168	1,503	654	849	4,251	2,588	1,663	0.94	1.10	0.77
東北	7,822	3,659	4,163	2,899	1,473	1,426	6,592	2,976	3,616	0.84	0.81	0.87
関東	31,824	12,463	19,361	11,365	4,134	7,231	30,665	11,723	18,942	0.96	0.94	0.98
北陸信越	7,286	4,766	2,520	3,136	1,370	1,766	6,043	3,811	2,231	0.83	0.80	0.89
中部	14,022	5,510	8,513	5,940	2,047	3,893	12,778	6,120	6,658	0.91	1.11	0.78
近畿	18,138	6,631	11,507	3,767	1,324	2,444	13,144	6,718	6,426	0.72	1.01	0.56
中国	5,982	2,085	3,897	1,688	621	1,067	4,227	2,222	2,005	0.71	1.07	0.51
四国	2,476	1,301	1,175	821	402	419	1,895	1,125	770	0.77	0.86	0.66
九州	9,025	4,420	4,606	3,463	1,677	1,787	6,774	3,752	3,023	0.75	0.85	0.66
沖縄	1,498	1,320	178	463	400	63	2,183	1,990	193	1.46	1.51	1.08
全国	102,598	44,512	58,087	35,046	14,102	20,944	88,551	43,0244	5,526	0.86	0.97	0.78

出所：観光庁「旅行・観光消費動向調査」（2019〜2023年 4 〜 6 月期）

図 3　宿泊旅行者及び日帰り旅行者の回復水準と前年同期比（2022年（4 〜 6 月）−2023年（4 〜 6 月））

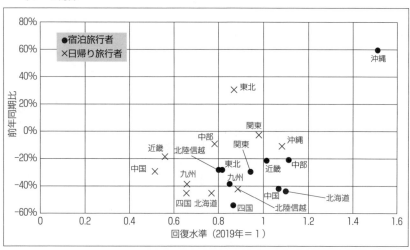

出所：観光庁「旅行・観光消費動向調査」（2022〜2023年 4 〜 6 月期）

　移動制限により地域を跨いでの観光が困難な中，注目を浴びた「マイクロ
ツーリズム」の動向について確認しておきたい。図４で見られるように，居住
地内のブロック内での旅行目的地とした「宿泊旅行」の旅行者数は次のように
なっている。

　2019年において同地域内での「宿泊旅行」の水準が高い地域として北海道，
東北，九州などが４割を超える水準にあったが，2021年ではすべての地域で居
住地内を主目的地とした宿泊旅行の水準が高まり，東北，中部，北陸信越では，
2019年比で30ポイント以上の上昇を見せる結果となった。2023年当該期は，移
動制限の緩和，新型コロナウイルス感染症の感染症法上の分類の引き下げの影
響も背景としつつ，「宿泊旅行」の割合は2019年水準に立ち返る傾向にある。
その中においても中部，沖縄では2019年水準より10ポイント以上高い状況にあ
り，地域によっては感染収束傾向の中でも同地域内での「宿泊旅行」への比率
が高い水準で維持されていることも確認できる。

図４　同地方ブロック圏内を目的地とした「宿泊旅行」（観光目的）の割合の推移（2019
　　　年～2023年（４～６月））

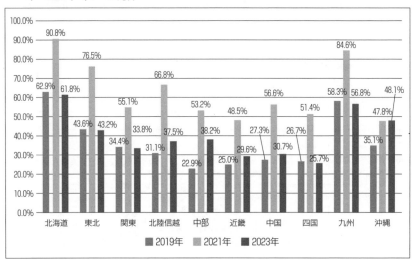

出所：観光庁「旅行・観光消費動向調査」（2019～2023年４～６月期）

　一方，「日帰り旅行」においては（図 5），北海道，東北，関東，九州，沖縄では2019年で 7 割を超える高い水準にあるが，2020年以降ではとくに，東北，中部，四国などで大きな伸びを見せた。2023年は全体的には2019年水準より高い傾向にあるが，近畿，中国地方では，「日帰り旅行」の若干の低下傾向が確認できる。

　「マイクロツーリズム」は同地域内の「宿泊旅行」及び「日帰り旅行」の一定程度，需要喚起を促しつつも，宿泊旅行では従前の水準に戻る地域が多くみられることも確認できる。2019年に比較し，同地域内での「宿泊旅行」，「日帰り旅行」の割合を共に高めている地域は北陸信越，中部，沖縄などがあり，同地域での観光の実態把握，観光支援策の展開状況を読み解くことで，「マイクロツーリズム」に関連する旅行需要の変化・動態をより詳しく把握することができると考えられる。

図 5　同地方ブロック圏内を目的地とした「日帰り旅行」（観光目的）の割合の推移（2019年～2023年（ 4 ～ 6 月））

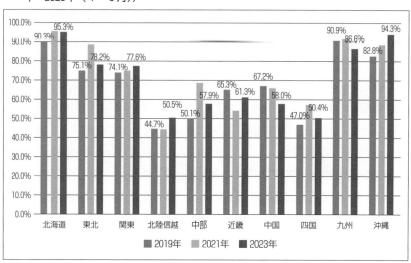

出所：観光庁「旅行・観光消費動向調査」（2019～2023年 4 ～ 6 月期）

⑤　お わ り に

　本稿では，コロナの感染拡大によって生じた各地域での業況を概観した後に，旅行客の現状と動向について確認した。観光関連産業の回復基調は業種によって歩みが異なり，2023年の上半期においても「旅行業」や「海外旅行」，「国内旅行」，「飲食店・飲食サービス業」では依然厳しい状況にある。地域間で景況感は差があるが，世界経済情勢の影響とともに観光の動向が地域経済の回復を遅らせている要因の一つになっていることも示唆できる。

　地域ブロック別での旅行客数，旅行形態の変化については，各地でコロナ禍前の水準に戻りつつあるものの，「日帰り旅行」は2019年水準に 8 割程度の回復に留まっている。「マイクロツーリズム」関連では中部，北陸信越，沖縄などで「宿泊旅行」，「日帰り旅行」ともに，2019年水準を超えており，圏域内での旅行需要の喚起に一定の成果を得た地域としてみることができる。

　地域経済への影響については，旅行者数の動向とともに，旅行者の観光消費額の変化，直接的な受け皿となる宿泊業の実態把握なども確認する必要がある。またコロナ禍の各種観光支援事業の各地での実績などもあわせ，その効果を検証することが必須となる。本稿では，直近の観光客の動向を確認しつつ，今後の地域観光を展望する上で，必要なデータ整理に留めることとなった。

　観光振興に向けて，短期的にはコロナ禍における「マイクロツーリズム」の推進とともに，中長期的には，コロナ禍で大きな負担を被ることになった観光業への息の長い支援を継続的に行うことも肝要となる。インバウンドの回復は，道半ばであり，数年にかけて政策対応を行っていくことが必要となる。

　「ポスト・オーバーツーリズム」を巡る議論については，あらためて整理する必要があるが，「持続可能な観光」に向けての取り組みは本稿で取り上げた観光客数を追い求めるのではなく，「質の高い観光」を目指す観光地づくりに関する議論を深く展開する必要が出てくる。経済的な要素のみではなく，観光の意義や倫理，環境とのバランスを加味した議論を探る必要があり，その点に

ついては今後の課題としたい。

【注】

(1) UNWTO「UNWTO Tourism Data Dashboard」−「Global and regional tourism results」

(2) UNWTO（2019）参照。

(3) 「オーバーツーリズム」に関する定義，概念整理は他に譲るが，「オーバーツーリズム」は旅行情報メディア「Skift」社が最初に提示したと言われている。阿部（2020）参照。

(4) 谷本由紀子・谷本嘉高（2020）参照。京都では，観光地である嵐電嵐山駅へのアクセスに使用する橋の歩道人数許容量を上回る観光客が集中し，混雑が常態化していることを指摘している。

(5) UNTWOによれば「訪問客の満足度の低下と物理的，経済的，社会文化的環境資源の減少と破壊を引き起こすことがなく，同時に観光地を訪問するかもしれない人々の最大数」と定義される。

(6) 社会学者ジョン・アーリによる概念。観光客（消費者）が支配的になり，事業者（生産者）はより消費志向的になり，結果として本来観光客を惹き付けていた場所や空間が商品化され，消費の対象になることを指す。阿部（2020）pp. 29−30

(7) 西川（2021）は新型コロナウイルスの影響による観光客減によってオーバーツーリズムの問題を抱えた地域の住民にどのような意識変化を生じさせたのか，新型コロナウイルスの流行前からその後にかけて，地域住民の観光に対する意識変化を明らかにしている。

(8) 民間調査による代表的な例として，JTB総合研究所は2020年5月から2023年5月にかけて，8回にわたり新型コロナウイルスの感染拡大による旅行に関する意識調査を継続的に実施している。

(9) 峯岸（2020）参照。

(10) 国内におけるインバウンド消費額は2019年において4.7兆円規模にのぼるとされている。外国人の宿泊・飲食に係る支出の売上高に対する貢献度が高い京都府や沖縄県では2割前後，東京都，大阪府では1割超，1割に満たないものの北海道，福岡県，大分県，山梨県，奈良県等などでも影響が懸念されている。峯岸（2020）p. 14参照。

(11) みずほ総合研究所（2020）p. 5参照。

(12) 国内旅行を対象に，宿泊，日帰り旅行代金の割引や，旅行先での消費喚起を目的とした地域共通クーポンを実施した。

(13) 内閣府地方創生推進室「V-RESAS」（https://v-resas.go.jp/about）

(14) 業況判断DIとは，企業の業況感を「良い」と回答した企業の割合から，「悪い」と回答した企業の割合を差し引いた指標であり，プラス回答が多い程，業況が良いと判断される。

(15) この他，各地域に及ぼした影響として東海地方で，経済活動の再開に伴って生じた半導体関連部品の不足による自動車生産の回復にもたつきや，IT需要の一服による需

　　要の低迷などがあるとされている。峯岸（2023）p.12参照。
⑯　第三次産業活動指数において「観光関連産業」は「鉄道旅客運送業（JR，JRを除く）」，「バス業」，「タクシー業」，「水運旅客運送業」，「国際航空旅客運送業」，「道路施設提供業」，「自動車レンタル業（法人・個人向け）」，「旅館」，「ホテル」，「国内旅行」，「海外旅行」，「外人旅行」，「音楽・芸術等興行」，「遊園地・テーマパーク」から構成される。本稿では，「飲食店・飲食サービス業」を加え，動向を把握した。
⑰　政府関係機関では国土交通省をはじめ環境省や地方自治体レベルにおいても旅行に関連する意識調査が実施されている。
⑱　「マイクロツーリズム」とは自宅から1～2時間程度の移動圏内の近距離旅行形態を指す。公共交通機関の利用を避け，自家用車による移動手段を活用する傾向にある。JTB総合研究所WEBサイトより引用。
⑲　2023年の5月8日以降，新型コロナウイルス感染症の分類は第2類から5類へと引き下げ変更され，回復基調は加速化すると考えられる。当該期は観光客の本格的な回復に向けた転換点となる。

【参考文献】

阿部大輔（2020）「第1章　オーバーツーリズムとは何だったのか」阿部大輔編著『ポスト・オーバーツーリズム：界隈を再生する観光戦略』学芸出版社

観光庁（2019-2023（4～6月期））『旅行・観光消費動向調査』

経済産業省「第3次産業活動指数」（https://www.meti.go.jp/statistics/tyo/sanzi/result-2.html）閲覧2023.6.15

谷本由紀子・谷本嘉高（2020）「ヴェネツィアにおけるオーバーツーリズムとその概念に関する一考察（1）－日本・京都への示唆」『関西外国語大学研究論集』第112号，pp.233-252

内閣府地方創生推進室「V-RESAS」（https://v-resas.go.jp/about）閲覧2023.6.15

西川亮（2021）「オーバーツーリズム観光地における新型コロナウイルス流行語の住民の観光に対する意識に関する研究－観光との接点を有する住民を対象として－」『観光研究』32巻2号，pp.53-66

日本銀行「地域経済報告（さくらレポート）」

福井一喜（2020）「観光の経済効果の地域格差─観光政策による格差再生産とCOVID-19─」『E-journal GEO』15巻2号，pp.397-418

みずほ総合研究所（2020）「インバウンド蒸発による悪影響の総括的検証─アウトバウンドと国内旅行の減少も踏まえた総合的評価─」『みずほレポート』

峯岸直輝（2020）「コロナ禍の地域経済への影響─外出自粛・休業要請の影響が大きい個人向けサービス産業を中心に考察─」『内外経済・金融動向』No.2020-4，信金中央金庫　地域・中小企業研究所

UNWTO（2019）『International Tourism Highlights　2019年日本語版』

UNWTO「UNWTO Tourism Data Dashboard」－「Global and regional tourism results」（https://www.unwto.org/tourism-data/unwto-tourism-dashboard）閲覧2023.6.15

第2部

地域観光施策と課題

第4章

観光施策評価のための
市町村産業連関表の作成
―久米島町を事例に―

A Study on Construction of Regional Input-Output
Table in Kumejima Town

比嘉　正茂

Masashige HIGA

はじめに

　産業連関分析は，地方自治体が実施する施策やイベント等の経済効果を計測するための分析手法である。近年，県や市町村等においては，地域振興のために実施する種々の施策について，その有効性や経済効果等を定量的に把握することが求められており，そうした地域振興策の政策効果を「見える化」できるという観点からも産業連関分析は有用である。

　産業連関分析については，これまでにも国内外で多くの研究が蓄積されている。近年は経済効果の計測に留まらず，CO_2排出量等の環境問題を扱った研究も行われるなど，同分析手法を用いた研究事例は多岐にわたっている。しかしながら一方で，先行研究の多くは国や都道府県を対象とした事例であり，市町村レベルで産業連関分析を扱った研究はいまだ少ない。市町村を対象にした研究が少ない理由は，多くの市町村が産業連関表を持たないことにあるが，他方で産業連関表を有する市町村においても，①データの更新がなされていない，②分析方法が自治体職員に周知されていない，等の理由から同表が有効活用さ

れていないケースもみられる。

　人口減少と地方分権の流れのなかで，住民に最も近い行政主体である基礎自治体の役割は今後益々大きくなることが予想されるが，そうした状況下にあっては，市町村が実施する種々の施策を科学的に評価・検証しつつ，より効果的な地域振興策を実施していくことが重要になる。

　このような問題意識に基づき，本稿では久米島町を対象に観光施策評価のための市町村産業連関表の作成を試みる。以下では，次節において市町村産業連関表の作成方法について説明し，その後第3節において久米島町産業連関表の作成を行う。第4節では作成した産業連関表を提示するとともに，市町村産業連関表の課題について述べる。最終節では観光施策評価のための久米島町産業連関表の活用方法と今後の展開について考察する。

② ノンサーベイ・アプローチによる産業連関表の作成

　産業連関表は，一国（一地域）における財・サービスの産業間取引構造をまとめた表であり，W.レオンチェフによって考案された[1]。わが国では，原則として5年に一度，国や都道府県，政令指定都市等で産業連関表の作成・公表が行われている。市町村産業連関表については，近年県庁所在都市等で作成が進んでいるものの，いまだ多くの市町村では作成に至っていない。市町村において産業連関表が作成さていない主因は，作成に必要なデータが市町村単位では推計されていないことにあり，加えて表作成のための作業が極めて煩雑であることも市町村産業連関表の作成が進まない理由である。しかし，産業連関表は地域の産業間取引構造を把握するための有効な分析ツールであり，同表を作成することができれば，当該地域が行う種々の振興策等を科学的かつ定量的に分析することが可能となるため，その有用性は高い。

　わが国において，市町村産業連関表の作成は「サーベイ・アプローチ」と「ノンサーベイ・アプローチ」のいずれかの方法を採用しているケースが多い。前者は，当該地域でヒアリング調査等を行い，調査結果で得られたデータと既

存の統計資料を併用して表を作成する方法であり，後者は国や県が公表している既存のデータを市町村に按分して当該市町村の生産額等の推計を行う方法である。本稿ではノンサーベイ・アプローチを採用し，沖縄県産業連関表や経済センサス等の既存データを用いて久米島町産業連関表の作成を試みる。なお，産業連関表の基準年度は2015年，部門数は16部門である[2]。

 ## 久米島町産業連関表の作成手順

　図１は，久米島町産業連関表の作成手順を示したものである[3]。産業連関表の作成手順としては，はじめにコントロール・トータルズ（CT）としての生産額（手順①）を推計し，その後推計した生産額を基に中間投入部門（手順②）と粗付加価値額部門（手順③）の推計を行う。また，最終需要及び輸移出入については，沖縄県表や決算カード等を用いて推計を行う。以下，各部門の作成手順を示す。

図１　久米島町産業連関表の作成手順

		中間需要			町内最終需要					輸移出	輸移入	生産額
		農林水産業	工業	商業	家計外消費	民間消費	政府消費	総固定資本形成	在庫純増			
中間需要	農林水産業		手順②		販路構成		手順④				手順⑤	手順⑥	手順①
	工業												
	商業												
粗付加価値額	家計外消費	消費構成 手順③											
	雇用者所得												
	営業余剰												
	資本減耗引当												
	間接税												
	補助金												
	生産額	手順①											

出所：経済産業省北海道経済産業局『広域経済圏における地域間産業連関分析に関する調査報告書』，平成21年。

１　各部門の推計

(1)　町内生産額

　産業連関表を作成する際の最初の作業が町内生産額の推計である（手順①）。

生産額の推計に際しては，当該産業（例えば農業）の沖縄県生産額に占める久米島町生産額のシェアを求め，そのシェアを按分指標として沖縄県表の農業生産額に乗じることで久米島町の生産額を求める。したがって，久米島町農業生産額の推計式は（1－1）で示される。

$$久米島町農業生産額＝沖縄県表の農業生産額 \times \frac{久米島町農業生産額}{沖縄県農業生産額} \qquad （1－1）$$

　（1－1）は農業部門の生産額であるが，他の産業についても推計方法は同様である。沖縄県全体に占める久米島町のシェアを求め，そのシェアを按分指標として沖縄県表に乗じることで当該産業の生産額が求められる。なお，按分指標については，当該産業の生産額以外に「従業者数」や「製造品出荷額（製造業）」，「工事予定額・土木決算額（建設業）」を用いている。

(2)　中間投入額

　中間投入は，各産業における中間需要の取引を示したものである。各産業の中間投入額は，先に推計した産業別生産額に沖縄県表の投入係数表を乗じて求める（手順②）。中間投入額の推計式を（1－2）で示した。

$$産業別中間投入額＝各産業の生産額 \times 投入係数 \qquad （1－2）$$

　中間投入額の推計には沖縄県表の投入係数を用いているが，このことは沖縄県と久米島町で生産の技術構造が変わらないことを意味している。前述したように，市町村産業連関表を作成する際の最大の問題は，利用できるデータが限られていることであるが，中間投入額の推計についても久米島町の中間取引構造を扱ったデータが存在しないため，沖縄県表の投入係数表を用いた。

(3)　粗付加価値部門

　粗付加価値部門（手順③）は，各産業の付加価値構成を表している。粗付加価値部門は，「家計外消費支出」，「雇用者所得」，「営業余剰」，「資本減耗引当」，「間接税」，「経常補助金」から構成されており，（1－3）によって表される。

産業別粗付加価値額＝各産業の生産額×産業別粗付加価値係数 　　　（1－3）

　（1－3）では，沖縄県表の産業別粗付加価値係数に産業別生産額（手順①）を乗じて久米島町の産業別粗付加価値額を求めた。中間投入額と同様に，粗付加価値においても久米島町と沖縄県は同一の分配構造を持つと仮定している。

⑷　町内最終需要

　最終需要は「家計外消費支出」，「民間消費支出」，「一般政府消費支出」，「町内固定資本形成（公的）」，「町内固定資本形成（民間）」，「在庫純増」から構成されている。最終需要の推計方法は，以下のとおりである。

①　家計外消費支出

　はじめに沖縄県表における家計外消費支出の産業構成比を求め，その産業構成比に手順③で推計した久米島町の「家計外消費支出合計額」を乗じて「産業別家計外消費支出額」を求めた。推計式は（1－4）で示されている。

家計外消費支出＝家計外消費支出合計額×家計外消費支出産業構成比　　（1－4）

②　民間消費支出

　久米島町の対沖縄県人口比率を求めた後，その人口比率（0.01％）を按分指標として沖縄県表の「民間消費支出総額」に乗じて，久米島町の「民間消費支出総額」を求めた。さらに久米島町民間消費支出総額に沖縄県表の民間消費支出産業構成比率を乗じて「産業別民間消費支出」を求めた（1－5）。

民間消費支出＝民間消費支出総額×民間消費支出産業構成比　　　　　（1－5）

③　一般政府消費支出

　沖縄県公務従業者数に占める久米島町の公務従業者比率を求めた後，その従業者数比率（0.01）を按分指標として沖縄県表の「一般政府消費支出」に乗じることで，久米島町の「一般政府消費支出総額」を求めた。さらに久米島町一般政府消費支出総額に沖縄県表の一般政府消費支出産業構成比率を乗じて「産

業別一般政府消費支出」を求めた（1 − 6）。

$$一般政府消費支出＝一般政府消費支出総額×一般政府消費支出産業構成比 \quad （1 − 6）$$

④　町内固定資本形成（公的）

沖縄県歳出決算額の投資的経費に占める久米島町の投資的経費比率を求めた後，その比率（0.01）を按分指標として沖縄県表の「固定資本形成（公的）」に乗じることで，久米島町の「固定資本形成（公的）」の総額を求めた。さらに久米島町固定資本形成（公的）の総額に沖縄県表の固定資本形成（公的）産業構成比率を乗じて「産業別固定資本形成（公的）」を求めた（1 − 7）。

$$町内固定資本形成(公的)＝\begin{matrix}固定資本形成\\(公的)総額\end{matrix} \times \begin{matrix}固定資本形成\\(公的)産業構成比\end{matrix} \quad （1 − 7）$$

⑤　町内固定資本形成（民間）

久米島町の産業別生産額（手順①）の対沖縄県比率を求めた後，その比率を按分指標として沖縄県表の「産業別固定資本形成（民間）」に乗じることで，久米島町の産業別固定資本形成（民間）を求めた（1 − 8）。

$$町内固定資本形成(民間)＝\begin{matrix}久米島町産業別生産\\額の対沖縄県比率\end{matrix} \times \begin{matrix}沖縄県産業別固定\\資本形成(民間)\end{matrix} \quad （1 − 8）$$

⑥　在 庫 純 増

久米島町の産業別生産額（手順①）の対沖縄県比率を求めた後，その比率を按分指標として沖縄県表の「産業別在庫純増」に乗じることで，久米島町の産業別在庫純増を求めた（1 − 9）。

$$在庫純増＝\begin{matrix}久米島町産業別生産\\額の対沖縄県比率\end{matrix} \times 沖縄県産業別在庫純増 \quad （1 − 9）$$

⑸　移 輸 出

移輸出額については，久米島町のデータが存在しないため，沖縄県表における各産業の移出率（沖縄県表移出額／沖縄県表生産額）及び輸出率（沖縄県表輸出額／沖縄県表生産額）を求めた後，これらの移輸出率を久米島町産業別生産額

（手順①）に乗じて「産業別移輸出額」を推計した（1-10）。

移輸出額＝久米島町産業別生産額×産業別移輸出率(沖縄県)　　　　　　（1-10）

⑹　移　輸　入

①　輸入の推計

　移輸入の推計方法については，土居・浅利・中野（2019）に従った[4]。輸入は，産業別の沖縄県内需要に占める久米島町内需要（中間需要＋最終需要）の比率を求めた後，その比率を按分指標として沖縄県表の輸入額に乗じることで，久米島町の輸入額を求めた（1-11）。

$$輸入額＝需要比率\left(\frac{久米島町内需要}{沖縄県内需要}\right)×沖縄県産業別輸入額 \qquad （1-11）$$

②　移入の推計

　移入については，LQ法を用いて推計を行った[5]。LQ法はノンサーベイ・アプローチによる産業連関表を作成する際に多く用いられる推計方法である。LQ法の基本的な考え方は，久米島町と沖縄県の産業構造（産業構成比）を求めた後，久米島町の産業構成比を沖縄県の産業構成比で割ることで「特化係数」を求める。特化係数が1以上の場合は，久米島町における当該産業の自給率を1とし，1未満の場合は特化係数の値を「自給率」として用いる。このように，特化係数を計算することで産業別の自給率が求められ，その自給率を産業別の久米島町内需要に乗じることで，当該産業の移入額が求められる。

　以上の作業手順によって移輸出入の推計を終えた後，小長谷・前川（2012）に従って「投入表（タテ列）」と「産出表（ヨコ行）」のバランス調整を行った[6]。

❷　使用したデータ

　久米島町産業連関表を作成する際に使用したデータを表1及び表2に示した。使用した統計資料は2015年をベースとしているが，経済センサスや漁業センサス等の一部統計については，データが存在しないため2015年前後の統計を用い

ている。

表1　産業連関表の作成に用いたデータ一覧（産業部門）

	統計資料（産業部門）
農業	農林水産省「農業センサス（2015年）」，沖縄県「沖縄県産業連関表（2015年，35部門）」
林業	総務省「経済センサス（2016年）」，沖縄県「沖縄県産業連関表（2015年，35部門）」
漁業	農林水産省「漁業センサス（2018年）」，沖縄県「沖縄県産業連関表（2015年，35部門）」
鉱業	沖縄県市町村民所得（2015年），沖縄県「沖縄県産業連関表（2015年，35部門）」
製造業	総務省「経済センサス（2016年）」，沖縄県「沖縄県産業連関表（2015年，14部門）」
建設業	国土交通省「建築物着工統計（2015年）」，総務省「決算カード（2015年）」，沖縄県「沖縄県産業連関表（2015年，14部門）」
電気・ガス・水道	総務省「経済センサス（2014年）」，沖縄県「沖縄県産業連関表（2015年，14部門）」
商業	経済産業省「商業統計調査（2014年）」，沖縄県「沖縄県産業連関表（2015年，14部門）」
金融・保険	総務省「経済センサス（2014年）」，沖縄県「沖縄県産業連関表（2015年，14部門）」
不動産	総務省「経済センサス（2014年）」，沖縄県「沖縄県産業連関表（2015年，14部門）」
運輸・郵便	総務省「経済センサス（2014年）」，沖縄県「沖縄県産業連関表（2015年，14部門）」
情報通信	総務省「経済センサス（2014年）」，沖縄県「沖縄県産業連関表（2015年，14部門）」
公務	総務省「経済センサス（2014年）」，沖縄県「沖縄県産業連関表（2015年，14部門）」
医療・保健・社会保障・介護	総務省「経済センサス（2014年）」，沖縄県「沖縄県産業連関表（2015年，14部門）」
サービス	総務省「経済センサス（2014年）」，沖縄県「沖縄県産業連関表（2015年，14部門）」
その他	総務省「経済センサス（2014年）」，沖縄県「沖縄県産業連関表（2015年，14部門）」

出所：筆者作成

表2　産業連関表の作成に用いたデータ一覧（最終需要）

	統計資料（最終需要部門）
家計外消費支出	沖縄県「沖縄県産業連関表（2015年，16部門）」
民間消費支出	総務省「国勢調査（2015年），沖縄県「沖縄県産業連関表（2015年，16部門）」
一般政府消費支出	総務省「経済センサス（2014年）」，沖縄県「沖縄県産業連関表（2015年，16部門）」
町内固定資本形成（公的）	総務省「決算カード（2015年）」，沖縄県「沖縄県産業連関表（2015年，16部門）」
町内固定資本形成（民間）	沖縄県「沖縄県産業連関表（2015年，16部門）」
在庫純増	沖縄県「沖縄県産業連関表（2015年，16部門）」
輸出・移出	沖縄県「沖縄県産業連関表（2015年，16部門）」
輸入・移入	沖縄県「沖縄県産業連関表（2015年，16部門）」

出所：筆者作成

　また，2015年沖縄県産業連関表については，16部門表が作成されていないため，同表の35部門表を16部門に統合して使用した。以上の統計資料を用いてノンサーベイ・アプローチによる推計作業を行い，久米島町産業連関表（2015年，16部門）を作成した。

久米島町産業連関表の完成

　これまでみてきたように，市町村産業連関表の作成は，産業別町内生産額の推計に始まり，その後は推計した生産額をベースに中間需要や粗付加価値を求め，さらに最終需要や移輸出入を推計した後に投入（タテ列）と産出（ヨコ行）のバランス調整を経て完成させる。これらの工程を経て完成した久米島町産業連関表を表３に示した。

　表３の農業部門をタテ（列）にみると，中間投入（原材料等）として農業から７億5,700万円，製造業から７億3,000万円，建設業から400万円，そしてこれらの産業以外に電気・ガス・水道（4,800万円）や商業（１億9,500万円），運輸・郵便（１億5,100万円）等から財・サービスを購入し，これに粗付加価値（10億6,000万円）を加えて，30億9,200万円の生産が行われたことを示している。

　次に，農業部門をヨコ（行）にみると，中間需要として農業に７億5,700万円，製造業に５億4,700万円，建設業に700万円，サービスに5,000万円等が販売され，さらに最終需要として17億2,200万円が販売されていることが示されている。なお，産業連関表における各産業の投入（タテ列）と産出（ヨコ行）の合計値（生産額）は一致している。

１　久米島町産業連関表の課題

　本稿は，久米島町を対象にノンサーベイ・アプローチによる市町村産業連関表の作成を行ったが，ここで産業連関表の作成に関する本稿の課題について指摘しておきたい。

　市町村レベルで産業連関表が作成されない最大の理由は，統計資料の利用制約にあるが，本稿においても生産額や移輸出入額等の各種推計において久米島町のデータが存在しなかったため，沖縄県のデータで代用せざるを得なかった。統計資料の利用制約に関する問題については，久米島町内の企業等へのヒアリング調査を実施することで，同町の産業間取引構造や移輸出入構造を把握でき

る可能性がある。したがって，今後は現地でのヒアリング調査等も併用し，久米島町の経済構造をより反映させた「サーベイ・アプローチ」による産業連関表を作成する必要がある。

　また，本稿で作成した久米島町産業連関表は16部門表であるが，域内観光客の増加が町内経済に与える影響をより詳細に把握，分析するためには，農業部門や製造業部門，サービス部門を細分化し，久米島町の産業構造の特徴を反映させた産業連関表を作成する必要があろう。こうしたサーベイ・アプローチや産業部門の細分化への取り組みについては，今後の課題としたい。

 ## おわりに
　　　：久米島町産業連関表の活用方法

　産業連関表は，地域経済を分析するための有効なツールであるにも関わらず，市町村などの基礎自治体ではいまだ作成が進んでいない。こうしたことから，本稿では沖縄県産業連関表等のデータを併用することで，ノンサーベイ・アプローチによる久米島町産業連関表の作成を試みた。

　久米島町は，沖縄本島から航路で約35分の離島地域であり，自然的・歴史的な観光資源を多く有し，コロナ禍以前の年間入域観光客数は10〜11万人で推移していた。また，産業は基幹産業である農業に加えて，久米島紬や泡盛，クルマエビ生産，海洋深層水を利用した牡蛎の養殖やミネラル水の販売など豊富な地域資源を有しており，産業面においても観光客誘致のための要件が揃っている。

　今後，久米島町については，本稿で作成した産業連関表を用いて観光客数の増加（減少）が久米島町経済に与える影響を定量的に把握することが可能となる。また，入域観光客の平均滞在日数や品目別消費額等を収集することができれば，観光消費と町内産業（農業・製造業等）との産業連関効果を「見える化」することも可能になろう。さらには同町が実施する観光施策についても，産業連関表を用いて施策を定量的に評価・検証した上で，より戦略的な観光施策へ

表 3　久米島町産業連関表（16部門）

（単位：百万円）

	農業	林業	漁業	鉱業	製造業	建設業	電気・ガス・水道	商業	金融・保険	不動産	運輸・郵便	情報通信	公務	医療・保健・社会保障・介護	サービス	その他	内生部門計	家計外消費支出	民間消費支出	一般政府消費支出	固定資本形成（公的）	固定資本形成（民間）	在庫純増	町内最終需要計	輸出	移出	最終需要計	需要合計	輸入（控除）	移入（控除）	最終需要部門計	町内生産額
農業	757	0	0	0	730	7	0	1	0	0	1	0	0	8	40	0	1,369	4	136	0	0	45	−27	158	498	1,173	1,829	3,198	−107	−0	1,722	3,092
林業	0	0	0	0	0	2	0	0	0	0	0	0	0	3	5	0	7	1	6	0	0	7	7	7	0	0	13	20	−1	−12	−7	0
漁業	0	0	37	0	23	0	0	0	0	0	0	0	0	3	15	0	78	1	9	0	0	0	−0	9	419	469	897	878	−2	−289	895	973
鉱業	0	0	0	0	603	39	240	0	0	0	0	0	0	0	0	0	862	−0	−0	0	0	0	−19	−20	1	15	−3	878	−564	−289	−836	45
製造業	730	0	290	7	2,141	1,558	153	98	6	6	85	306	0	519	81	49	7,026	25	2,606	0	524	2,714	−137	5,732	380	1,142	7,254	14,280	−7,560	0	−325	6,700
建設業	4	0	1	10	2	17	5	4	3	28	28	225	0	3	11	0	101	0	0	0	2,351	2,048	0	4,399	0	0	4,399	4,500	−0	−0	4,399	4,500
電気・ガス・水道	48	0	4	2	117	20	124	61	1	6	35	386	0	90	224	0	861	1	425	46	0	0	0	472	183	343	998	1,859	−0	−1,793	998	1,859
商業	195	0	54	1	433	229	26	33	11	6	85	107	0	149	69	14	1,486	74	2,078	1	86	127	7	2,372	63	286	2,721	1,536	−679	−1,131	249	1,735
金融・保険	49	0	9	0	83	73	53	41	24	8	3	18	0	31	95	0	810	0	722	0	0	0	0	722	3	1	726	3,115	−76	−785	−481	329
不動産	4	0	0	0	13	8	5	24	6	3	111	0	0	30	43	0	263	0	2,618	0	0	49	0	2,670	46	136	2,852	3,115	−0	−596	2,067	2,330
運輸・郵便	151	0	23	0	91	115	85	28	8	6	38	31	0	39	38	111	1,178	30	568	0	0	10	1	648	586	1,135	2,369	3,547	−476	−0	1,296	2,474
情報通信	11	0	4	0	50	38	35	108	16	12	31	199	0	98	270	31	874	9	607	6	179	0	0	801	0	0	801	1,675	−12	−1,663	−874	874
公務	0	0	0	0	0	0	0	0	0	0	0	0	0	0	0	0	1	0	54	4,195	0	0	0	4,249	0	0	4,250	4,250	0	0	4,249	4,250
医療・保健・社会保障・介護	3	0	0	0	117	91	0	0	0	0	0	0	0	36	0	0	43	62	904	6,679	0	0	0	7,645	4	0	7,649	7,693	0	−4,285	3,364	3,408
サービス	69	18	4	4	316	598	128	218	32	78	248	0	512	274	504	0	3,101	477	2,217	1,945	219	0	0	8,117	261	1,183	9,562	9,562	−1,486	−1,596	3,370	6,470
その他	8	0	7	18	4	0	0	5	1	1	4	0	14	13	9	0	69	0	66	0	157	0	0	70	0	0	70	70	−3	−0	−3	67
内生部門計	2,031	18	417	22	4,433	2,690	868	621	79	425	1,189	1,480	2,546	150	3,101	66	18,150	683	12,951	12,895	3,369	5,157	−176	34,881	2,445	5,884	43,209	61,359	−10,992	−12,133	20,084	38,234
家計外消費支出	39	0	22		39	130	28	45	18	14	30	9	14	44	150	66	683															
雇用者所得	788	168	168	10	925	1,072	306	638	118	28	646	2,683	2,405	1,715	44	0	11,611															
営業余剰	−11	168	168	9	500	223	225	294	94	8	156	166	548	184	354	0	3,366															
資本減耗引当	462	141	141	4	305	195	386	44	28	107	240	184	354	52	475	0	2,997															
間接税（関税・輸入品商品税を除く）	137	57	57	0	467	202	55	94	8	−1	214	14	52	475	0	0	1,883															
（控除）経常補助金	−354	0	0	0	−16	−12	−9	−1	−5	−11	0	0	−40	−8	0	0	−457															
粗付加価値部門計	1,060	556	556	27	2,267	1,810	991	1,114	250	1,905	1,286	2,121	2,771	2,121	2,924	67	20,084															
町内生産額	3,092	973	973	45	6,700	4,500	1,859	1,735	329	2,330	2,474	1,859	4,250	3,408	6,470	67	38,234															

出所：筆者作成

59

と繋げていくことが期待できる。本稿は産業連関表の作成に主眼を置いているため，同表を用いた分析は行っていないが，今後は久米島町における各種経済効果の推計や観光施策評価のためのツールとして，久米島町産業連関表が活用されることを期待したい。

【注】

⑴　Leontief, W. "Quantitative Input and Output Relations in the Economic System of the United States," Review of Economic Statistics, No. 18, 1936.

⑵　本稿は，比嘉（2012）における作成手順を踏襲したものであり，同論文の内容・記載方法等をベースに対象地を久米島町として産業連関表を作成している。

⑶　本稿における市町村産業連関表の作成方法は，経済産業省北海道経済産業局（2009）及び小長谷・前川（2012），土居・浅利・中野（2019）に拠っている。

⑷　土居英二・浅利一郎・中野親徳（2019）『はじめよう地域産業連関分析〔改訂版〕－基礎編－』，日本評論社。

⑸　LQ法の詳細は，土居英二・浅利一郎・中野親徳（2019），pp. 163－166を参照。

⑹　産業部門間のバランス調整については，小長谷一之・前川知史（2012）『経済効果入門』，日本評論社，pp. 137－142を参照。

【参考文献】

経済産業省北海道経済産業局（2009）『広域経済圏における地域間産業連関分析に関する調査報告書』経済産業省。

小長谷一之・前川知史（2012）『経済効果入門』，日本評論社。

土居英二・浅利一郎・中野親徳『はじめよう地域産業連関分析』，日本評論社，1996年。

土居英二・浅利一郎・中野親徳（2019）『はじめよう地域産業連関分析〔改訂版〕－基礎編－』，日本評論社。

比嘉正茂（2012）「基礎自治体における地域産業連関表の作成と経済波及効果の計測」『大月短大論集』第43号，大月短期大学。

Leontief, W. "Quantitative Input and Output Relations in the Economic System of the United States," Review of Economic Statistics, No. 18, 1936.

第5章

観光産業の発展が
市町村の税収構造に与える影響
—北海道ニセコ観光圏を事例として—

The Impacts of the Development of the Tourism Industry
on the Tax Revenue Structure in the
Niseko Economic Zone.

高 哲央
Akihiro KOH

はじめに

　本研究は，観光産業の発展が市町村財政に与える影響を分析する研究の一環として，北海道ニセコエリアの税収構造の特徴を整理・検討することを目的とするものである。これまでに観光産業の発展が道府県財政に与える影響について分析した既存の研究は多いが，市町村レベルの分析は十分になされているとは言えないためである。

　近年，北海道南西部ニセコエリアの標準宅地の地価上昇率の高さが全国的に注目を集めている。ニセコの中でも，北海道後志総合振興局管内の蘭越町，ニセコ町，倶知安町の3町を区域として形成される「ニセコ観光圏」の大層を占める倶知安町の1㎡当たりの地価公示価格は，2010年から2023年にかけて，15,675円から93,000円と5.93倍もの上昇率となっている。これは，世界有数とも評される雪質，温泉，ラフティング・フィッシング・登山などに適した渓谷・山岳に惹かれ，海外をはじめとした多くの富裕層がニセコを訪れていることから，外資系資本を中心とした高級ホテルやコンドミニアムの建設及び投資

が促進したためである。世界的な金融緩和や円安もこれに拍車をかけた。

　さて，こうしたニセコの状況が，市町村税収にポジティブな影響を与えていることは論を俟たない。市町村の基幹税である固定資産税の土地課税分は地価を課税標準としている上に，商業施設や宿泊施設の賦存量は，固定資産税収と強い相関があるためである[1]。また，ニセコでは外国人移住者が増加したことから，個人住民税に与える影響も小さくないであろう。

　一方で，コロナ禍において観光産業を中心とした外需主導経済の脆さが露呈したことは記憶に新しい。観光県として好調であった沖縄県では，主要ホテルの稼働率が低下し，有効求人倍率は2020年 4 月には1.0倍を切り0.91に，同年 6 月には0.68まで低下した。これを受けて沖縄県の多くの市町村住民税の税収は，前年度と比較して減少することになった。ニセコ観光圏についても，この点について検討する必要がある。

　本研究の構成は，まずはニセコ観光圏のリゾート地としての特徴について，他の国内観光地・リゾート地と比較して何が違うのかを整理する。その後，ニセコ観光圏の税収構造の変遷について整理・検討した上で，観光発展が市町村税収に与える影響について考察する。

② ニセコ観光圏の特徴

1　ニセコ観光圏とは

　ニセコエリアとは，羊蹄山・ニセコ連峰などのニセコ山系周辺の 5 つの町が連なる広大なエリアであり，ニセコ観光圏とは，その中心となるニセコアンヌプリの山麓にある蘭越町，ニセコ町，倶知安町の 3 町で構成されている地域である。当該地域では，「パウダースノー」と評される雪や温泉をはじめとした豊富な自然観光資源を活かし，ニセコ観光圏を「アジア最高の国際リゾート」とすることを目指して活動している[2]。

　ニセコ観光圏の 3 町の観光地としての特徴を整理しよう[3]。後志管内の南西

部に位置する蘭越町は，ニセコ連峰などの山岳に囲まれた盆地であり，町の中央には清流日本一を12度獲得している尻別川が貫流している。自然を活かしたキャンプ場，道内を代表するフィッシングポイント，温泉，パウダースノーに惹かれ，多くの観光客が訪れている。また，尻別川がもたらした肥沃な土壌と温暖な気候条件から，道内でも有数の米産地としても知られている。

　ニセコ町は，ニセコ積丹小樽海岸国定公園の中心をなし，羊蹄山，ニセコ連峰，昆布岳の山々に囲まれた全国有数のリゾートタウンである。道内トップクラスの積雪量と世界有数のパウダースノー，バリュエーションの富んだゲレンデ，ほぼ半年近いシーズンの長さなどの特徴を誇るスノースポーツの一大拠点として海外を中心とした観光客が集まる。自然豊かなテントサイトからハイブランドホテルや高級コンドミニアムなど多様な宿泊ニーズに対応できる施設が整っている。酪農地帯や多種多様な農産物の産地としても有名である。

　総合振興局をはじめ各官公署・施設が多く所在する後志の中核都市である倶知安町の産業の柱も農業と観光である。農業では，生食用男爵芋生産量で日本一を誇り，観光ではニセコ最大規模のグランヒラフスキー場を有する。スキー場ェリアでは，レストラン，カフェ，バー，居酒屋，温泉などアフタースキータイムの多彩さが魅力である。スキーシーズンだけでなく，多様なアクティビティメニューがあることから，通年型リゾート地としての変化を遂げた。また，多数の外資系の最高級ホテルやコンドミニアムが存在することから，ロングステイを求める国内シニア層や，アジア圏のインバウンドが増加している。

　ニセコ観光圏では，2008年に施行された「観光圏の整備による観光旅客の来訪及び滞在の促進に関する法律第5条」に基づきニセコ観光圏協議会が設置され，協議を経て，同法第4条に基づき，蘭越町，ニセコ町，倶知安町は「ニセコ観光圏整備計画」が策定されている。

❷　外国人観光客と外国資本

　ニセコ観光圏の特徴の1つは，外国人の定住者・移住者が多い点にある[4]。住民基本台帳人口に基づくと，コロナ禍以前の2019年1月1日現在，ニセコ町

の人口5,403人のうち外国人住民は636人であり，倶知安町の人口16,892人のうち外国人住民は2,497人である。2013年1月1日現在での両町合わせた外国人住民の人口は929人であったことから，わずか6年で3倍以上に増加している。また，例年スキーシーズンになるとホテルや飲食店などで働きながらスキーを楽しむ季節労働者が溢れる。

　2つ目の特徴は，アジア圏を中心とした外国人観光客，とりわけ富裕層が多い点である。2018年度の倶知安町とニセコ町を合わせた外国人宿泊客延べ数は，過去最高の682,163人を達成した。これは，10年前と比較すると3倍以上の増加率である。一方で，日本人観光客数は4,000人程度でほぼ横ばいである。ニセコ観光圏のショップの看板や広告は英語表記だけものが多く，ショップの従業員も外国人がほとんどである(5)。商業施設なども，富裕層を中心とした外国人観光客や移住者を意識したものとなっている(6)。

　3つ目の特徴は，多額の外国資本が投入されていることである。近年，建設数が急増している欧風デザインのホテルや近代的なコンドミニアムの多くが外国資本によるものである。ひらふ地区では，高級コンドミニアムの100％近くが華僑などの外国人が所有している。香港資本によるコンドミニアム，ホテル，ショッピングポールを備えた大規模複合施設の「アルクザカストリート（事業費約230億円）」も2024年に全計画が完成する予定である。ニセコ観光圏におけるコンドミニアムは外国資本の格好の投資対象であり，2003年のコンドミニアムの棟数はひらふ坂の裏手に位置する1棟のみだったが，2020年現在，倶知安町だけで約330棟にまで増えている(7)。このことが，前述の地価の急激な上昇に繋がっているのである。

❸　社会資本の整備

　地域発展に社会資本は不可欠であるが，ニセコ観光圏では，急激な発展に社会資本の整備が追いついていない状況にある。倶知安町では，「社会資本整備総合計画及び都市再生特別措置法」に基づく都市再生整備計画を作成し，社会資本整備総合交付金を活用したまちづくりを進めている。倶知安町は計画の中

で，大目標として「安全・安心・きれいで元気なひらふ」を掲げ，①地元住民・事業者と長期滞在旅行者により構成される，②上質なおもてなし空間を創造するリゾートコミュニティの構築，③長期滞在旅行者に配慮した安全・安心で快適なリゾート環境の整備を目標とした。図1は，ニセコ観光圏の普通建設事業費の各年度を示したものであるが，2014年度の1,012百万円に対して，2020年度には3,161百万円と，3倍以上の予算が組まれていることがわかる。

　ニセコは新千歳空港や札幌・小樽から近いという立地条件の良さがあるが，ニセコ観光圏は「ニセコ観光整備計画」において，「圏域内の交通体系の貧弱さ，高速交通網の未整備」を問題視している。しかし，2030年までに北海道新幹線が札幌まで開通することが予定されており，札幌駅から倶知安駅まで25分で移動できることになる。2027年には高速道路の開通も決まっており，今後，ニセコ観光圏への交通アクセスは飛躍的に良くなることが予想できる。

図1　ニセコ観光圏の普通建設事業費の推移

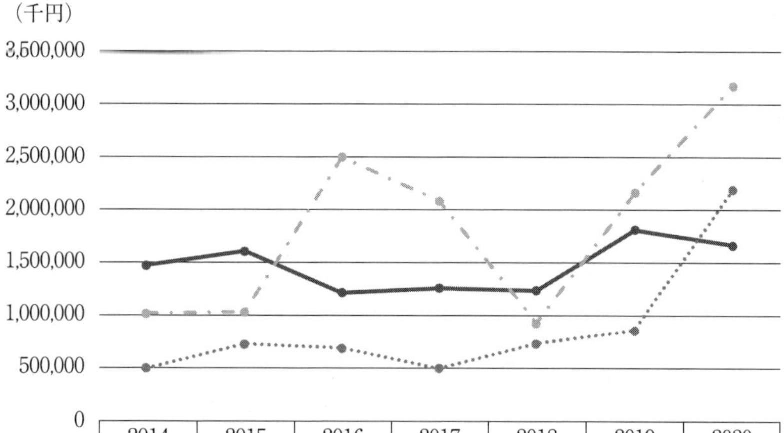

（千円）

	2014	2015	2016	2017	2018	2019	2020
蘭越町	1,465,933	1,600,706	1,209,408	1,254,052	1,232,835	1,803,616	1,659,275
ニセコ町	496,918	722,582	684,470	495,585	729,470	855,737	2,185,768
倶知安町	1,012,463	1,027,074	2,487,637	2,077,127	925,353	2,155,709	3,161,360

出所：総務省「市町村別決算状況調」の各年度版より作成。

4　ツーリズムジェントリフィケーション

　観光客数の著しい増加は，地域住民の生活や自然環境，景観等に対して許容範囲を超える負の影響を与える状況や観光客の満足度を著しく低下させる状況，すなわちオーバーツーリズムをもたらす可能性が高い。ニセコ観光圏のように急激な地価の上昇をもたらしている場合，危惧される事態はツーリズムジェントリフィケーションであろう。

　ツーリズムジェントリフィケーションとは，観光客数の増加に伴い観光に関連する施設（観光施設や宿泊施設）が一定の地域で増加し，来住者や転入者の数が増えて地価・家賃が上昇する事で，物価の上昇にも結びつき，低所得者層の立ち退きを引き起こす現象のことである[8]。例えば，ホテルの建設ラッシュや富裕層による高級マンションへの投資が進む京都市では，住宅価格の上昇に伴い，住民が近隣の市町村や県に移住した結果，京都市の人口は，直近4年間で約25,000人減となっている。

　表1は，ニセコ観光圏での3年毎の人口変化を示したものである。まず，総数をみると，人口減少が続いている蘭越町とは異なり，ニセコ町と倶知安町の人口は2015年から2018年にかけて増加している。内訳をみると，外国人の人口流入が総数に反映していることがわかる。一方で，コロナ禍の2021年は，外国人住民の流出により，いずれの町でも人口減少となっている。

　注目すべきは日本人数の変化であるが，2015年と2021年を比較すると，いずれの町でも人口が減少していることがわかる。しかしながら，当該データのみ

表1　ニセコ観光圏の人口変化

	2015年			2021年			2018年		
	日本人	外国人	総数	日本人	外国人	総数	日本人	外国人	総数
蘭越町	4,931	18	4,949	4,683	34	4,717	4,481	66	4,547
ニセコ町	4,769	287	5,056	4,798	500	5,298	4,666	280	4,946
倶知安町	15,014	1,046	16,060	14,665	1,977	16,642	14,109	680	14,789

出所：総務省HP「住民基本台帳人口」（各年の1月1日現在）より作成。

でツーリズムジェントリフィケーションが生じていると判断することはできない。地方圏の人口減少は全国全体の流れであるし，物件価格の高騰に伴い自らの意思で持ち家を売却して都市部に移り住んだことも考えられる。

　一方で，楽観視できる状況ではないことは明らかである。3町が作成する「ニセコ観光整備計画（2019-2023）」では，ニセコ観光圏の現状と課題について，「T（Threat）脅威」として，「冬期間における飲食や生活雑貨などの価格高騰による物価上昇が生活に支障」という項目が記載されている。これは「ニセコ観光整備計画（2014-2018）」にはなかった記述である。人口変化から読み取ることは困難であるが，現地においてツーリズムジェントリフィケーションの兆候が出ていると考えるのが自然であろう。

　こうしたことに対して，行政の果たすべき役割は大きいが，対応するにあたって必要となるのが財源である。言い換えれば，観光産業の進展は，市町村財政とりわけ市町村税収に寄与するのか，またどのような影響を与えるのかについて検討する必要がある。

 ニセコ観光圏の税収構造の変遷

1　観光産業と市町村税収

　観光産業の発展が税収に与える影響について，市町村税の基幹税である市町村住民税及び固定資産税と関連付けて考察していく。市町村の税目は多種にわたるが，税収の9割近くを占めるのが市町村住民税と固定資産税である。

(1)　市町村住民税収に及ぼす影響

　市町村住民税は，個人分と法人分に大別される。個人住民税は，住民の前年度の所得に比例税率を乗じて負担を求める「所得割」と，一定程度の所得を超えた住民に対して定額の負担を求める「均等割」がある。したがって，住民1人当たりの所得が高く，一定程度の所得を超える地域住民が多く居住している

市町村ほど，税収は高水準となる。

　一方，法人住民税は，前年度の法人税の金額に比例税率を乗じて負担を求める「法人税割」と，前年度の所得の金額にかかわらず原則としてすべての法人に負担を求める「均等割」がある。法人税割は赤字決算の法人には課されないことから，法人住民税の税収の大きさに影響を及ぼすものは，行政区域内の法人の利益の大きさと法人の数である。

　こうしたことから，観光産業の発展が，現地住民の所得や法人の利益を上昇させ，地域に居住者や法人の数が増加することに寄与することができれば，税収増へ結びつくことになる。

(2)　固定資産税収に及ぼす影響

　固定資産税とは，固定資産（土地，家屋，償却資産）が所在する市町村が，その所有者に対して，固定資産の「適正な時価」に対して一定税率を課すものである。固定資産税の土地分の課税標準は地価の時価である。より具体的には，3年ごとに地価公示価格の7割程度の評価がなされる。固定資産税の住宅用土地には特例措置があり，住宅用に利用する土地であるのならば，税額が1／3（200㎡以下ならば1／6）に圧縮される。言い換えると，同じ土地でも住居以外に利用されるのならば，税収は高い水準になる。当然のことながら，地価上昇も固定資産税の土地分の税収を増やすことになる[9]。家屋分の課税標準は，再建築価格から築年数分の減額補正を差し引いた金額となる[10]。すなわち，建物が新しく，高層ビルなどの建築価格が高い建物が多く存在する市町村ほど高税収が期待できる。償却資産の課税標準は取得価格である。最新の機械設備や，大規模償却資産が所在する市町村は，多くの税収が見込める[11]。

　観光産業の発展は，観光施設・宿泊施設・商業施設の整備が進むことから，地価上昇のみならず，住宅用地以外の土地利用の拡大，ホテルをはじめとした最新高層ビルの新設・改増築に結びつく。その結果，固定資産税の大幅な増収に繋がると言える[12]。

❷　町別税収構造の特徴

　ニセコ観光圏の税収構造をみていこう。表2は，2021年度におけるニセコ観光圏の町別の市町村税収の総額を地域人口で除したものである。税収総額の1人当たり金額をみると，蘭越町105,603円，ニセコ町178,326円，倶知安町210,030円と，町別で大きな隔たりがあることがわかる。倶知安町と蘭越町の合計税収の差額は104,427円である。

　内訳をみると，市町村民税（個人分）の1人当たり金額は，蘭越町41,399円，ニセコ町50,499円，倶知安町60,453円であり，蘭越町と倶知安町の差額は19,054円である。これは主に各町の課税対象所得の差が反映されているとみてよいだろう。なお，1人当たりの課税対象所得については蘭越町2,899,899円，ニセコ町3,054,424円，倶知安町3,210,181円である[13]。市町村民税（法人分）に関しても同様の傾向がみてとれる。

　注目すべき点は，固定資産税の1人当たり金額であろう。蘭越町44,446円に対して，ニセコ町101,010円，倶知安町111,125円と，税収に大きな差が生じて

表2　ニセコ観光圏の1人当たり税収

（単位：円，％）

	蘭越町		ニセコ町		倶知安町	
	金額／人	構成比	金額／人	構成比	金額／人	構成比
市町村民税（個人分）	41,399	39.2	50,499	28.3	60,453	28.8
市町村民税（法人分）	6,320	6.0	10,251	5.7	12,366	5.9
固定資産税	44,446	42.1	101,010	56.6	111,125	52.9
市町村たばこ税	7,698	7.3	7,727	4.3	11,698	5.6
都市計画税	0	0.0	0	0.0	5,749	2.7
その他の税	5,740	5.4	8,839	5.0	8,639	4.1
合計	105,603	100.0	178,326	100.0	210,030	100.0

注：2021年度の決算額である。1人当たりの金額は加重平均。人口は住民基本台帳人口の2021年1月1日現在のもの。

出所：総務省「市町村別決算状況調」各年度版より作成。

いる。ニセコ町，倶知安町への開発や投資による地価の高騰や，高級コンドミニアムをはじめとした新しく建築価格が高い宿泊施設の急増が，両町に高税収をもたらしていることがわかる。

❸　各町における税収の変遷

　上記のことをより明確にするために，時系列に沿って税収の変化をみてみよう。表3は，2014年度から2021年度にかけての3町の市町村住民税の個人分・法人分，固定資産税の1人当たり金額と増加率の推移を示したものである。表から明らかなように，開発及び投資が重点的に行われているニセコ町，倶知安町では，蘭越町と比較して，住民税（個人分），固定資産税の税収が大きく増加していることがわかる。

　住民税の課税標準となる課税所得の1人当たり金額は，2014年度に蘭越町2,492,370円（全国順位1,261位），ニセコ町2,405,020円（同1,428位），倶知安町2,722,452円（同788位）であったが，2019年度には蘭越町2,728,401円（同1,001位），ニセコ町3,287,591円（同269位），倶知安町3,347,099円（同219位）と，ニセコ町及び倶知安町は急激な増加となっている。これが，住民税（個人分）の上昇に結びついている。

　固定資産税においては，ほぼ横ばいの蘭越町と異なり，ニセコ町は2014年度から2021年度にかけて28,086円（2014年度比で38.5％増），倶知安町にいたっては48,276円（同76.8％増）と大幅に増加している。

　注目するべき点は，コロナ禍における固定資産税収の動きである。2021年度，ニセコ町及び倶知安町の住民税（個人分），とりわけ住民税（法人分）の税収が大幅に減少している。これはコロナ禍で人流がストップしたことで個人及び法人の所得が減少した影響であり，観光産業依存型の経済の弱点が露呈した形である。一方で，固定資産税は，コロナ禍においても税収が増加している。負担調整措置の効果もあるが，年度ごとの所得に左右されない財産税である固定資産税の強みがでているとみることができる。

表 3　1 人当たり税収及び増加率の推移

蘭越町　　　　　　　　　　　　　　　　　　　　　　　　　　（単位：円，％）

	住民税（個人分）		住民税（法人分）		固定資産税	
	金額／人	増加率	金額／人	増加率	金額／人	増加率
2014年度	31,953	－	4,340	－	37,813	－
2015年度	33,473	4.8	3,363	－22.5	39,028	3.2
2016年度	35,459	5.9	3,463	3.0	39,821	2.0
2017年度	36,408	2.7	4,466	29.0	43,276	8.7
2018年度	40,469	11.2	6,711	50.3	42,417	－2.0
2019年度	38,482	－4.9	6,192	－7.7	42,183	－0.6
2020年度	41,592	8.1	5,699	－8.0	44,144	4.6
2021年度	41,399	－0.5	6,320	10.9	44,446	0.7

ニセコ町

	住民税（個人分）		住民税（法人分）		固定資産税	
	金額／人	増加率	金額／人	増加率	金額／人	増加率
2014年度	34,172	－	7,571	－	72,924	－
2015年度	34,818	3.4	5,695	－23.7	72,287	0.6
2016年度	38,887	13.6	13,173	135.2	80,667	13.5
2017年度	43,957	14.4	14,357	10.3	88,040	10.4
2018年度	48,160	11.6	17,394	23.4	86,246	－0.2
2019年度	49,562	5.0	17,486	2.5	85,513	1.1
2020年度	52,092	－2.8	15,068	－20.3	91,005	－1.6
2021年度	50,499	－4.0	10,251	－32.7	101,010	9.9

倶知安町

	住民税（個人分）		住民税（法人分）		固定資産税	
	金額／人	増加率	金額／人	増加率	金額／人	増加率
2014年度	42,975	－	10,261	－	62,849	－
2015年度	46,297	7.7	12,622	23.0	63,882	1.6
2016年度	45,372	－2.0	13,596	7.7	65,152	2.0
2017年度	53,370	17.6	19,938	46.7	70,001	7.4
2018年度	52,451	－1.7	14,682	－26.4	73,458	4.9
2019年度	53,901	2.8	17,692	20.5	81,461	10.9
2020年度	62,789	16.5	19,546	10.5	107,761	32.3
2021年度	60,453	－3.7	12,366	－36.7	111,125	3.1

注：2021年度の決算額である。1 人当たりの金額は加重平均。人口は住民基本台帳人
　　口の2021年1月1日現在のもの。
出所：総務省「市町村別決算状況調」各年度版より作成。

おわりに

　本研究から明らかなように，観光産業の発展は，雇用や所得のみならず，固定資産税収を大きく増加させる傾向にある。また，道府県の税目は法人の所得に依存する割合が高いため，人流がストップした際にマイナスの側面が強くなるが，市町村の税収は基幹税である固定資産税の存在により，人流がある程度ストップしても，安定的な税収が期待できることになる。これは，観光産業を推進するメリットの一つとして捉えてよいだろう。

　一方で，観光地としての発展のために，度を超えた開発と投資を推進することに関しては慎重であるべきである。本文でも示したように，観光地としての発展には社会資本整備が不可欠であるが，社会資本のコストが税収の増加分を上回ることは十分に考えられる。また，オーバーキャパシティーとなると開発と環境のバランスが崩れて，オーバーツーリズムが生じるであろう。さらには，ツーリズムジェントリフィケーションを防ぐためにも，課税や補助金，直接規制を通じた行政の積極的な介入が必要となるであろう。

　以上のことを踏まえた上で，今後の沖縄県の観光振興の在り方を考える必要がある。そのためにも市町村のみならず道府県歳入，そして歳出も含めた総合的な分析が不可欠であろう。また，島嶼地域独自の特徴についても考察する必要がある。こうした点については，今後の課題としたい。

【注】
(1)　高（2020），pp. 12 - 15。
(2)　ニセコ観光圏ホームページより。
(3)　以下は，もっぱら蘭越町・ニセコ町・倶知安町が作成した「ニセコ観光圏整備計画」に基づく。
(4)　以下は，もっぱら高橋（2020）に基づく。
(5)　例えば，冬のホテルでは 6 割以上が外国籍のスタッフであり，母国語だけでなく，英語，日本語などを扱うという。（高橋（2020），p. 61）
(6)　倶知安町のセイコーマートのニセコひらふ店では，コンビニエンスストアにも関わ

らず，国際クレジットカード対応可能な銀行ATMに外貨両替機が設置されており，食品店においても豪州で人気の菓子やイギリスパンなどが，酒類においても豊富なワイン類やドンペリニヨンなどの高級シャンパンも陳列されているとのことである。(高橋（2020），pp. 24−26)

⑺　高橋（2020），p. 63。

⑻　Gotham（2005），p. 1100。

⑼　ただし，負担調整措置により，地価の上昇と比較して税額の上昇は緩やかになる点に留意する必要がある。

⑽　再建築価格とは，評価の対象となった家屋と同一のものを，評価または評価替えの際に新築すると仮定した場合に必要とされる建設費のことである。

⑾　償却資産の存在が固定資産税収の偏在性に与える影響については，高（2019）を参照。

⑿　観光地としての発展と固定資産税収との関係については，高（2020）を参照。

⒀　1人当たりの課税対象所得の金額は，町別の課税対象所得の総額を納税者数で除した値である。

【参考文献】

池宮城秀正編（2000）『地域の発展と財政』八千代出版。

高哲央（2019）「全国市町村における固定資産税収の偏在性の要因」日本地方自治研究学会『地方自治』vol. 34, No 2, 1−13。

高哲央（2020）「沖縄県の人口密度の高さが固定資産税収に及ぼす影響」沖縄経済学会『經濟と社會』第33・34合併巻, 3−16。

神田孝治，森本泉，山本理佳編（2022）「現代観光地理学への誘い―観光地を読み解く視座と実践」ナカニシヤ出版。

陶山計介，室博，小菅謙一，羽藤雅彦，青谷実知代編（2022）『地域創生と観光』千倉書房。

高橋克英（2020）『なぜニセコだけが世界リゾートになったのか−「地方創生」「観光立国」の無残な結末−』講談社。

Gotham, K.（2005），"Tourism Gentrification：The Case of New Orleans' Vieux Care（French Quarter）". Urban Studies, 42(7), 1099−1121.

【参考URL】

倶知安町（2020）「倶知安町多文化共生のまちづくりアンケート調査結果」（最終閲覧日2023年8月19日 ）https://www.town.kutchan.hokkaido.jp/file/contents/3346/35837/kekka.pdf

総務省「市町村別決算状況調」『地方財政状況調査関係資料』各年度版（最終閲覧日2023年8月19日）https://www.soumu.go.jp/iken/kessan_jokyo_2.html

ディ・プラス（2022）「ニセコ観光圏報告書−【2021年度】来訪者満足度調査−」（最終閲覧日2023年8月19日）https://niseko-tourism-zone.com/file/2021manzoku.pdf

ニセコ町企画環境課（2016）「ニセコは観光で稼げているのか」（最終閲覧日2023年 8 月
　　19日）https://www.hkd.meti.go.jp/hoksr/ 20170201/niseko 1.pdf

蘭越町・ニセコ町・倶知安町「世界が選ぶニセコ　NISEKO, My Extreme －ニセコ観
　　光圏整備計画 -」各年度版（最終閲覧日2023年 8 月19日）https://www.mlit.go.jp/
　　common/ 001284212.pdf

スポーツコミッション沖縄の取り組みと課題

Efforts and challenges of the Sports Commission Okinawa

慶田花英太

Eita KEDAHANA

 ## はじめに

　2023年3月に策定された観光立国推進基本計画のはじめに「人口が減り，少子高齢化が進む中，交流人口・関係人口の拡大は地域の活力の維持・発展に不可欠である〜中略〜観光を通じた国内外との交流人口の拡大の重要性に変わりはなく，観光は今後とも成長戦略の柱，地域活性化の切り札である。」と記述されている通り，少子高齢化と人口減少が著しい日本において地域を活性化する柱として観光が期待されている。とくに，2020年から世界中で多大な影響を与えた新型コロナウイルスの影響も徐々に落ち着き始め，観光を回復させていくことが日本ならびに地方では地域活性化には欠かせない施策である。

　そのような中，地方への観光誘客に効果の高いコンテンツとしてスポーツツーリズムが注目されており，スポーツの参加や観戦を目的とした旅行，スポーツ大会の開催・誘致，継続的なスポーツ合宿の誘致等がさまざまな地域で取り組まれてきている。

　そこで本稿では，沖縄県におけるスポーツツーリズムによる地域活性化の中

心的な役割を果たしている「スポーツコミッション沖縄」の取り組みを概観するとともに，その課題や今後の展望等の考察を試みたい。

② スポーツツーリズム政策

1　日本におけるスポーツツーリズム政策

　日本においては2006年に「観光立国推進基本法」が制定され，この法律に基づき「観光立国推進基本計画」が定められた。その後，2008年に観光庁が設置され，観光立国を推進する体制が整備されていった。スポーツツーリズムについては，2011年にスポーツ・ツーリズム推進連絡会議が策定した「スポーツツーリズム推進基本方針～スポーツで旅を楽しむ国・ニッポン～」において，「日本の持つ自然の多様性や環境を活用し，スポーツという新たなモチベーションを持った訪日外国人旅行者を取り込んでいくだけでなく，国内観光旅行における需要の喚起と，旅行消費の拡大，雇用の創出にも寄与するものである」とされ，スポーツとツーリズムの融合という発想が新たな旅行形態として注目されるようになった。

　また，第2期スポーツ基本計画（2017）において，スポーツを通じた地域の活性化の施策目標として「スポーツツーリズムの活性化とスポーツによるまちづくり・地域活性化の推進主体である地域スポーツコミッションの設立を促進し，スポーツ目的の訪日外国人旅行者数を250万人程度，スポーツツーリズム関連消費額を3,800億円程度，地域スポーツコミッションの設置数を170に拡大することを目指す」とし，スポーツを通じた地域活性化の起爆剤として地域スポーツコミッションの設立によるスポーツツーリズムの推進を重要視している。さらに，第3期スポーツ基本計画（2022）においても，地域振興政策の中心としてスポーツツーリズムを位置付け，各地域の自然資源を活用したアウトドアスポーツツーリズムや日本発祥の武道を活用した武道ツーリズム等の新たなコンテンツの開発を推進し，各地域においてスポーツツーリズムの中心的な役割

を担う地域スポーツコミッションの質の向上のための経営の基盤となる人材の育成・確保を推進することとしている。

❷　沖縄県におけるスポーツツーリズム政策

　沖縄県においては，「第6次沖縄県観光振興基本計画」(2023) において「野球やサッカー等のキャンプ・大会の誘致など，温暖な気候や既存のインフラを生かした『スポーツアイランド沖縄』としてのツーリズムが推進されていることを踏まえ，さらに多様な種目や選手のニーズに対応する施設・設備等の整備を進めるとともに，野球のキャンプ地訪問観光や，サッカー，バスケットボール等の地元チームや対戦相手チームのファンが来沖するアウェイツーリズムを活用した観光の推進を図り，『観る』スポーツとしての地域活性化及び県民とキャンプ・大会の参加者や関係者，スポーツ観戦者，大会運営のボランティアなどが一体となって楽しめる観光，ナイトコンテンツとの組み合わせも含めた試合後の観光等を促進する。本県の地理的・自然的条件とスポーツ資源を有効に活用し，スポーツ交流拠点としての国際的なブランド力の向上と既存産業の連携強化によるスポーツを核とした新産業の創出，スポーツを活用したまちづくりを推進する」とされており，その他にも空手ツーリズムやeスポーツイベントを活用した新たな展開も期待されている。

　また，「第2期沖縄県スポーツ推進計画」(2022) の「Ⅱ　施策展開『スポーツ関連産業の振興と地域の活性化』」の「施策1『スポーツコンベンションの推進とスポーツ交流拠点の形成』」において，「スポーツコンベンションの誘致・開催」「スポーツツーリズムの推進」「地域・観光交流拠点となるスポーツ関連施設の整備・充実」が示されており，その達成のためにさまざまな取り組み（表1）が行われている。

　さらに，2015年に策定された「沖縄県スポーツコンベンション誘致戦略」において，スポーツコンベンションを誘致する意義を「地域との協働による地域活性化」「沖縄のブランド価値の向上」「地域経済力の向上」「沖縄県の競技力の向上」の4つを示しており（表2），沖縄県の新たな魅力の創出や着地型観

光の拡充を図っている。

表1　スポーツコンベンションの推進とスポーツ交流拠点の形成の具体的な取り組み

スポーツコンベンションの誘致・開催
・スポーツコンベンションの誘致 ・プロ野球キャンプ訪問観光促進 ・プロサッカーキャンプ誘致 ・スポーツコミッションを活用した合宿等誘致 ・市町村や競技団体と連携した大会誘致 ・スポーツイベント開催への支援 ・FIBAバスケットボールワールドカップ2023の開催支援 ・合宿受入・交流を通じた地域活性化 ・世界で実施されている空手大会やセミナー等の誘致
スポーツツーリズムの推進
・サイクルツーリズムの推進 ・ゴルフ，アクティビティ等を目的としたスポーツツーリズムの推進と消費単価の拡大に向けた取り組み ・沖縄の自然環境や地理的優位性を生かしたスポーツの推進 ・空手ツーリズム等の推進 ・みるスポーツにおける誘客促進 ・スポーツイベントへの誘客促進 ・Sports Islands OKINAWA（HP・SNS）の運営 ・県外スポーツイベントでのプロモーション ・メディア等様々な媒体を活用したプロモーション活動
地域・観光交流拠点となるスポーツ関連施設の整備・充実
・J1規格スタジアムを核とした地域の賑わいの創出 ・インナー施策とアウター施策の双方に対応した施設・設備の充実

出所：「第2期沖縄県スポーツ推進計画」より抜粋

表2　「スポーツコンベンションの誘致により期待される効果」

○地域との協働による地域活性化
スポーツイベントの運営を支える協力・ボランティア活動等が，地域の人々に生きがいの機会と場を提供し，地域の人々が自発的につくる人間関係，行政との連携，協働を円滑にするなど，地域社会の活性化に寄与する。

○沖縄のブランド価値の向上
国際的にも国内的にも多様なスポーツコンベンションの開催は，スポーツアイランド沖縄の形成に寄与するとともに，沖縄の国際的なブランド価値を高めることにも寄与する。

○地域経済力の向上
スポーツコンベンションの誘致拡大によって，受入に関わる，幅広い人材の育成や雇用の増加にも繋がる。また，国内外からのスポーツコンベンションによる観光客が増加することで，飲食・交通・宿泊・小売などの観光関連産業の拡大にも寄与する。

○沖縄県の競技力の向上
プロからアマチュアに至る幅広い各種スポーツのスポーツコンベンションの誘致により，地域の青少年や競技者とスポーツ教室や交流試合などを通して，地域の各種スポーツの競技力の向上に繋がる。

出所：「沖縄県スポーツコンベンション誘致戦略」より抜粋

3 スポーツコミッション沖縄の取り組み

1 地域スポーツコミッションとは

　地域スポーツコミッションは，スポーツ庁のHPによると「スポーツと景観・環境・文化などの地域資源を掛け合わせ，戦略的に活用することでまちづくりや地域活性化につなげる取り組みが全国で進められています。例えば，スポーツへの参加や観戦を目的とした旅行や，スポーツと観光を組み合わせた取り組みである『スポーツツーリズム』，域外から参加者を呼び込む『地域スポーツ大会・イベントの開催』，国内外の大規模な『スポーツ大会の誘致』，プロチームや大学などの『スポーツ合宿・キャンプの誘致』，住民向けの『地域

スポーツクラブの運営』，『健康増進・地域交流イベントの開催』などが代表的な取り組みです。各地でこれらの取り組みを推進しているのが『地域スポーツコミッション』です。地方公共団体に加えて，いわゆるスポーツ団体（体協，総合型等）だけでなく，民間企業（観光協会，商工団体，大学，観光産業，スポーツ産業等）などが一体となった組織である点が特徴です。つまり，異業種間にヨコ串を刺し，スポーツによる地域振興という共通する目的に連携・協力して取り組む組織である点が特徴です」と説明されている。スポーツ庁では，2015年度から地域スポーツコミッションを支援する事業を実施しており，2022年10月の時点で，全国で195団体が設立されている。スポーツ庁による地域スポーツコミッションの要件は表3の通りである。

表3　スポーツ庁による地域スポーツコミッションの要件

［組織要件］
＜一体組織要件＞ 地方公共団体，スポーツ団体（体協，総合型等），民間企業（観光協会，商工団体，大学，観光産業，スポーツ産業等）などが一体として活動を行っていること（実際には，一つの組織となっている場合や，複数の組織が協働している場合などがある）。
＜常設組織要件＞ 常設の組織であり，時限の組織でないこと。※組織の構成員の常勤・勤務は問わない。
［活動要件］
＜対域外活動要件＞ スポーツツーリズムの推進やスポーツ合宿・キャンプの誘致など域外交流人口の拡大に向けたスポーツと地域資源を掛け合わせたまちづくり・地域活性化のための活動を主要な活動の一つとしていること。
＜広範通年活動要件＞ 単発の特定の大会・イベントの開催及びその付帯事業に特化せず，スポーツによる地域活性化に向けた幅広い活動を年間を通じて行っていること。

出所：スポーツ庁HPより抜粋

❷　スポーツコミッション沖縄

　スポーツコミッション沖縄は，地域スポーツコミッションとして設立された組織で，沖縄県におけるスポーツを活用した地域活性化施策の一つとして期待されている。スポーツコミッション沖縄の組織概要や沿革，取り組み等について，2023年8月に筆者がスポーツコミッション沖縄へヒアリングを実施し，資料を収集した。

(1)　組織概要と沿革

　スポーツコミッション沖縄は，2013年3月に策定された「沖縄県スポーツ推進計画」において，スポーツを活用した地域活性化の施策の一つとして「スポーツコミッション」の設立が明記され，2013年度に設立準備事務局が設立された。その後，2015年度に本格的に事業を開始し，2016年度に公益財団法人沖縄県体育協会（現：沖縄県スポーツ協会）内にコンベンション推進課を設置し，そのコンベンション推進課が事務局となり，沖縄県・沖縄観光コンベンションビューロー（以後，「OCVB」）と連携を図りながら事業を展開している（図1）。

図1　スポーツコミッション沖縄の移管

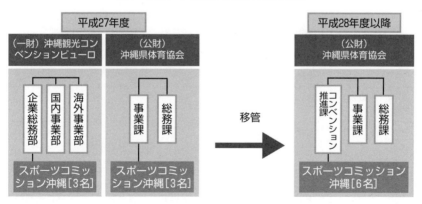

出所：資料「スポーツコミッション沖縄の取組について」より抜粋

　スポーツコミッション沖縄は当初OCVB内に事務局を設置する予定であったが，沖縄県におけるスポーツコミッションの在り方を協議していく上で競技団体との連携が不可欠であり，効果的に事業を進めていく上では公益財団法人沖縄県体育協会（現：沖縄県スポーツ協会）に事務局を設置した方が良いとの決定がなされた。

　また，2010年度から奥武山運動公園（沖縄県那覇市）内にある公益財団法人沖縄県体育協会（現：沖縄県スポーツ協会）の事務局がある体協会館の老朽化に伴う整備について協議され，2013年３月の「沖縄スポーツアイランド拠点会館（仮称）基本計画報告書」において，スポーツアイランド拠点会館の役割として"生涯スポーツ"，"競技スポーツ"，"スポーツコンベンション"等の振興を担うことが明記され，沖縄県のスポーツの総合的な拠点施設として位置付けら

表４　スポーツコミッション沖縄設立経緯

期　　日	事　　項
2012（平成24）年度	・「沖縄県スポーツ推進計画」において，スポーツを活用した地域活性化の施策の一つとしてスポーツコミッションの設立が明記された。 ・「沖縄スポーツアイランド拠点会館（仮称）基本計画報告書」において，スポーツコンベンションの振興が明記された。
2013（平成25）年度	・設立準備事務局設置 ・設置に向けた定例会議の開催（県・OCVB・県スポ協） ・準備委員会の開催 ・市町村ヒアリング ・WEBサイト構築 ・準備事務局設立記念シンポジウムの開催
2014（平成26）年度	・WEBサイト補強 ・プランナーズガイド作成
2015（平成27）年度	・本格的に稼働 ・公共スポーツ施設設備改善アドバイザー派遣事業開始 ・プランナーズガイド改訂版発行 ・体協スポーツ会館落成
2016（平成28）年度	・公益財団法人沖縄県スポーツ協会コンベンション推進課に業務移管

出所：資料「スポーツコミッション沖縄の取組について」より筆者作成

れたことも，スポーツコミッション沖縄の事務局を公益財団法人沖縄県体育協会（現：沖縄県スポーツ協会）コンベンション推進課に設置したことに影響している。

(2) 取り組み状況について

　スポーツコミッション沖縄は，現在5つの項目に従って取り組みを行っている（表5）。

　1つ目の「スポーツコンベンションの受入」においては，国内外からのスポーツ施設の空き状況やスポーツ合宿実施の際の対戦相手の手配など，さまざまな問い合わせについて対応を行っている。2022年度における問合せ件数は223件（国外32件）で，2017年度の238件に次いで多い件数であり，新型コロナウイルスの影響があった前年度の2018年度よりも多い件数となっている（図2）。

　2つ目の「関係機関との連携体制の構築」においては，市町村ならびに宿泊施設に対してヒアリングやアンケート等を実施し，取り組み状況の把握に努めている。そして，スポーツ合宿等が継続的に実現し，地域の活性化に寄与している先進的な市町村の事例を他市町村へ情報提供等を行い，横展開することで，沖縄県全体のスポーツコンベンションの推進を図っている。

　3つ目の「県内のスポーツ環境等の動向把握」においては，スポーツ施設の新設・改修，または備品購入等を計画している市町村等に競技団体等から選定されたアドバイザーを派遣し，より質の高い競技環境にするための助言を行っている。

　4つ目の「プロモーション活動」においては，スポーツコミッション沖縄の認知度向上を図ることや沖縄県のスポーツ環境の良さをPRすることを目的として，WEB（図3）やSNS（Twitter, Instagram, Facebook）を通した情報発信やスポーツ環境PRポスター（図4）を制作している。また，「Japan Sports Week」や「SPORTEC」等のスポーツ関連の総合展示会やJリーグのFC琉球のアウェーでの試合会場にブースを出展するなどしている。

　5つ目の「スポーツコンベンション実施の気運醸成」においては，スポーツ

合宿に来るアスリートやチームに対して空港での歓迎式やウェルカムボードの設置，横断幕や特産品の差入れ等を行っている。さらに，合宿を行う市町村で地域住民との交流を図るためのスポーツ教室等を実施し，スポーツコンベンションの継続的な実施の盛り上がりを演出するための支援を行っている。

表5　スポーツコミッション沖縄の取組

取　　組	内　　容
スポーツコンベンション受入	国内外からのスポーツコンベンションの問い合わせへの対応
関係機関との連携体制の構築	スポーツコンベンション受入に係る関係機関との連絡体制
県内のスポーツ環境等の動向把握	県内のスポーツ施設整備にかかるアドバイスの実施や施設整備状況の把握
プロモーション活動	国内外へのスポーツキャンプ地のWEB発信や出典等によるプロモーション等
スポーツコンベンション実施の気運醸成	スポーツコンベンションの継続的な開催及び拡大・発展のための気運醸成

出所：資料「スポーツコミッション沖縄の取組について」より筆者作成

図2　スポーツコンベンション外部相談案件数

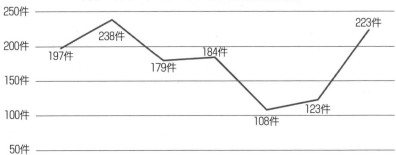

	2016(H28)	2017(H29)	2018(H30)	2019(R1)	2020(R2)	2021(R3)	2022(R4)
相談案件数	197件	238件	179件	184件	108件	123件	223件

出所：資料「スポーツコミッション沖縄の取組について」より筆者作成

図3　スポーツコミッション沖縄ホームページ

図4　スポーツコミッション沖縄スポーツ環境PRポスター

(3)　課題ならびに今後の展望

　スポーツコミッション沖縄は2015年度から本格的に稼働し，9年目を迎える比較的新しい組織であるが，新型コロナウイルスの影響により観光業界が多くの打撃を受けた中においても着実に実績を積んできている。とくに，相談案件数では新型コロナウイルス禍前の数にまで回復し，スポーツコンベンションにおける沖縄県への期待が伺え，スポーツコミッション沖縄の役割も徐々に認識されてきていると言える。しかし一方で，課題も浮き彫りとなっている。

　沖縄県内の多くの市町村がスポーツ合宿を中心としたスポーツコンベンションに力を入れてきている中で，徐々にノウハウが蓄積されつつあるものの，市町村間でのネットワークが蓄積されていないことである。スポーツコミッション沖縄は将来的に沖縄県全域におけるスポーツコンベンションの推進を目標としているため，継続的にスポーツ合宿を受け入れられている市町村のノウハウを他市町村へ提供していくことで，少しずつノウハウを蓄積し，市町村独自でスポーツ合宿を受け入れられるようにしていくことを目指している。そうすることで，受け入れ体制が不十分な市町村に対して集中的に支援をすることができ，沖縄県全域でのスポーツコンベンションによる地域活性化を図ることができる。その将来展望を示したものが図5である。市町村によっては図5で示されている成長型パターンや成熟型パターンのように，スポーツコミッション沖縄を窓口としてスポーツコンベンションを受け入れていたケースから徐々に市町村独自でもスポーツコンベンションを受け入れる体制が整備されつつあるものの，市町村独自でスポーツコンベンションを受け入れる窓口となる市町村版スポーツコミッションを設立しているのは，2022年10月時点で，沖縄市の「一般社団法人沖縄市観光物産振興協会」と読谷村の「読谷村スポーツコンベン

図5　スポーツコミッション沖縄の将来展望

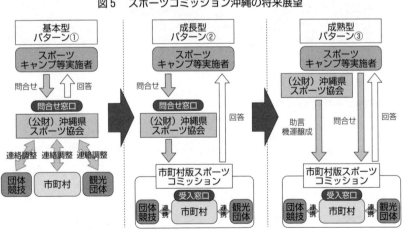

出所：資料「スポーツコミッション沖縄の取組について」より抜粋

ション受入協力会」の２市町村（団体）となっている。スポーツコンベンションを受け入れるために市町村版スポーツコミッションを設立することは必ずしも必須ではないが，市町村版スポーツコミッションを設立することで，より効果的かつ円滑にスポーツコンベンションの誘致ができる可能性が高まるため，今後はより多くの市町村においても市町村版スポーツコミッションを設立することが求められている。そのためにも，スポーツコミッション沖縄自体もノウハウの蓄積が必要であり，沖縄県内に留まらず，他都道府県の地域スポーツコミッションとのネットワークの構築が求められている。

　また，沖縄県におけるスポーツコンベンションで使用できるスポーツ施設等のキャパシティや質の問題（高度かつ最先端機器等），地域住民の理解・協力の問題，そもそもの観光公害（オーバーツーリズム）の問題等，その他の課題も可視化・表面化されつつあり，将来的に沖縄県が目指す「スポーツアイランド沖縄」の実現に向けてさまざまな課題の解決策を講じていくことも求められている。

 # おわりに

　本稿では，スポーツコミッション沖縄の取り組みを概観し，その課題と今後の展望を考察した。スポーツを活用した地域活性化の中心的役割として2015年から本格的に稼働しているスポーツコミッション沖縄は，スポーツコンベンション（とくにスポーツ合宿）の窓口として国内外のスポーツ団体からの問合せに対し，県内市町村や競技団体，観光団体等と連携を図りながら，その受け入れ体制を整備してきている。そして，一部の市町村においては市町村版スポーツコミッションを設立し，市町村独自でスポーツコンベンションの受け入れ体制を整備しており，沖縄県全域でのスポーツコンベンションが推進されてきている現状を把握することができた。

　しかしその一方で，スポーツコミッション沖縄の課題は沖縄県や市町村が有するスポーツ施設の量的・質的な課題，地域住民の理解・協力等の課題，さら

には観光を主幹産業とする沖縄県の観光の課題等，多く存在する。

　今後は，それらの課題の解決をスポーツ，観光，地域活性化の方向性と照らし合わせながら実践していくことが求められている。

【参考文献】

「沖縄スポーツアイランド拠点会館（仮称）基本計画報告書」(2013)，公益財団法人沖縄県体育協会（現：公益財団法人沖縄県スポーツ協会）

「沖縄県スポーツコンベンション誘致戦略」(2015)，沖縄県

「沖縄県スポーツ推進計画」(2013)，沖縄県

「観光立国推進基本計画」(2023)，閣議決定

「スポーツコミッション沖縄の取組について」公益財団法人沖縄県スポーツ協会

「スポーツツーリズム推進基本方針〜スポーツで旅を楽しむ国・ニッポン〜」(2011)，スポーツ・ツーリズム推進連絡会議

「第 2 期沖縄県スポーツ推進計画」(2022)，沖縄県

「第 2 期スポーツ基本計画」(2017)，文部科学省

「第 3 期スポーツ基本計画」(2022)，文部科学省

「第 6 次沖縄県観光振興基本計画」(2023)，沖縄県

【参考URL】

スポーツ庁 HP「【担い手】「地域スポーツコミッション」の設立・活動の支援（スポーツツーリズム関連）【https://www.mext.go.jp/sports/b_menu/sports/mcatetop 09/list/detail/ 1372561.htm】閲覧 2023. 8. 13

スポーツコミッション沖縄 HP【https://www.sportscommission.okinawa/】閲覧 2023. 8. 14

<table>
<tr><td>第
7
章</td><td>

オーバーツーリズムと法定外目的税

A Study on the Introduction of
Local Discretionary Tax

</td></tr>
</table>

仲地　健

Ken NAKACHI

 1　はじめに

　2019年9月，沖縄県竹富町の竹富島で入域料の収受が始まった。その目的は，島の自然環境保全活動事業の財源調達と島外の企業が所有し島民の同意を得ないリゾート開発に向かう可能性のある土地を買い戻すための資金確保である。いわゆる地域自然資産法に基づく入域料の収受は全国初の試みであり，この点は高く評価しなければならない。しかしながら，2022年度における収受率は11.3％に過ぎず，その引き上げが解決すべき課題となっている。

　本章の目的[(1)]は，島の環境を保全するための安定的・持続的な財源を確保するための手段として，竹富島において入島税導入を検討することにある。まず竹富町と竹富島の概況について述べ，入域料導入に至った経緯を説明する。次に，住民以外の来訪者に負担を求める税を導入している事例について考察する。最後に，宮島訪問税について概観することで，現行の入域料に加え，来訪者に対する入島税を導入し，入域料と入島税という組み合わせを提案する。

② 竹富町の概況

1　竹富町の概況と財政状況

　竹富町は沖縄本島の南西約450kmにある八重山諸島，石垣島の南西に点在する大小16の島々から成り立つ自治体である。町名と同じ竹富島のほか，西表島，波照間島など，16の島々のうち9つが有人島である。総人口は4,283人で，そのうち過半数（57%）は西表島に居住している（竹富町「竹富町地区別人口動態票（2023年1月末）」）。総面積は334.02k㎡，東西約42km，南北40kmの広範囲に及び，日本最南端の町としてわが国の排他的経済水域に寄与する自治体である。

　竹富町内に空港はなく，最も一般的なアクセス方法は南ぬ島（ぱいぬしま）石垣空港から車両で約30分かけ石垣港離島ターミナルに行き，そこから各離島へ船で渡るルートである。

　次に，竹富町の財政状況を確認しておこう。地方自治体の財政力は，当該地方団体の税収獲得力と公共サービスの供給費用によって規定される。この財政力を把握する方法として用いられているのが，財政力指数である。財政力指数は，基準財政収入額を基準財政需要額で除して得た数値の過去3ヶ年の平均値である。したがって，財政力指数は1に近いほど財政力が強く，1を越えるほど財源に余裕があることになる。

　2020年度における竹富町の財政力指数は0.16であり，これは標準的な財政需要を賄うための標準的な財政収入が16%しかないことを意味する。しかしながら，竹富町の財政力が極端に低いわけではない。県内離島計は0.17と大差なく，むしろ一般的な姿ともいえる。

　自主財源とは，地方自治体自らが，その権能を直接行使して調達する収入のことであり，地方税を中心として分担金・負担金，使用料・手数料，財産収入，繰入金，繰越金などがこれに属する。自主財源比率をみると，竹富町20.9%，沖縄県内離島計24.9%である。

　自主財源比率を高めるには税源の涵養が必要である。ここで，竹富町の地方税の状況をみると，地方税収約4.9億円のうち，所得を課税ベースとする市町村民税が約1億6,400万円（33.4％），資産を課税ベースとする固定資産税が約2億8,800万円（58.5％）であり，この2税で90％以上を占めている（沖縄県「令和2年度財政状況資料集」）。このように，地方税収入額は当該行政区域における所得と資産といった税源の賦存量に依存して概ね決まる。

　移住ブームがあり近年では人口が横ばいで推移しているため，2021年度からの過疎新法では指定が除外されたとはいえ，限りなく過疎地域に近い離島自治体である。税源の涵養が必要であるというのは容易いが，余程の幸運に恵まれない限り，市町村民税と固定資産税の増収を図ることは，至難の業と言わざるを得ない。

❷　竹富島の概況

　石垣港離島ターミナルから本章の研究対象である竹富島への所要時間は，約15分である。島の面積は5.41㎢，外周9㎞ほどの小さな島で，島全域と周辺海域は西表石垣国立公園に指定されている。

　竹富町「竹富町地区別人口動態票」から竹富島の人口の推移をみると，1964年の599人から過疎化が進展，1990年には半減し284人となった。その後，1993年の257人をボトムに反転上昇に転じ，2002年には300人台を回復した。2023年における人口は330人であり，これは町の総人口の8％を占める（各年とも1月現在）。

　竹富島には，竹富ブルーと称される美しい海だけでなく，白砂の道，赤瓦の民家，珊瑚石灰岩の石垣など古き良き沖縄の風景が残されている。それらが守られてきた大きな要因の一つに，島民が自主的に定めた「竹富島憲章」の存在がある。1986年，地方自治法に基づく認可地縁団体である竹富島公民館は，島民の同意を得ないリゾート開発から島を守るために，「売らない」，「汚さない」，「乱さない」，「壊さない」という保全優先を基本理念として定める「竹富島憲章」を制定した（その後，「活かす」が追加されている）。翌87年には島の中心部の

まちなみの価値が認められ，「伝統的建造物群保存地区」に選定された。

　こうして守られてきた島の景観資源が多くの観光客を惹きつけており，入域観光客数は年々増加している。1975年に年間約5.3万人（竹富町全体では約12万人，以下同じ）であった入域観光客数は，1999年に20万人（約57万人）に達し，2014年には50万人（約116万人）を突破した。コロナ禍前の2019年は約51万人（約102.5万人）であり，竹富町への入域観光客のうち，約半数が竹富島を訪れていることが分かる。

　竹富島の産業構造をみると，第一次産業が16.5％，第二次産業が5.3％，第三次産業が78.2％となっている（平成27年国調）。かつては第一次産業が中心であったが，現在では第三次産業，なかでも観光業が島の基幹産業となっている。

③　入域料について

①　導入の背景

　観光客の増加は，その消費行動を通じて島の経済にプラスの効果をもたらす一方で，水不足，排水処理の問題，ゴミの増加など住民や自然環境にマイナスの影響も与える。竹富島の人口に対する観光客数の比率は1,400倍を超えており，そのインパクトは大きい。景観資源を保全・活用するためには財源が必要である。他方で消費額の比較的少ない日帰り観光客による行政サービス需要にも対応しなければならない。それらを島民や行政だけで賄うには限界があった。

　かつて，同様な問題を抱えていた沖縄県伊是名村では，その解を島民以外にも負担を課す法定外税（入域税）に求めた。法定外税であれば，地方交付税の算定基準となる基準財政収入額の算出に反映されないため，自主財源比率の乏しい自治体にとっては貴重な独自財源となる。

　年々増加する観光客によって行政サービスに対するさまざまな需要が生み出されていること，また，島の景観や生態系に大きな負荷を与えていることは明白である。受益者負担の原則からみれば島民に追加的な負担を求めることは公

平性を欠き，また原因者負担の原則からみれば観光客に負担を求めることに合理性がある。そこで，竹富島が選択したのは，強制的な負担となる租税ではなく，観光客の自発的な納付を期待する入域料であった。次に，その入域料について考察する。

❷　入域料の概要

そもそも竹富島で入域料の検討が始まったのは1970年代とかなり古いが，ここにきて実現に至った要因として，2014年の「地域自然資産区域における自然環境の保全及び持続可能な利用の推進に関する法律（以下，「地域自然資産法」という。）の制定が挙げられる。

同法の目的は，「地域自然資産区域における自然環境の保全及び持続可能な利用の推進を図り，もって地域社会の健全な発展に資すること」にある（第1条）。同法により都道府県または市町村は，協議会を設置し自然環境の保全及び持続可能な利用の推進に関する地域計画を作成することができる（第4条，第5条）。そして，その計画に基づき入域料を経費として「地域自然環境保全等事業」を行うことと，基金を設置して寄付金等により土地の取得を促進する「自然環境トラスト活動促進事業」を行うことが，可能となった。

竹富島の要請を受け，竹富町では2017年9月に「竹富島地域自然資産協議会」を設置，2019年6月の「竹富町地域自然環境保全事業及び自然環境トラスト活動に関する条例」の制定を経て，同年8月に「竹富島地域自然資産地域計画」を策定した。そして，同計画に基づき翌月から入域料の収受が始まった。なお，同法による入域料の導入は，全国の自治体で初めての事例である。

導入された入域料とは，「竹富島地域自然資産地域計画」に掲げた竹富島の活動に賛同する訪問者から，任意の協力金として1人300円を収受すると言うものである。ただし，竹富町民，竹富郷友会，竹富島に実家を有する高校生以下，竹富島で就労する通勤者，職務で入域する町職員等，中学生以下，障害者（障害者手帳を有する者）は，原則として免除される。

収受の主体は，竹富町から委託を受ける「一般社団法人竹富島地域自然資産

財団」が担う。収受の方法は，基本的に石垣島の離島ターミナル及び竹富港に
設置してある発券機で，入島券を観光客に主体的に購入してもらう仕組みであ
る。団体ツアー客やパッケージ旅行者に関しては，旅行会社などに協力を依頼
している。

　入域料の使途は，2／3を自然環境保全活動費，財団運営費，収受業務に係
る費用に，必要に応じて1／3以内を自然環境トラスト活動費に充当するよう
になっている。自然環境トラスト活動費は，島外のリゾート開発業者に売却さ
れた土地を買い戻す基金として積み立てられる。剰余金が出た場合は，次年度
以降の活動経費及び財団運営費として繰り越す。

　入域料を充当する環境保全活動は大きく3項目に分けられており，「自然環
境の保全」に留まらず，「くらしの保全」，「集落と文化の保全」と広範囲にわ
たっている。後に詳しくみるように，3項目のそれぞれには8つの活動が掲げ
られており，合計で24の活動を「アピール24」と名付け，パンフレット等で周
知を図っている。

　しかし，納付が任意の入域料を選択した結果，収受率は低迷している。表1
には入域料導入後の収受実績が示されている。2022年度は前年度と比較し入域
観光客数が倍増したことから協力金収入も増加しているが，収受率は3.8ポイ
ント低下し，11.3％となっている。この現状を改善するために，以下では法定
外目的税の導入を検討する。

表1　入域料の収受実績

	入域観光客数 （町民割除く）	協力金（円）	収受率（％）
2020年度	187,354	5,923,200	12.0
2021年度	178,060	7,322,100	15.1
2022年度	384,989	12,886,200	11.3

出所：一般財団法人　竹富島地域自然資産財団『事業報告書』各年版よりデータを
　　　得て作成。

法定外税について

1 来訪者に負担を求める法定外税

　地方自治体は地方税法に定める税目以外に，条例により税目を新設することができる。これを法定外税という。法定外税は法定外普通税と法定外目的税の2種類ある。普通税とは使途が自由な税であり，目的税とは予め使途が定められている税である。

　2020年度における都道府県の法定外税の課税状況をみると，普通税は核燃料関係の税，目的税は産業廃棄物関係の税などで大部分を占める。税収額は普通税が451億5,200万円，目的税が78億2,500万円で，両者を合わせた税収額は529億7,700万円，都道府県税収総額（20兆5,246億円）に占める割合は0.26％である。

　次に，市町村の法定外税の課税状況をみると，普通税として核燃料関係の税のほか別荘等所有税，空港連絡橋利用税などがあり，税収額は25億7,000万円である。また目的税として遊漁税，宿泊税，環境協力税などがあり，税収額は41億9,300万円である。両者を合わせた税収額は67億6,300万円，市町村税収総額（20兆3,010億円）に占める割合は0.03％となっている。

　表2は，都道府県が課している法定外税のうち住民以外の個人，すなわち観光客やビジネス客などの来訪者にも負担を求める税で，かつその使途が観光振興施策や環境保全施策との関連性が強い税として抽出し，それらを施行年月日の古い順に並べたものである。なお，新型コロナウイルスの感染拡大の影響を排除するため，2019年度決算額を用いている。

表2　来訪者に負担を求める法定外税（都道府県）

団体名	税目	課税客体	課税標準	納税義務者	徴税方法	税率	種別	2019年度決算額（百万円）	税収の使途	施行年月日（直近の更新）
東京都	宿泊税	旅館・ホテルへの宿泊	旅館・ホテルへの宿泊数	旅館・ホテルへの宿泊者	特別徴収	1人1泊について宿泊料金が10千円以上15千円未満…100円 15千円以上…200円	法定外目的税	2,708	国際都市東京の魅力を高めるとともに、観光振興を図る施策に要する費用	2002.10.1
岐阜県	乗鞍環境保全税	乗鞍鶴ヶ池駐車場へ自動車を運転して自ら入り込む行為又は他人を入り込ませる行為	乗鞍鶴ヶ池駐車場に自動車で進入する回数	乗鞍鶴ヶ池駐車場へ入り込む自動車を運転する者	特別徴収 …シャトルバス、路線バス等については月ごとの申告納付	○乗車定員が30人以上の自動車 ・一般乗合用バス以外…3,000円/回 ・一般乗合用バス…2,000円/回 ○乗車定員が11人以上29人以下の自動車…1,500円/回 ○乗車定員が10人以下の自動車…300円/回	法定外目的税	11	乗鞍地域の自然環境保全に係る施策に要する費用	2003.4.1
大阪府	宿泊税	ホテル、旅館、簡易宿所、特区民泊又は住宅宿泊事業法に係る施設への宿泊行為	ホテル、旅館、簡易宿所、特区民泊又は住宅宿泊事業法に係る施設における宿泊数	ホテル、旅館、簡易宿所、特区民泊又は住宅宿泊事業法に係る施設における宿泊者	特別徴収	1人1泊について宿泊料金が7千円以上15千円未満…100円 15千円以上20千円未満…200円 20千円以上…300円	法定外目的税	1,237	大阪が世界有数の国際都市として発展していくことを目指し、都市の魅力を高めるとともに観光振興を図る施策に要する費用	2017.1.1
福岡県	宿泊税	福岡県内に所在する次の宿泊施設への宿泊行為 ・旅館業（旅館・ホテル営業・簡易宿所営業）を営む施設 ・国家戦略特別区域法の認定事業（特区民泊）を行う施設 ・住宅宿泊事業を営む施設	福岡県内の宿泊施設における宿泊数	福岡県内の宿泊施設における宿泊者	特別徴収	1人1泊につき200円 ただし、宿泊に対して税を課す市町村がある場合、当該市町村内に所在する宿泊施設への宿泊については、1人1泊につき100円 上記に関わらず、北九州市内及び福岡市内に所在する宿泊施設における宿泊に係る税率は1人1泊につき50円	法定外目的税	1,500（平年度見込額）	福岡県の観光資源の魅力向上、旅行者の受入環境の充実その他の観光の振興を図る施策に要する費用	2020.4.1

出所：総務省のHP『法定外税の実施状況（令和2年度）』を一部修正して転載。

　東京都，大阪府，福岡県は法定外目的税として宿泊税を課している。岐阜県は，乗鞍鶴ヶ池駐車場へ自動車で進入する行為に対して法定外目的税である乗鞍環境保全税を課している。

　表3は，同じ抽出条件で市町村についてまとめたものである。税収額が大きいのは宿泊税であり，京都市，福岡市，金沢市，北九州市，倶知安町が課している。倶知安町は定額制を採用している他の地方自治体とは異なり，税率を一室当たりの宿泊料金の2％と定率制にしているのが特徴である。

　宿泊税に次いで税収額が多いのは，別荘等所有税である。熱海市では1970年代から一戸建て別荘やリゾートマンションの建設が相次ぎ，これによりゴミ処理やし尿処理，上下水道の整備など行政サービスに対する需要が増大した。これらの経費の一部を別荘等の所有者に負担して貰うため，1976年より別荘等所有税を課している。

　泉佐野市は，関西国際空港連絡橋を自動車で通行して空港を利用する行為に

表3　来訪者に負担を求める法定外税（市町村）

団体名	税目	課税客体	課税標準	納税義務者	徴収方法	税率	種別	2019年度決算額(百万円)	税収の使途	施行年月日(直近の更新)
静岡県熱海市	別荘等所有税	別荘等の所有	別荘等の延面積	所有者	普通徴収	1㎡…年650円	法定外普通税	530		1976.4.1 (2021.3.31)
山梨県富士河口湖町	遊漁税	河口湖での遊漁行為	遊漁行為を行う日数	遊漁行為を行う者	特別徴収	1人1日200円	法定外目的税	8	河口湖及びその周辺地域における環境の保全, 環境の美化及び施設の整備の費用	2001.7.1
福岡県太宰府市	歴史と文化の環境税	有料駐車場に駐車する行為	有料駐車場に駐車する台数	有料駐車場利用者	特別徴収	二輪車(自転車を除く)…50円 乗車定員10人以下の自動車…100円 乗車定員10人超29人以下の自動車…300円 乗車定員29人超の自動車…500円	法定外普通税	79		2003.5.23 (2021.5.23)
沖縄県伊是名村	環境協力税	旅客船, 飛行機等により伊是名村へ入域する行為	旅客船, 飛行機等により伊是名村へ入域する回数	旅客船, 飛行機等により伊是名村へ入域する者	特別徴収	1回の入域につき100円(障害者, 高校生以下は課税免除)	法定外目的税	4	環境の美化, 環境の保全及び観光施設の維持整備に要する費用	2005.4.25
沖縄県伊平屋村	環境協力税	旅客船等により伊平屋村へ入域する行為	旅客船等により伊平屋村へ入域する回数	旅客船等により伊平屋村へ入域する者	特別徴収	1回の入域につき100円(障害者, 高校生以下は課税免除)	法定外目的税	3	環境の美化, 環境の保全及び観光施設の維持整備に要する費用	2008.7.1
沖縄県渡嘉敷村	環境協力税	旅客船又はヘリコプターにより渡嘉敷村へ入域する行為	旅客船又はヘリコプターにより渡嘉敷村へ入域する回数	旅客船等又はヘリコプターにより渡嘉敷村へ入域する者	特別徴収	1回の入域につき100円(障害者, 中学生以下は課税免除)	法定外目的税	12	環境の美化, 環境の保全及び観光施設の維持整備に要する費用	2011.4.1
大阪府泉佐野市	空港連絡橋利用税	関西国際空港連絡橋を自動車で通行して空港を利用する行為	関西国際空港連絡橋を自動車で通行する回数	通行料金を支払う者	特別徴収	1往復につき100円	法定外普通税	433		2013.3.30 (2022.8.1)
沖縄県座間味村	美ら島税	旅客船, 航空機等により座間味村へ入域する行為	旅客船, 航空機等により座間味村へ入域する回数	旅客船, 航空機等により座間味村へ入域する者	特別徴収	1回の入域につき100円(障害者, 中学生以下は課税免除)	法定外目的税	10	環境の美化, 環境の保全及び観光施設の維持整備に要する費用	2018.4.1
京都府京都市	宿泊税	・旅館業法に規定する旅館業(旅館・ホテル営業, 簡易宿所営業)を営む施設への宿泊行為・住宅宿泊事業に規定する施設への宿泊行為	・旅館・ホテル, 簡易宿所への宿泊数・住宅宿泊事業を営む施設への宿泊数	・旅館・ホテル, 簡易宿所への宿泊者・住宅宿泊事業を営む施設への宿泊者	特別徴収	1人1泊につき宿泊料金が20千円未満…200円 20千円以上5万円未満…500円 5万円以上…1,000円(修学旅行その他の学校行事に参加する者及びその引率者は課税免除)	法定外目的税	4,201	国際文化観光都市としての魅力を高め, 及び観光の振興を図る施策に要する費用	2018.10.1
北海道倶知安町	宿泊税	倶知安町内に所在する次の宿泊施設への宿泊行為・旅館業の許可を受けて行う旅館・ホテル, 又は簡易宿所・住宅宿泊事業法の届出をして営む住宅宿泊事業に係る住宅	倶知安町内に所在する次の宿泊施設への宿泊料金・旅館業の許可を受けて行う旅館・ホテル, 又は簡易宿所・住宅宿泊事業法の届出をして営む住宅宿泊事業に係る住宅	倶知安町内に所在する次の宿泊施設への宿泊者・旅館業の許可を受けて行う旅館・ホテル, 又は簡易宿所・住宅宿泊事業法の届出をして営む住宅宿泊事業に係る住宅	特別徴収	宿泊料金の2%	法定外目的税	176	世界に誇れるリゾート地として育てていくことを目指し, 地域の魅力を高めるとともに, 観光の振興を図る施策に要する費用	2019.1.1
石川県金沢市	宿泊税	・旅館業法の許可を受けた旅館・ホテル, 又は簡易宿所への宿泊行為・住宅宿泊事業法の届出をして住宅宿泊事業を行う住宅への宿泊行為	・旅館業の許可を受けた旅館・ホテル, 又は簡易宿所への宿泊数・住宅宿泊事業法の届出をして住宅宿泊事業を行う住宅への宿泊数	・旅館業の許可を受けた旅館・ホテル, 又は簡易宿所への宿泊者・住宅宿泊事業法の届出をして住宅宿泊事業を行う住宅への宿泊者	特別徴収	1人1泊について宿泊料金が20千円未満…200円 20千円以上…500円	法定外目的税	769	金沢の歴史, 伝統, 文化及び固有の魅力を高めるとともに, 市民生活と調和した持続可能な観光の振興を図る施策に要する費用	2019.4.1
福岡県福岡市	宿泊税	・旅館業法に規定する旅館・ホテル営業, 簡易宿所営業に係る施設への宿泊行為・住宅宿泊事業法に規定する住宅宿泊事業に係る住宅への宿泊行為	・旅館業法に規定する旅館・ホテル営業, 簡易宿所営業に係る施設への宿泊数・住宅宿泊事業法に規定する住宅宿泊事業に係る住宅への宿泊数	・旅館業法に規定する旅館・ホテル営業, 簡易宿所営業に係る施設への宿泊者・住宅宿泊事業法に規定する住宅宿泊事業に係る住宅への宿泊者	特別徴収	1人1泊について宿泊料金が2万円未満…150円 2万円以上…450円	法定外目的税	1,820 (平年度見込額)	福岡市観光振興条例に規定する観光産業の振興, 受入環境の整備, 観光資源の魅力の増進等, MICEの振興や持続可能な観光の振興に要する費用	2020.4.1
福岡県北九州市	宿泊税	北九州市内に所在する次の宿泊施設への宿泊行為・旅館業(旅館・ホテル営業, 簡易宿所営業)を営む施設・国家戦略特別区域法の認定事業(特区民泊)を行う施設・住宅宿泊事業を営む施設	北九州市内の宿泊施設における宿泊数	北九州市内の宿泊施設における宿泊者	特別徴収	1人1泊につき150円	法定外目的税	300 (平年度見込額)	北九州市の観光資源の魅力向上及び情報発信, 旅行者の受入環境の充実その他の観光の振興を図る施策に要する費用	2020.4.1

出所：（表2）と同じ。

対して，空港連絡橋利用税を課している。

　太宰府市は，市内にある一時有料駐車場の利用者に対して歴史と文化の環境税を課している。課税標準は駐車する台数である。

　富士河口湖町にある河口湖は，ブラックバス釣りが楽しめることで釣り人が増加し，その環境悪化が問題となった。そこで河口湖で遊漁行為を行うものに対して，遊漁料とは別に，1人1日200円の遊漁税を課している。

　沖縄県内の3自治体（伊是名村，伊平屋村，渡嘉敷村）は，離島自治体であるという地理的特性を活かし，「村（行政区域）に入域する行為」に対して環境協力税を課している。座間味村は同様な制度設計であるが「美ら島税」という税目にしている。そのため，以下では4税を合わせて環境協力税等と表記する。環境協力税等は原則として住民（＝島民）も納税義務者となるが，障害者，高校生以下（渡嘉敷村・座間味村は中学生以下）は課税免除としている。

❷　入島税導入の検討

　現在，広く来訪者を納税義務者としている税は，宿泊税と環境協力税等である。そこで，この2税について竹富島に導入可能かどうか検討しよう。まず，宿泊税についてである。沖縄県による「令和3年度観光統計実態調査報告書」から八重山圏域における圏域外客の旅行内容をみると，来訪した島では「竹富島（45.1%）」は，「石垣島（92.3%）」に次いで第2位であり，「西表島（35.6%）」よりも多い。しかし，宿泊した島では「石垣島（88.4%）」，「西表島（16.7%）」，「小浜島（14.3%）」，「竹富島（12.4%）」の順となっている。このような状況では，竹富島での宿泊行為を課税客体にしても効果が限られる。

　次に，村（行政区域）へ入域する行為を課税客体とする環境協力税等の導入可能性を検討しよう。まず，島は閉鎖空間であり，環境協力税等はその地理的特性を活かした税なので，竹富島も導入可能である。環境協力税は，2005年に沖縄本島の北西に位置する伊是名村が全国で初めて導入し，その後，海を挟んだ隣村の伊平屋村（2008年），そして沖縄本島の西方に位置する渡嘉敷村（2011年）が導入した。税目だけでなく，課税客体，課税標準，納税義務者，徴税方法及び税収の使途も3村でほぼ共通している。渡嘉敷村と海を挟んだ隣村である座間味村が導入したのは2018年である。

　ここで，環境協力税等の課税ポイントとなる，それぞれの自治体に入域する

一般的な方法を確認しておこう。環境協力税等は，入域のための乗船券を購入する際に，纏めて徴収される。環境協力税等を導入している 4 村は，複数の有人島を抱えている村であっても 1 島 1 村に近い形態であり，来訪者は沖縄本島から目的の離島に向かう際には同じ船に乗るため，その乗船券販売時に環境協力税等を上乗せして徴収することが可能である[2]。

　これに対して竹富町の場合，拠点港である石垣島の離島ターミナルから各離島へ向けて出航することになるが，目的地が異なれば乗船する船も異なるケースが生じる。すなわち，環境協力税等と同様な制度設計で町に入域する行為を課税客体にすると，竹富島に上陸しない来訪者にも課税してしまう問題が発生する。先にみたように，竹富町への入域観光客のうち竹富島に上陸する人の割合は約50％である。後述するように，原因者負担・受益者負担の観点から，これは容認できないだろう。また，現行の入域料では竹富町の町民も免除されているが，環境協力税等は原則として住民（＝島民）も課税対象となる。こうした点を踏まえると，環境協力税と同様な制度設計での導入・運営はハードルが高いといえる。

　では，行政区画内の特定の島へ入域する行為を対象に，かつ住民を納税義務者から免除した税を設計することは可能だろうか。次にみる宮島訪問税が参考になるだろう。

5 宮島訪問税について

1 宮島訪問税の概要

　世界遺産・厳島神社がある厳島は，広島県廿日市市にある島で通称宮島という。人口約1,800人，面積30.2k㎡，外周約30kmの島に，国内外から年間300万人を超える参拝者や観光客が訪れている。こうした訪問客から 1 人100円を徴収する「宮島訪問税」の条例が，2021年 3 月15日に広島県廿日市市市議会で可決・成立した。その後，廿日市市は総務省との協議を進め，同年 7 月21日に同

意を得た。そして2023年10月1日から徴収を開始している。

　宮島訪問税の概要は，表4の通りである。条例の第1条には，課税の趣旨を「宮島への多くの観光客等の来訪によって発生し，または増幅する行政需要に対応するため」としているが，とくにその使途が定められていない，法定外普通税である。

　課税客体は，船舶により宮島町以外から宮島町の区域に訪問（入域）する行為となっている。環境協力税等が「村へ入域する行為」であるのに対し，宮島訪問税は廿日市市の一部地域である宮島町という「区域（厳島）に入る行為」に対して負担を求めるものである。このような性格の租税は全国初であり，文字通り入島税である点が一つ目の特徴である。

　課税標準は，船舶により宮島町の区域へ訪問する回数であり，納税義務者は「宮島町の区域に訪問（入域）する者：訪問者」である。ここでいう「訪問者」とは主として参拝者や観光客と考えられるが，廿日市市市民であっても訪問者であり納税義務が生じる。ただし，宮島町の住民や宮島への通勤・通学者は課税されない。というのも，宮島町の住民及びそれに準ずる者（通勤通学者など）は，訪問者の定義外としているからである。これが二つ目の特徴である。環境協力税等は原則として住民（＝島民）からも徴収している。住民（＝島民）を課税免除とする入域税は，宮島訪問税が全国初となる。

　税率は環境協力税等と同額の100円となっている。徴収の方法は，特別徴収と申告納付により徴収すると定められている。宮島訪問税の納税義務者は「訪問者」となっているが，旅客船を利用して宮島を訪問する場合は，廿日市市が訪問者から直接徴収するのではなく，宮島旅客運送事業を営む者が運賃等と合わせて徴収し，市へ申告と納税することとなっている。地方税法では，こうした制度を「特別徴収制度」といい，その事業者を「特別徴収義務者」という。また，1年分を一時に納付する事も可能であり，その場合は訪問者1人1年ごとに500円となっている。この点も環境協力税等と異なる三つ目の特徴である。

　以上が宮島訪問税の概要である。宮島訪問税は，行政区画内の特定の島に入域する行為を課税対象としているという点が竹富島の入域料との共通点である。

一方で，入域料は竹富町民を免除しているが，宮島訪問税は廿日市市民であっても訪問者であれば課税される。これが入域料との相違点である。

表4　宮島訪問税の概要

課税団体	広島県廿日市市
税目名	宮島訪問税（法定外普通税）
導入の趣旨	宮島への多くの観光客などの来訪によって発生・増幅する行政需要（財政需要）に対応するため
徴収開始日	2023年10月1日
課税客体	船舶により宮島町の区域に訪問（入域）をする行為
課税標準	船舶により宮島町の区域に訪問（入域）をする回数
納税義務者	船舶により宮島に訪問（入域）する者：訪問者
税率	・訪問者が訪問（入域）をするごとに1人1回100円 ・1年分を一時に納付する場合は，訪問者1人1年ごとに500円
課税対象外	・宮島町の区域の住民 ・宮島町の区域内にある事務所・事業所に通勤する者（48時間／月以上の雇用があること） ・宮島町の区域内にある学校に通学する者（48時間／月以上の授業などがあること）
課税免除	・未就学児 ・学校（大学を除く。）に修学し，修学旅行その他の学校教育上の見地から行われる行事，活動などに参加している者並びにその引率者および付添人 ・療育手帳，精神障害者保健福祉手帳または身体障害者手帳を交付されている障がい者
徴収方法	訪問者が宮島を訪問するごとに1人1回100円の場合 ・旅客船舶を利用して宮島を訪問する場合は，運賃などに税を上乗せして船舶運航事業者が徴収【特別徴収】 ・個人船で桟橋を利用して宮島を訪問する場合は，桟橋の使用料とともに桟橋管理者などが徴収【特別徴収】 ・個人船で自然海岸から宮島を訪問する場合は，訪問した日から起算して10日以内に市役所，宮島支所または大野支所で税を納付【申告納付】 1年分を一時に納付する場合は，訪問者1人1年ごとに500円の場合 ・初回の訪問予定日の前月10日までに，市役所，宮島支所または大野支所で納付【申告納付】

出所：廿日市市ホームページ「宮島訪問税制度の概要」より。

２　入島税の使途としての「アピール24」の検討

　前項の議論で，宮島訪問税の制度設計に近い形で竹富島に入島税を導入するには，西表島など他の島々の住民の合意を得ることが課題となり得ることが明らかとなった。それ以外にも，まだ検討すべき課題が残っている。「竹富島地域自然資産地域計画」に掲げた事業「アピール24」である。というのも，「アピール24」は入域料という任意の協力金を前提に計画されているからである。強制的な負担である入島税を導入するにあたっては，税を充当する事業として適切かどうかを検討しなければならない。表５に示されているように，「アピール24」は竹富島の環境を保全するために必要な事業であることに疑いはない。しかしながら，入島税を導入するのであれば，税を財源とする事業と税以外を財源とする事業に仕分ける必要がある，ということである。課税客体を「竹富島を訪問する行為」とするのであれば，納税義務者である訪問者が納得するような理由が示されなければならない。

　世利（2007）は，原因者・受益者負担の視点から，太宰府市の「歴史と文化の環境税」について，税収が充当される事業の効果について考察している。以下では，世利（2007）の評価手法を援用し，「アピール24」の事業仕分けを行う。

　観光客は，道路や下水道などの行政サービスを島民と同じく消費する。観光客の増加は，こうした行政サービスに対して追加的な需要を生み出すことからその費用を負担してもらう，というのが原因者負担の考えである。原因者負担の視点からみると，ゴミ問題の解決，保全ルール案内板設置，御嶽の森の保全，白砂道の補修と清掃，道の自然排水の再生，石畳の管理及び観光に関するルール制定は，観光客の増加に伴う追加的な行政サービスであるという点で，入島税の使途事業として適切であると考えられる。

　観光関連施設・サービスの利用者は観光客であり，それらを整備することは観光客の満足度の向上に資するので，その便益の享受に対して負担を求める，というのが受益者負担の考えである。受益者負担の視点からみると，海浜清掃，サンゴの保全，環境保全リーダーの育成，島の子どもへの環境教育，御嶽の森

の保全，島の現状活動のPR，白砂道の補修と清掃，道の自然排水の再生，石畳の管理，伝統的建築技術の継承そして自然と文化の伝承者の育成は，観光客が島でより快適に過ごすことに繋がる事業と看做すことができるので，入島税の使途事業として適切な事業と言えよう。

　防風林の植林，外来種の駆除と処分，伝統的漁法魚垣の再生，耕作放棄地の再生，島内雇用の促進，自然素材の家屋への活用などは，直接的には観光客が便益を享受するという性質のものではないと考えられる。したがって，入島税を充当するには適切な事業といえない。ただし，必要な事業であることに違いはない。重要なことは，入島税を充当する事業は，原因者負担・受益者負担の視点から納税者（観光客）の理解が得られる事業に絞り，それ以外は現行の入域料等その他の財源で賄うということである。

　前田（2010）は，地方公共団体の環境施策コストは原因者あるいは受益者から調達すべきであることから，原因・受益と負担の関係が明確な場合の税として法定外目的税は設けられたとしている。宮島訪問税は法定外普通税であるが，入島税は法定外目的税が望ましいだろう。法定外目的税とすることで，新税導入の目的を訪問者に明示することができる。また，その効果も示す必要がある。それによって，新税導入は単なる財源の確保を目的としていない，ということが明確になる。このように考えると，入島税の一部を土地の買い戻しの財源に充てることは，納税者の理解と納得は得られないであろう。したがって，土地の買い戻しについては，現行の入域料や寄付金などを財源とすべきである。

　齋藤（2012）は，竹富島のみを対象としているわけではないが，竹富町への訪問者に対して意識調査を実施し，全体の76.3％が環境に対する協力金の導入に賛成，という結果を得ている。しかし，収受率が11.3％という現状を見る限り，意識調査とのギャップは大きい。

表5　アピール24の事業効果

		原因者負担		受益者負担		収益事業の助成		事前調査
		来訪者	島民	来訪者	島民	来訪者	島民	
自然環境の保全	海浜清掃			○				
	サンゴの保全			○				
	防風林の植林				○			
	外来種の駆除と処分				○			
	伝統的漁法魚垣の再生				○			
	耕作放棄地の再生				○			
	島の生態系の調査研究			△	△			○
	環境保全リーダー育成			○	○			
くらしの保全	ゴミ問題の解決	○						
	保全ルール案内板設置	○						
	島の子どもへの環境教育			○	○			
	井戸や貯水池の適正管理			○	○			
	御嶽の森の保全	○		○	○			
	祭祀に関わる供物の再耕作				○			
	島の現状活動のPR			○				
	島内雇用の促進				○			
集落と文化の保全	白砂道の補修と清掃	○		○	○			
	道の自然排水の再生	○		○	○			
	石畳の管理	○		○	○			
	島内特産物の生産						○	
	自然素材の家屋への活用				○			
	伝統的建築技術の継承			○	○			
	自然と文化の伝承者の育成			○	○			
	観光に関するルール制定	○						

○：事業の効果として期待できる場合。△：事業の効果が未知数の場合。
注）世利（2007），p. 224の表を参考に作成。

　内山（2021）は，伊是名村，伊平屋村，渡嘉敷村の3村の環境協力税導入後の動向を調べ，観光客数は減少することなく，むしろ増加傾向にあることを示している。つまり，強制力を持たせるとしても，税率100円ではほとんど観光客の行動に影響しないことが分かっている。

　徴収方法に関しては，最小徴税費の原則からみれば，船代金へ上乗せして徴収することは必須である。入島税条例を定め，特別徴収義務者として協力して貰う必要があろう。

 # おわりに

　竹富島では地域自然資産法に基づき，「竹富島地域自然資産地域計画」を策定し，その計画に基づいて，島への訪問者から入域料を収受する制度を整えた。島独自の視点から入域料を設計し導入まで漕ぎ着けた点は，高く評価できる。しかし，収受率の低さが解決すべき課題となっている。訪問者が当事者意識を持ち，島の自然・景観保全に自発的に貢献することが理想ではあるが，現状を見る限りほど遠い。

　たしかに任意の入域料であれば，乱開発を防ぐための土地の買い戻し費用に充当できるというメリットがある。しかし，任意であるが故に安定性に欠け，公平性が図りにくいというデメリットもある。

　環境協力税等と同様な制度設計で竹富町に入域する行為に対して税を課し，入り込み客数に応じて税収を各島に配分する，というのも一つの選択肢ではある。しかしながら，それでは自由度が低くなる可能性がある。例えば，竹富島に限定した入島税であれば，税率を操作することで入り込み客数を調整（平準化）することも可能となろう。竹富島の島民の意見を反映した自主的な事業を展開する上で，自律的で持続的な独自財源を確保できるという点で，竹富島に限定した入島税の方が望ましいと考える。

【注】
(1)　本研究は既発表論文，仲地（2021）をもとに加筆修正したものである。
(2)　沖縄本島との間の定期航路のほか，離島間航路や航空機等による入域方法もあるが，割合としては小さくここでは考慮していない。

【参考文献】

内山愉太「コロナ後を見据えた離島の観光政策の方向性－環境協力税を事例に－」全国
　　離島振興協議会『しま』第66巻（4），pp.74－77。

齋藤正己（2012）「沖縄県竹富町における来訪者の意識調査：環境税導入に関する研究」
　　法政大学地域研究センター『地域イノベーション』第4巻，pp.53－61。

仲地健（2021）「竹富島における入島税導入の可能性について」沖縄国際大学産業情報
　　学部『産業情報論集』第18巻第1号，pp.61－76。

前田高志（2010）「地方公共団体の課税自主権－法定外税を中心として－」関西学院大
　　学産業研究所『産研論集』第37号，pp.35－46。

松本和幸，塩谷英生（2006）「地域づくりと法定外税－観光関連税を中心に－」立教大
　　学『観光学部紀要』第8号，pp.27－36。

世利洋介（2007）「太宰府の「歴史と文化の環境税」－原因者負担と受益者負担を中心
　　に－」久留米大学『産業経済研究』第48巻第2号，pp.199－233。

竹富町（2019）「竹富島地域自然資産地域計画」＜https://www.town.taketomi.lg.jp/sp/
　　userfiles/files/chiikikeikaku.pdf＞（2023.6.27参照）

第8章

沖縄のクルーズ観光

Cruise Tourism in Okinawa

兪　炳強

Heikyo YU

 は じ め に

　世界のクルーズ市場，とくにアジアのクルーズ市場が急速に成長している（国土交通省2018）。日本ではアジアのクルーズ需要の増加に伴い，クルーズ船を地方に誘致するためのさまざまな取り組みが進められ，とくに外国籍のクルーズ船の寄港回数が大幅に増加している。2013年，全国のクルーズ船寄港回数は1,001回（うち外国船373回）であったが，2019年には2,866回（同，1,932回）に増加した。しかしその後は2020年にコロナ禍の影響で352回（同，66回），2021年に420回（外国船なし），2022年に720回（外国船なし）と急激に減少した（国土交通省2022）。2022年12月からは日本船，2023年3月からは外国船の運航が再開され，国際クルーズの本格的な回復が期待されている。クルーズ船の寄港は，寄港地における入域観光客の増加や観光消費活動による経済効果が見込まれている。

　一方で，クルーズ観光は大量のクルーズ船乗客が一度に上陸し，港周辺地域の交通渋滞などいわゆるオーバーツーリズムや，寄港地の地域経済に十分な効

果がもたらされないといった問題が指摘されている（酒井・湧口2016；嘉瀬2018；湧口2020など）。このような問題に対処するには，クルーズ船の寄港行動や乗客の観光行動を正しく理解し，寄港地の効果的な受け入れ体制や持続可能なクルーズ観光施策の確立が求められる。

　既存のクルーズ観光に関する研究では，とくに地域の主要産業が観光であり，クルーズ船の寄港回数が全国トップクラスである沖縄におけるクルーズ船客の観光行動に着目した研究はほとんど見当たらない。したがって，本稿では[1]，沖縄へのクルーズ船の寄港行動及び乗客の寄港地での観光行動を分析し，今後の国際クルーズの本格的再開に向けて，沖縄のクルーズ観光の持続的な発展につながる提言を行う。

② クルーズ船の寄港行動

1　クルーズ船の寄港動向

　図 1 は2013年以降の沖縄県内へのクルーズ船寄港回数を示している。沖縄県全体では，2013年に126回，その後急激に増加し，2019年には581回（うち外国船が96.5％の563回）に達した。次に港別では，2013年に那覇港が56回（同，73.2％の41回），石垣港が65回（同，90.8％の59回），平良港が 1 回，その他が 4回であった。2019年には那覇港が過去最高の260回（同，96.5％の251回）に達し，初めて全国第 1 位を記録した。一方，石垣港は148回（同，98.6％の146回）で全国第 5 位，平良港は147回（同，99.3％の146回）で全国第 6 位となった。しかし，コロナ禍の影響により，2020年に入ると寄港回数は34回（うち那覇港19回，石垣港10回，平良港 3 回，その他 2 回）まで急減し，2021年は寄港ゼロ，2022年は僅か 4 回（うち那覇港なし，石垣港 2 回，平良港 1 回，その他 1 回）に留まった。

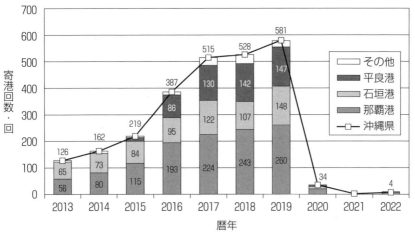

図1　沖縄県内へのクルーズ船寄港回数

出所：沖縄総合事務局資料より作成。

次に2023年と2024年のクルーズ船の寄港予定回数をみると[2]，那覇港は2023年に92回（うち外国船が87.0％の80回），2024年には200回（同，87.5％の175回）の予定である。石垣港は2023年に60回（同，98.3％の59回），2024年には120回（同，94.2％の113回）の予定である。また，平良港は2023年に26回（同，92.3％の24回）となっている。このように，2023年にはクルーズ船の寄港が回復し，2024年には那覇港や石垣港の寄港回数がコロナ前の2019年に近い水準に回復する見込みであり，また寄港するクルーズ船の大部分は外国船となっている。

❷　クルーズ船優先予約制度の導入[3]

沖縄県の新たな振興計画（2022～2031年度）では，多彩かつ質の高い観光の推進施策の一つとして，質の高いクルーズ観光の推進を掲げている。その成果指標として，プレミア／ラグジュアリークラスのクルーズ船客の寄港回数の割合が挙げられている。

沖縄総合事務局は，県内港湾管理者（沖縄県，那覇港管理組合，石垣市，宮古島市）と連携して，クルーズ船の寄港に関する課題等（寄港誘致等）の情報共有・

解決に取り組むために，「クルーズポートコンソーシアム沖縄」が2020年に設立された。各港湾（石垣港，平良港，中城湾港，本部港）で優先対象・受付方法等を統一した予約制度が2023年分から初めて試行された。優先予約の実施により，各港湾ではなくクルーズの行程単位での申請が可能となり，重複予約を事前に防ぎ，各港の機会損失を軽減できるようになる。

クルーズ船の優先予約制度では，沖縄県の観光振興計画に合わせ，沖縄発着クルーズ（フライ＆クルーズ促進）及び長期周遊・ワールドクルーズ（ラグジュアリー船誘致）を優先対象とし，統一された考え方で予約を確定することで，県全体での効果的なポートセールスも可能になる。優先予約されるクルーズは，沖縄発着クルーズ及びラグジュアリークラスのクルーズである。

クルーズ船優先予約制度の導入に伴い，2023年及び2024年の優先予約結果をみると，沖縄発着クルーズは，2023年18回（県内合計寄港回数26回），2024年30回（同47回）と，2019年実績の４回（同11回）より大幅に増加する見込みである。一方，長期周遊・ワールドクルーズ（ラグジュアリークラスのクルーズ）については，2023年と2024年がそれぞれ11回と８回となっており，2019年実績の９回とほぼ同レベルとなっている。

❸　クルーズ船の寄港行動の傾向

次に，沖縄県内でクルーズ船の寄港回数が最も多い那覇港に着目し，2019年と2023年及び2024年の寄港予定データを用いてクルーズ船の寄港行動について分析する。

表１は那覇港におけるクルーズ船の総トン数及び船籍別寄港予定回数を示している。2019年に３～７万トンのクルーズ船の寄港回数が33.1％，７～10万トンが21.9％，13～17万トンが28.5％，17万トン以上が10.4％となっており，３～７万トンが半数を占め，13万トン以上の寄港回数も比較的多く４割近くを占めた。

表1 那覇港クルーズ船総トン数別寄港回数

(単位：回，％)

項目／年		2019年	構成比	2023年	構成比	2024年	構成比
合計		260	100.0	92	100.0	200	100.0
総トン数	1万トン未満	1	0.4	0	0.0	0	0.0
	1～3	0	0.0	4	4.3	2	1.0
	3～7	86	33.1	24	26.1	39	19.5
	7～10	57	21.9	11	12.0	48	24.0
	10～13	15	5.8	42	45.7	31	15.5
	13～17	74	28.5	3	3.3	11	5.5
	17万トン以上	27	10.4	8	8.7	69	34.5
船籍	外国船	251	96.5	80	87.0	175	87.5
	日本船	9	3.5	12	13.0	25	12.5

註：2023年及び2024年は2023年6月21日時点の予定である。
出所：那覇港管理組合那覇港クルーズ船寄港予定一覧表（各年）より作成。

　2023年には10～13万トンが圧倒的に多く45.7％，次に3～7万トンが多く26.1％を占める。2024年には17万トンが最も多く34.5％，次に7～10万トンが24％，3～7万トンが19.5％，10～13万トンが15.5％となっている。2019年と比較すると大型船の寄港回数の割合が高まる見込みである。2019年に那覇港に寄港した外国籍クルーズ船の1隻当たり平均上陸客数は2,600人（最大値3,310人，最小値1,876人，中央値2,437人）であった[4]。2024年に17万トン以上のクルーズ船寄港回数が69回の予定であり，2019年の27回を大幅に超える見込みである。このことから，大型クルーズ客船の寄港によるバス・タクシー等の二次交通の不足や港周辺の交通渋滞の発生が予想される。

　次に月別クルーズ船寄港回数の特徴を分析する。表2は那覇港におけるクルーズ船の月別寄港回数を示している。2019年において，寄港回数が最も少ないのは1月で15回，その他の月は20回前後で，月別に寄港回数が平準化されているように見受けられる。2023年においては，3月以降の寄港回数が増加の傾向を示しており，10月が17回で最も多い。2024年においては，寄港回数が最も少ないのは1月で11回，最も多いのは7月で28回となっており，2019年と比較すると月ごとの変動が大きくなる傾向が見受けられる。このように寄港回数の月別平準化が今後のクルーズ船誘致に関する課題と言えよう。

表 2　那覇港月別クルーズ船の寄港回数

（単位：回，％）

月	2019年	構成比	2023年	構成比	2024年	構成比
1 月	15	5.8	1	1.1	11	5.5
2 月	19	7.3	0	0.0	13	6.5
3 月	24	9.2	9	9.8	20	10.0
4 月	25	9.6	3	3.3	23	11.5
5 月	23	8.8	6	6.5	15	7.5
6 月	24	9.2	11	12.0	21	10.5
7 月	24	9.2	11	12.0	28	14.0
8 月	22	8.5	7	7.6	17	8.5
9 月	19	7.3	12	13.0	13	6.5
10月	25	9.6	17	18.5	11	5.5
11月	21	8.1	7	7.6	13	6.5
12月	19	7.3	8	8.7	15	7.5
年計	260	100.0	92	100.0	200	100.0

註・出所：前表と同じ。

　表3は那覇港におけるクルーズ船の時間帯と曜日別の入港予定回数を示している。2019年においては，8時台が最も多く23.1％を占め，7時台と合わせると約4割に達し，早朝時間帯の入港が多い傾向である。2023年においては，7

表 3　那覇港クルーズ船入港時間帯・曜日別寄港回数

（単位：回，％）

項目／年		2019年	構成比	2023年	構成比	2024年	構成比
合計		260	100.0	92	100.0	200	100.0
時間帯	6 時	13	5.0	0	0.0	2	1.0
	7 時	40	15.4	31	33.7	79	39.5
	8 時	60	23.1	16	17.4	26	13.0
	9 時	6	2.3	6	6.5	25	12.5
	10時	10	3.8	0	0.0	0	0.0
	11時	26	10.0	3	3.3	11	5.5
	12時	3	1.2	2	2.2	11	5.5
	13時	29	11.2	7	7.6	11	5.5
	14時	5	1.9	22	23.9	16	8.0
	15時	51	19.6	4	4.3	19	9.5
	16時後	17	6.5	1	1.1	0	0.0
曜日	土日	43	16.5	23	25.0	54	27.0
	土日以外	217	83.5	69	75.0	146	73.0

註・出所：前表と同じ。

時台が最も多く33.7％を占め，8時台と合わせておよそ5割に達し，早朝時間帯の入港がより集中的になっている。2024年においては，7時台が最も多く39.5％を占め，8時台と9時台の合計で約7割に達しており，クルーズ船の早朝入港がさらに集中化する傾向が見受けられる。

　一方，土日の入港回数をみると，2019年に43回で全体の16.5％，2023年には23回で全体の25.0％，2024年には54回で全体の27.0％となっている。2019年と比較すると土日寄港の割合がわずかに高まる見込みであるが，クルーズ船の入港は土日以外の早朝時間帯に集中する傾向である。このように，クルーズ船客の下船後の交通移動が平日の通勤時間帯に重なり，交通渋滞問題の悪化が予想されるため，クルーズ船客の計画的な交通移動手段の構築が必要である。

　表4は那覇港の寄港予定クルーズ船の滞在時間別構成を示している。まず，オーバーナイトの寄港回数をみると，2019年は58回（年間合計の22.3％），2023年には16回（17.4％），2024年には47回（23.5％）となっている。オーバーナイト寄港回数の割合に大きな違いは見受けられない。次に，滞在時間別の分布をみると，2019年に10時間が最も多く35.4％を占め，8〜11時間がほとんどであ

表4　那覇港寄港クルーズ船の滞在時間

（単位：回，％，時間）

滞在時間	2019年	構成比	2023年	構成比	2024年	構成比
合計	260	100.0	92	100.0	200	100.0
オーバーナイト	58	22.3	16	17.4	47	23.5
6時間未満	5	1.9	1	1.1	2	1.0
7時間	21	8.1	1	1.1	14	7.0
8時間	44	16.9	25	27.2	25	12.5
9時間	31	11.9	3	3.3	16	8.0
10時間	92	35.4	8	8.7	24	12.0
11時間	32	12.3	13	14.1	23	11.5
12時間	20	7.7	20	21.7	41	20.5
13時間以上	15	5.8	21	22.8	55	27.5
最小値	2.8		6.0		6.0	
最大値	24.0		30.0		40.0	
平均値	9.8		13.0		14.6	
中央値	9.3		10.5		10.8	

註・出所：前表と同じ。

る。2023年には8時間が最も多く27.2％となっているが，12時間以上が44.5％を占めている（12時間21.7％，13時間以上22.8％）。2024年には13時間以上が最も多く27.5％を占め，12時間の20.5％と合わせて半数近くを占める。2019年と比較すると，2023年と2024年においてクルーズ船の滞在時間が長くなる傾向がみられる。クルーズ船客の下船後の観光時間がコロナ前より長く確保されるため，これに合わせた観光商品・サービスの提供が重要である。

　次に，クルーズ船の他港寄港状況についてみる（表5）。2019年においては，半数以上が石垣港や平良港に寄港し，国外では主に中国本土の港に寄港している。2023年においては，半数が石垣港に寄港する一方，平良港への寄港は少なく，国外では主に台湾の港に寄港する傾向が見られる。2024年においても石垣港への寄港が多く，平良港への寄港は少ない状況が続く一方，国外では台湾，とくに中国本土への寄港が大幅に増加することが予想される。

表5　那覇港寄港クルーズ船の他港寄港状況

（単位：回，％）

	2019年	割　合	2023年	割　合	2024年	割　合
総数（那覇港）	260	100.0	92	100.0	200	100.0
石垣港	148	56.9	46	50.0	83	41.5
平良港	147	56.5	15	16.3	24	12.0
台湾	106	40.8	49	53.3	83	41.5
中国本土	148	56.9	18	19.6	81	40.5
香港	49	18.8	3	3.3	10	5.0
韓国	5	1.9	12	13.0	9	4.5

註・出所：前表と同じ。

　さらに，那覇港に寄港するクルーズ船の出発港についてみよう（表6）。2019年においては，中国本土の上海などを出発港とするクルーズ船が40％を占め，香港を含めると6割以上を占める。2023年においては，台湾と日本本土から発するクルーズ船が28.3％と最も多く，中国本土が19.6％となっている。また2024年においては，那覇港の寄港クルーズ船の総数が増加する中で，台湾や日本本土から出発するクルーズ船の割合が減少し，逆に中国本土が大きく38.5％と大きな割合を占めている。さらに，クルーズ船の優先予約制度の導入

により，那覇港が14.5％に増加するという特徴的な変化も見て取れる。

表 6　那覇港寄港クルーズ船の出発港

（単位：回，％）

	2019年	構成比	2023年	構成比	2024年	構成比
総数（那覇港）	260	100.0	92	100.0	200	100.0
台湾	76	29.2	26	28.3	40	20.0
中国本土	104	40.0	18	19.6	77	38.5
香港	45	17.3	4	4.3	8	4.0
その他外国	1	0.4	7	7.6	10	5.0
日本本土	28	10.8	26	28.3	36	18.0
那覇	5	1.9	4	4.3	29	14.5
石垣	0	0.0	1	1.1	0	0.0
平良	0	0.0	1	1.1	0	0.0
不明	1	0.4	5	5.4	0	0.0

註・出所：前表と同じ。

3　クルーズ船客の観光行動

1　クルーズ船客の特徴

　表 7 は2013年以降，那覇港におけるクルーズ船外国人客の属性及び下船形態を示している。2019年に香港を含む中国本土客が56.3％で最も多く，次に台湾客が約 3 割を占めている。中国本土客の割合は2013年には17.8％であったが，2014～2017年にかけて 4 割余りに増加し，2018には 6 割余りに達した。性別に関しては，女性の方がやや多く，およそ 6 割を占めており，2013年以降大きな変化は見られない。年齢別では，2019年には30代が29.7％で最も多く，次いで40代が25.6％，50代が19.8％となっている。30～50代が中心で，全体の75.1％を占めており，2013年以降大きく増加してきた。年収別では，2019年に120万円未満が12.3％，120～240万円が15.4％，240～360万円が28.6％で最も多く，360～480万円が21.5％，480～600万円が6.7％，600万円以上が15.4％である。2013年に年収120万円未満が28.8％，120～240万円が40.3％と多かったが，そ

の後は大きく低下している。一方，年収240〜360万円及び360〜480万円の割合
は増加してきた。とくに2018年と2019年には，600万円以上が1割以上を占め
ているがわかる。つまり，所得水準の高いクルーズ船客が増えている傾向が読
み取れる。

表7　那覇港入港外国人客の属性及び下船形態

（単位：％）

項目／年度		2013	2014	2015	2016	2017	2018	2019
全体		100.0	100.0	100.0	100.0	100.0	100.0	100.0
国籍地域	台湾	41.4	48.9	48.4	44.0	36.6	22.9	29.7
	中国本土	17.8	44.2	45.4	41.9	45.5	61.6	56.3
	その他	40.8	6.9	6.2	14.2	17.8	15.5	14.0
性別	男性	45.6	38.4	43.1	35.9	31.4	41.3	39.9
	女性	54.4	61.6	56.9	64.1	68.6	58.7	60.1
年代	10代	7.6	4.0	4.7	7.1	0.6	1.4	1.0
	20代	31.5	12.5	16.1	22.0	13.9	12.1	10.1
	30代	14.5	17.2	19.5	23.3	25.5	34.4	29.7
	40代	19.5	15.3	15.7	16.9	24.3	24.2	25.6
	50代	13.2	22.7	19.7	13.4	17.9	17.1	19.8
	60代	11.0	20.1	17.6	14.5	16.0	7.9	11.9
	70代以上	2.6	8.2	6.6	2.7	1.9	3.0	2.0
年収	0〜120万円未満	28.8	34.8	36.7	32.4	16.4	15.3	12.3
	120〜240万円	40.3	37.3	34.3	29.6	41.7	19.2	15.4
	240〜360万円	13.3	8.9	10.0	20.0	20.3	25.9	28.6
	360〜480万円	9.0	10.8	7.7	4.5	4.1	13.0	21.5
	480〜600万円	2.7	1.7	0.8	4.8	11.1	7.3	6.7
	600万円以上	5.9	6.6	10.6	8.8	6.4	19.3	15.4
下船形態	個人行動	23.1	17.3	22.4	46.0	56.7	59.2	65.1
	バスツアー	76.9	82.7	77.6	54.0	43.3	40.8	34.9

註：全体に占める比率である。中国本土には香港を含む。
　　また2013〜2015年度の年収区分は月収であるが，それを12ヶ月乗じて年収とした。
出所：沖縄県外国人観光客実態調査（各年度）より作成。

２　クルーズ船客の観光行動

　那覇港に上陸するクルーズ船客の多くが中国本土客であることを踏まえ，以
下では中国本土客を対象に下船形態別の観光行動を分析する。分析データは，

2018年度沖縄県外国人旅行者調査（クルーズ船乗客）の個票データ430人である[5]。

分析対象の属性について，性別では，全体で女性が6割余りで男性より多くなっている。年齢別では，30代が最も多く36.5%，次に40代が20.2%で両者合わせると6割近くを占めており，30～40代が主であることがわかる。同行者別では，家族・親族が圧倒的に多く6割余りを占め，友人が約2割，夫婦・パートナーが1割程である。訪日経験別では，初めてが多く6割余りを占める。また沖縄の訪問経験別では，初めてがほとんどであり9割余りとなっている。以上の属性的特徴は，個人行動客（以下，個人客と呼ぶ）とバスツアー客（以下，ツアー客と呼ぶ）別であまり相違が見られない。

表8　場所別訪問率と購買率

（単位：人，%）

項目	訪問率			購買率		
区分	個　人	ツアー	全　体	個　人	ツアー	全　体
標本数	174	256	430	174	256	430
免税店・DfS	19.0	93.4	63.3	18.4	90.6	61.4
ドラッグストア	71.8	39.1	52.3	68.4	37.5	50.0
自然景勝地	9.2	66.8	43.5	0.6	1.2	0.9
海岸・ビーチ	10.9	65.2	43.3	0.6	1.2	0.9
史跡	9.8	52.7	35.3	0.6	0.8	0.7
コンビニエンスストア	48.9	23.8	34.0	48.3	23.4	33.5
城跡・城郭・宮殿	9.8	44.9	30.7	0.0	0.8	0.5
スーパーマーケット	47.7	13.7	27.4	46.6	13.7	27.0
観光地の土産店	33.3	5.9	17.0	29.9	5.9	15.6
ショッピングセンター	19.0	9.0	13.0	18.4	9.0	12.8
百貨店・デパート	16.1	5.1	9.5	14.9	5.1	9.1
公園	5.2	9.8	7.9	0.6	0.4	0.5
家電量販店	6.9	2.3	4.2	6.9	2.0	4.0
100円ショップ	6.9	1.6	3.7	6.9	1.6	3.7
宿泊施設の土産店	5.7	0.8	2.8	5.2	0.8	2.6
アウトレットモール	1.7	2.0	1.9	1.7	2.0	1.9
テーマパーク	1.7	1.2	1.4	0.0	0.8	0.5
博物館・美術館	1.7	0.0	0.7	0.0	0.0	0.0
動植物園・水族館	0.6	0.4	0.5	0.0	0.0	0.0
工場・見学施設	0.0	0.4	0.2	0.0	0.4	0.2

註：場所順は訪問率の全体の降順で示している。
出所：2018年度沖縄県外国人旅行者調査（クルーズ船乗客）の個票より作成。

　表8は個人客及びツアー客の場所別訪問率（訪問した人の割合）と購買率（買物した人の割合）を示している。個人客では，ドラッグストアが71.8％で最も多く，次にコンビニエンスストアが48.9％，スーパーマーケットが47.7％，観光地の土産店が33.3％で多くなっている。一方，ツアー客では，免税店・DFSが圧倒的に多く93.4％である。次に自然景勝地が66.8％，海岸・ビーチが65.2％，史跡が52.7％，城跡・城郭・宮殿が44.9％となっている。このように，訪問先に関して個人客とツアー客で大きな相違がみられる。個人客はドラッグストアやコンビニエンスストアなどの商業施設には多く訪問する一方，観光施設への訪問が少ない傾向がある。ツアー客は免税店・DFSにほぼ全員が訪問し，観光施設も訪問することが多い。

　購買率をみると，個人客ではドラッグストアが最も多く68.4％で，次にコンビニエンスストアが48.3％，スーパーマーケットが46.6％，観光地の土産店が29.9％となっている。一方，ツアー客では免税店・DFSが90.6％に達し，ドラッグストアが37.5％，コンビニエンスストアが23.4％で相対的に低い割合である。つまり，個人客は訪問先での買い物行動が多い一方，ツアー客は概して免税店・DFSでの買い物が主で，観光施設では購買行動がほとんど見られない。

表9　訪問及び買物した場所数の t 検定結果

	区　分	標本数	平　均	標準偏差	t
訪問した場所数	個人	174	3.43	1.906	−5.624＊＊＊
	ツアー	256	4.40	1.544	
買物した場所数	個人	174	2.84	1.733	5.571＊＊＊
	ツアー	256	1.98	1.268	

註：＊＊＊1％，＊＊5％有意
出所：前表と同じ。

　訪問した場所及び買物した場所の数について t 検定を行った結果（表9）では，訪問した場所の平均箇所数は，ツアー客が4.40箇所であり，個人客の3.43箇所より有意に多いことが示された。一方，買物した場所の平均箇所数は，個人客が2.84箇所であり，ツアー客の1.98箇所より有意に多いことが認められた。これは，ツアー客が訪問先数は多いが，買い物先数は個人客の方が多いことを

示している。

　商品別購買率をみると，全体では化粧品・香水が最も高く69.8％（個人客67.8％，ツアー客71.1％），医薬品・健康グッズが67.0％（個人客64.4％，ツアー客68.8％），菓子類が63.5％（個人客64.9％，ツアー客62.5％）と高くなっているが，個人客とツアー客別ではあまり相違が見られない。

　1人当たり沖縄本島（寄港地）での支出額についてt検定を行った結果（表10）では，消費額計及び交通費には有意な差が見られないが，飲食費においては個人客がツアー客より有意に高いことが示された。1人当たり飲食費は，個人客が3,115円でツアー客の1,812円より有意に高い。一方，土産買物費においてはツアー客が個人客より有意に高いことが示された。1人当たり土産買物費は，ツアー客が29,425円で個人客の13,043円より有意に高くなっている。

表10　沖縄本島支出額のt検定の結果

項　　目	区　分	度　　数	平均値	標準偏差	t
消費額計	個人	138	26,236	74992.6	−1.443
	ツアー	153	38,995	75646.7	
飲食費	個人	107	3,115	3382.0	3.670＊＊＊
	ツアー	114	1,812	1480.1	
土産買物費	個人	33	13,043	16326.2	−2.249＊＊
	ツアー	25	29,425	33543.5	
交通費	個人	129	1,480	1609.2	0.185
	ツアー	23	1,415	1131.9	

註：＊＊＊1％，＊＊5％有意
出所：前表と同じ。

119

表11　主な活動別体験率

（単位：人，％）

区　分	個　人	ツアー	全　体
標本数	174	256	430
ショッピング	94.8	89.5	91.6
歴史的・伝統的な景観・旧跡観光	16.1	84.4	56.7
自然・景勝地観光	15.5	78.5	53.0
都市観光・街歩き	60.9	41.0	49.1
沖縄料理を楽しむ	40.2	14.5	24.9
日本食を楽しむ	19.0	6.3	11.4
サイクリング	0.6	0.8	0.7
海水浴・マリンレジャー	1.1	0.0	0.5
スポーツ大会等	0.0	0.8	0.5
保養・休養	0.6	0.0	0.2
ダイビング	0.0	0.4	0.2

註：活動項目は全体の体験率の降順である。

出所：前表と同じ。

　次に，クルーズ客の体験活動についてみると（表11），個人客では，ショッピングが圧倒的に多く94.8％，次に都市観光・街歩きが60.9％，沖縄料理を楽しむが40.2％，日本食を楽しむが19.0％，歴史的・伝統な景観・旧跡観光が16.1％の順となっている。一方，ツアー客では，ショッピング（89.5％）や歴史的・伝統的な景観・旧跡観光（84.4％），自然・景勝地観光（78.5％）が圧倒的に多く，沖縄料理を楽しむが14.5％，日本食を楽しむが6.3％に過ぎない。つまり，個人客は主にショッピングや都市観光・街歩き，食べ歩きなどの体験をしており，一方，ツアー客は免税商品のショッピングに加えて歴史的観光施設や自然景勝地の観光を体験している。

　なお１人当たり体験活動の数についてのｔ検定結果では，個人客が2.49個，ツアー客が3.16個と，ツアー客の方が有意に多いことが示された。これは，ツアー客が訪問先数や体験活動数において個人客よりも多いことを反映している。

おわりに

　本稿では，主に沖縄におけるクルーズ船の寄港行動及び乗客の観光行動を分析した。沖縄へのクルーズ船寄港は，2023年に那覇港や石垣港を中心に回復し，2024年にはコロナ前2019年の水準に回復する見込みである。また国内船の寄港はある程度増加するが，依然として外国船がほとんどを占める見込みである。そして沖縄発着クルーズやラグジュアリークラスのクルーズを対象とする優先予約制度の導入により，県内寄港の回数は一定程度増加する見通しである。今後，優先予約対象となるクルーズ船の寄港地への経済効果に関する調査研究が望まれる[6]。

　2023年及び2024年に予定されるクルーズ船の寄港行動の傾向として，寄港クルーズ船の大型化及び入港時間帯は平日の早朝時間帯への集中化がさらに進むと考えられる。したがって，港周辺地の交通渋滞や近隣商業施設の混雑化など，オーバーツーリズムへの適切な対応策がより一層重要となる。また，コロナ前2019年と比較して2024年の寄港予定において月別の変動が大きいため，今後のクルーズ船の誘致においては寄港の月別平準化が重要である。一方，クルーズ船の寄港地での滞在時間はコロナ前より長くなる傾向があり，これに対応した観光商品やサービスの提供が重要である。また，那覇港に寄港予定のクルーズ船の出発港については，優先予約制度の導入により那覇港を出発するクルーズ船が増加するが，寄港クルーズ船の大半を占める外国船では，中国本土を出発するクルーズ船が増加し，コロナ後も中国本土からのクルーズ客が主となる可能性が示唆される。

　次に，那覇港に下船したクルーズ船客の観光行動について，中国本土客の個票データを用いて分析した。その結果，下船後にツアー客の割合が2013年以降年々減少し，一方個人客が大きく増加し，2019年には全体の 6 割以上を占めるようになった。両者の観光行動の主な相違点として，ツアー客はほとんど免税店・DFSや自然景勝地，史跡など観光施設を訪れる一方，購買行動は免税店・

DFSに限られていることが挙げられる。一方，個人客の訪問及び購買行動は主に市内の商業施設に集中している。購買商品については，ツアー客と個人客に大きな相違は見られないが，1人当たり土産買物費ではツアー客が個人客より有意に高く，倍以上の差がある。一方，飲食費に関しては個人客がツアー客より有意に高くなっている。これは個人客において沖縄料理を楽しむ観光客や日本食を楽しむ観光客の割合がツアー客よりも高いことに対応している。

　以上のように，沖縄のクルーズ観光は今後さらに拡大すると考えられる。そのためには，まずオーバーツーリズムへの有効な対応策の確立や地域住民の理解促進が非常に重要である。これを実現するためには，地方自治体，船会社，現地の旅行社など関係する各団体の情報共有や協力体制の強化が必要不可欠である。また，沖縄のクルーズ観光の付加価値を高めるためには，クルーズ船のクラスや乗客の寄港地での観光消費行動の特性を理解し，それに基づいた観光商品やサービスの開発・提供が重要である。

【注】

(1)　クルーズ観光の既存研究や本稿の分析視点については兪（2022）を参照。

(2)　各港の寄港予定回数は次の更新日時点のものである。那覇港の2023年と2024年はそれぞれ2023年6月21日と6月20日，石垣港の2023年と2024年はいずも2023年6月13日，平良港の2023年は2023年7月7日である。

(3)　詳しくは沖縄総合事務局（2022）（2023）を参照。

(4)　詳しくは兪（2022）の図3を参照。

(5)　個票データは，統計法（平成19年法律第53号）第36条の規定に基づき，沖縄県より提供を受けた。

(6)　佐々木ほか（2020）によれば，寄港地における平均消費額は，プレミアムクラスと比較してスタンダードクラスの方が高く，サービスレベルの高いクルーズ船の旅客が船内で質の高いサービスを受けるため，寄港地では消費を抑える傾向にあると指摘されている。したがって今後，沖縄におけるクルーズ船のクラス別乗客の寄港地での消費行動に関する実証研究が望まれる。

【参考文献】

遠藤伸明・小川雅史（2020）「わが国における外国クルーズ船社誘致政策の展開と国際クルーズマーケットの変化」東京海洋大学研究報告第16巻，pp. 108－114。

沖縄総合事務局（2022）「OKINAWA Cruise Report（号外）～クルーズポートコンソー

シアム沖縄における統一した優先予約のご紹介～，令和 4 年 1 月18日」，https://
www.ogb.go.jp/kaiken/minato/OKINAWA_Cruise，2023年 7 月28日アクセス。

沖縄総合事務局（2023）「OKINAWA Cruise Report（号外）～クルーズポートコンソー
シアム沖縄における統一した優先予約の実施について～，令和 5 年 1 月17日，
https://www.ogb.go.jp/kaiken/minato/OKINAWA_Cruise，2023年 7 月28日アクセス。

嘉瀬英昭（2018）「クルーズ船観光客の行動に関する考察」日本国際観光学会論文集（第
25号），pp. 105 - 111。

川崎智也・轟朝幸・小更涼太・井口賢人（2017）「日本発着クルーズ客船観光の船体的
需要分析」土木学会論文集 D 3 （土木計画学），Vol. 73，No. 5 （土木計画学研究・
論文集第34巻），pp. I_ 799 - I_ 808。

川崎智也・井口賢人・兵頭知・轟朝幸（2018）「クルーズ客船観光の初回利用時に着目
した認知・検討・利用の態度変容分析」土木学会論文集 D 3 （土木計画学）Vol. 74，
No. 5 （土木計画学研究・論文集第35巻），pp. I_ 799 - I_ 807。

国土交通省（2018）「港湾の中長期政策「PORT 2030」～参考資料集」，https://www.
mlit.go.jp/common/ 001247414.pdf，2023年 7 月28日アクセス。

国土交通省港湾局（2022）「国際クルーズ運航に向けた現状について」，https://www.
mlit.go.jp/policy/shingikai/content/ 001572077.pdf，2023年 7 月28日アクセス。

酒井祐規・湧口清隆（2016）「外航クルーズ客船誘致活動における現状と課題」日本海
運経済学会『海運経済研究』50号，pp. 31 - 40。

佐々木友子・赤倉康寛（2020）「旅客特性を考慮した我が国におけるクルーズ船寄港に
伴う経済効果分析」土木学会論文集 B 3 （海洋開発），Vol. 76，No. 2，pp. I_ 13 -
I_ 18。

千相哲（2016）「訪日外国人観光客4000万人時代に備えた九州インバウンド：クルーズ
船寄港を例に」九州産業大学商学会『商経論叢』57 （3），pp. 55 - 70。

成実信吾（2015）「日本と米国のクルーズに関する論文の論旨整理と分類」日本国際観
光学会論文集（第22号），pp. 195 - 200。

登り山和希（2019）「クルーズ旅客が求める地方都市での寄港地観光の現状と問題点」
関西大学経済論集第68巻第 4 号，pp. 177 - 188。

圓田浩二（2018）「沖縄県宮古島におけるクルーズ船観光の現状と地域社会の変容」沖
縄大学法経学部紀要（28），pp. 25 - 38。

水野英雄（2017）「アジアにおけるクルーズ市場の拡大による外航クルーズ客船の日本
への寄港のクラスター分析」椙山女学園大学研究論集第48巻 （社会科学編），
pp. 121 - 130。

宮澤拓志（2013）「鹿児島における中国人クルーズ船観光と観光振興」地域総合研究第
40巻第 2 号，pp. 15 - 30。

兪炳強（2022）「沖縄におけるクルーズ船客の観光行動に関する統計的分析」『地域産業
論叢』第17集，pp. 71 - 89。

湧口清隆（2020）「外航クルーズ客船誘致政策の落とし穴」『人間社会研究』第17号，
pp. 67 - 90。

第 3 部

観光消費者の行動と地域ブランディング

第 9 章

観光ソーシャルメディア・プラットフォームにおけるZ世代のコンテンツ共有行動

An Analysis of Generation Z's Content Sharing Behavior on Tourism Social Media Platforms

原田優也

Yuya HARADA

はじめに

　2019年から始まった新型コロナウイルスの感染拡大は，世界中の産業に大きな混乱をもたらし，観光産業も例外ではなかった。世界各国での移動制限や外出の自粛ムードは，国際的な観光の流れを急速に減少させた。この影響は，とくに観光収入に大きく依存している国や地域の経済に大打撃を与えた。日本全体や地方都市は，地域独自の文化や歴史的背景，多様な気候と自然，先進的テクノロジーを持つ都市など，多彩な観光資源を魅力として大々的に観光キャンペーンを展開してきた。それゆえ，各地域ではインバウンド観光を経済の大きな柱として位置づけ，地域活性化に貢献する観光客誘致施策を進めてきた。しかしながら，新型コロナの影響で，これらの取り組みが中断したり，縮小する形となった。政府や観光関連団体は，この状況に対応すべく，多岐にわたる支援策を打ち出した。その中でも「Go To」キャンペーンシリーズは，国内消費を刺激するための主要な手段として注目された。これらのキャンペーンは，コロナウイルス収束後に低迷した地域産業を再活性化させるために，国内観光・

宿泊施設や飲食店，商店などに店舗休業補償制度を設けるとともに，国内消費者に利用クーポンを提供する施策を展開した。さらに，国の方針として，外国人観光客の受け入れ拡大に向けた取り組みが継続されている。観光資源の魅力を最大限に活かし，安全な観光環境を提供することで，インバウンド観光の回復を促進する方向性が示されている。このような状況の中で，観光産業の未来を見据える上で，新しいターゲットとしてＺ世代の観光客が注目されている。Ｚ世代は，デジタル技術とともに成長した世代であり，消費行動や価値観に特徴がみられる。スマートフォンやSNSの利用が当たり前となっており，旅行情報の収集からシェア，コミュニケーションに至るまでのスタイルがその上の世代とは大きく異なる。このため，観光業界としては，Ｚ世代向けのマーケティングやサービスの提供方法を再考する必要が出てきている。

　本稿では，これらの背景を踏まえて，Ｚ世代の観光に対するニーズや欲求，そしてその背後にある要因や価値観を詳細に探求する。そして，今後の沖縄観光産業が持続的に成長を遂げるための戦略的な提言を行うことを目的とする。

② Ｚ世代の観光消費行動とコンテンツ共有行動

1　Ｚ世代：特性と好み

　Ｚ世代という用語は近年，世界的によく使用されるようになってきている。日本では，2018年から「Ｚ世代」用語が現れ始め，一般雑誌や調査報告書，専門図書の中で，一般的な用語として使用されるようになった。2018年以前は，日本のＺ世代の年齢層がまだ低く，人口のボリュームが団塊世代，ポスト団塊世代，プレゆとり世代などのほかの世代に比べて相対的に小さかったことから，消費活動・単価消費の側面においては，あまり注目されてこなかった。日本のＺ世代は，「スマホ世代」という用語で表現され，彼らは，どこでもアクセス可能なインターネット環境を駆使して，日常生活においてほとんどの情報収集や処理をスマホで行っており，デジタルネイティブと言われている。デジタル

社会への適応力，とくにSNSの活用力は，Z世代の世界共通の特徴である。相澤（2022）によれば，Pew Research Centerの世代のカテゴリ分けとJTB総合研究所の定義を基に，日本のZ世代は1996年から1999年に生まれたとされている。2021年の日本の基準に従うと，このZ世代は，ミレニアム世代と同じく，バブル時代に生きた親世代の価値観を受け継いでいるとのことである（表1参照）。子供のころからスマホやインターネット，SNSを用いて自由にネットに接続してきたため，商品・サービスの情報をほぼ無償で手に入れることが可能であり，シェアリングなど商品の新たな利用方法の導入にも抵抗がないとされる。「自分たちは「ゆとり」世代ではないことにブランドを持つ」と特徴づけられている。世界のZ世代が全世界の人口の重要な部分を占めており，20億人以上に達すると見込まれる（日経MJ（流通新聞）2021）。

　アメリカでは，Z世代の推定購買力は約1,430億ドルであるとされ，その経済的存在感が注目されている（Sparks & Honey, 2018）。旅行業界において，Z世代の消費者は，真実味のある持続可能な旅行体験を求める傾向がみられることである（Fountain & Lamb, 2021）。Z世代は，価値観の多様化がみられる世代であるが，とくに，真実味，精神面での健康，及び幸福感を前の世代よりも重視する特徴がある（Seemiller & Grace, 2016）。この世代は，広範なインターネット接続とスマートフォンの普及した世界に生まれ，デジタル技術とソーシャルメディアに強い親和性を持っている。この技術に精通した世代は，多様な背景やグローバルな視点，真実味と個人化に対する強い欲求を持ち，世界に対して独自の見解を有している（Turner, 2020）。

表 1　ミレニア世代と Z 世代とは

世界	日本 (2021年基準)	年代 (2021年基準)	特徴
ミレニアル (1981－1996)	プレゆとり世代（1981－1988） （33～40歳）	20代中盤～30代	日本の景気が良かった時代を知らないため，現状に特に不満も持ってない世代。ただ先の見えない社会には不安を持っており，友人や仲間を大切にする傾向。Mixiや2ちゃんねるなどネットでの発言も広がった。
	ゆとり世代ミレニアム世代（1989－1995） （26～32歳）		プレゆとり世代同様に日本の景気が良かった時代を知らず，現状への不満は少ない。しかしバブル世代である親世代の価値観を共有し，ブランドなどを好む一面も。10代の後半からスマホ利用も多い。いわゆる「ゆとり教育」を受けた「ゆとり世代」とも重なる。
Z世代 (1997－2012)	Z世代（1996－1999） （22～25歳）	10代～20代中盤	ミレニアル世代同様に，バブル世代である親世代の価値観を共有する。子供のころからデジタル社会に適応し，シェアリングなど新しい経済の形にも抵抗がない。自分たちは「ゆとり」世代ではないことにブランドを持つ。

出所：相澤（2022），図 5 の一部修正

　また，Z 世代の特性は，彼らの旅行の好みに影響を与え，体験的な旅行や観光客の少ない目的地，さらには彼らの価値観と興味に合わせた個人化された体験を求めている（Euromonitor International, 2019）。その結果，Z 世代の旅行者は，没入感のある真実味のある体験を重視し，持続可能で責任ある観光を優先する（Jones et al., 2019）。彼らは地域環境に対する意識が高く，持続可能で責任ある観光活動に強い関心を持っている（Fountain & Lamb, 2021）。例として，Z 世代の旅行者は環境に優しい宿泊施設の選択やボランティア観光プログラムへの参加が多い。デジタルネイティブである Z 世代は，ソーシャルメディアに 1 日平均 6 時間以上を費やしている（Kim et al., 2020）。彼らは複数のソーシャルメディア・プラットフォームを同時に活用して，旅行情報の収集にこれらのプラットフォームを頻繁に利用している（Lu et al., 2020）。とくに，Z 世代の旅行者は新しい目的地の発見や旅行経験の共有のために，Instagram，TikTok，YouTube などを使用している（Hudson & Zhang, 2021）。したがって，ソーシャルメディア・プラットフォームは Z 世代の日常生活において不可欠なものであ

り，その依存度は彼らの旅行行動にも反映されている（Global Web Index, 2021）。

　日本におけるＺ世代の人口は2022年時点で，総人口の７分の１となる約1,800万人と推計され，総人口の15％を占める（マイナミ，2023）[1]。日本のＺ世代の特徴は，海外と共通してデジタルネイティブとSNSネイティブであり，情報を収集し，他人との共有や自らの発信を重視する価値観を共有している。SHIBUYA 109 Lab（2022）によるＺ世代の旅行・おでかけに関する意識調査によれば，今後行きたい旅行先TOP３は，国内の近場（76％），国内の遠方（57.5％），ヨーロッパ（27％）となっている。国内の近場（76％）の回答割合は2020年調査の回答より13.2％高くなり，順位が逆転する結果となっている。400名の回答者（男性：200名／女性：200名）の中で，旅行やお出かけをする際の

図１　日本のＺ世代の「映え」の変化

| | 2017年頃 | 2019年頃 | コロナ禍 | 2022年頃 |
| 映え1.0 | 映え2.0 | 映え3.0 |

映えの構成要素	２Ｄ映え （映え壁×人物）	３Ｄ映え （フォトスポット×人物）	４Ｄ映え （奥行のある背景×人物×情緒）
映えの作り方	平面の映え壁 の前で撮影	奥行のあるフォトスポット で撮影	好きな世界観を演出できる 映える場所を自分で探して撮影
ポイント	#加工で誇張 #カメラを意識	#自然な加工 #カメラ目線ナシ	#世界観に同化 #顔を写さない

出所：SHIBUYA109 lab.

相手選びの基準としては，「気が合う・性格が合う（91.8%）」，「行く場所の世界観や雰囲気と合う（75.1%）」「写真や動画を撮る熱量やテンションが同じ程度である（73.8%）」の回答が多い。また，Ｚ世代が親しい友達とお出かけや旅行に行く際に，旅行について知るきっかけとなった情報源は「Instagram（72.5%）」「動画配信サービス（53.8%）」「Twitter（46.5%）」「Google等の検索エンジン（44%）」がTOP 4 となっている。

とくにＺ世代の女性の「Instagram」利用率は86.5%と，男性よりも高いことがわかった。実際，親しい友達とお出かけを検討する際に参考している情報源としてはInstagram（52.5%），Google等の検索エンジン（37.3%），動画配信サービス（28.5%）がTOP 3 である[2]。また，Ｚ世代の女性が友達との旅行やおでかけを楽しむために，お金をかけるものは「ファッション（48.5%）」「化粧品（29.5%）」「美容院（20.5%）」がTOP 3 となっている。日本のＺ世代の男女別回答をみると，女性の約 8 割が旅行やおでかけの際に身だしなみや撮影に関する物に対してお金をかけていることがわかった。旅行中に友達と写真や動画を撮影する理由として，TOP 3 は「後日，思い出を思い返すために（73.5%）」「撮影する過程も楽しいから（39.5%）」「SNSに投稿して思い出を記録していきたいから（23.8%）」となっている。また，写真を撮影する際，「とりあえずたくさんの枚数を撮る（36.5%）」「空間の世界観が伝わるように引きで撮る（25.0%）」「自分の雰囲気を盛る（23.3%）」がTOP 3 となった[3]。図 1 は2017年頃から2022年までの日本のＺ世代の写真や動画の「映え」の変化を示している。

２　観光業界におけるソーシャルメディア

現代の観光業界において，ソーシャルメディアの影響力は増加している。とくに若い世代が，情報収集や共有の手段としてInstagram，TikTok，YouTubeなどのSNSプラットフォームを頼りにする傾向が高い。Ｚ世代の回答者の58%がソーシャルメディア・プラットフォームを通じて，新しい旅行先を発見しているという調査結果が，その影響の大きさを示していると言える（Global

Web Index, 2020)。これに加え，旅行者が目的地を選ぶ際に重要視する情報の多くが，ソーシャルメディア上のユーザー生成コンテンツ（UGC）となっている。旅行者がUGCに注目しているのは，友人・知人やフォローしている有名人やインフルエンサーからの情報が，商業的な広告や情報よりも信頼性や興味を引き起こす対象となっていることを意味する。写真や動画といった視覚的なコンテンツは，旅行の魅力を伝える上で非常に効果的であり，それによって目的地の魅力や特色を感じ取ることができる。例えば，Instagramはその場所の美しい風景や特色を伝える写真や動画の共有に適しているため，多くの旅行者がこのプラットフォームを利用して情報収集や共有を行っている。友人の投稿を見て，以前知らなかった観光地や施設の存在を知ることで，訪問を決意することも少なくない。また，観光地やホテル，レストランなどの施設に関するサービスのレビューや評価を簡単に得ることができるため，旅行計画の際の参考情報としても非常に有用である。他の利用者の実際の経験や感想を知ることができるため，旅行先のイメージと旅行者の「共感」が繋がり，旅行の「期待」と「現実」のギャップを減少させる助けとなる。このように，ソーシャルメディアは，情報の発信源としても情報収集ツールとしても欠かせず，現代の観光業界において旅行者の意思決定に大きな影響を与えている。

❸　観光ソーシャルメディア・プラットフォームにおける　　コンテンツ共有行動

　Ｚ世代の旅行者は，旅行先での発見と経験の共有において，ソーシャルメディアを中心に据えている。ミレニアム世代よりも，Instagram，TripAdvisor，TikTok，Snapchat，そしてYouTubeのようなプラットフォームを好んで使用する傾向がある。Instagramは，そのビジュアル中心のプラットフォームから，旅行者が訪れた場所の風景や体験を共有することに非常に適している。多くのＺ世代の旅行者は，その場所を訪れる前に，Instagramで他者の投稿を参考にするとHudson & Zhang（2021a）が指摘している。また，特定のハッシュタグを活用することで，興味を持つ観光目的地や観光アクティビティに関する情報

を手に入れることができる。TikTokは短い動画フォーマットとユーザーのクリエイティブなコンテンツが融合した新しい形式での旅行情報の共有を可能にした（Lu et al., 2020）。Sensor Tower（2021）の報告によると，TikTokは10億人以上の月間アクティブユーザーを誇っており，その多くが旅行関連のコンテンツを投稿または閲覧での利用となっている。YouTubeは長い歴史を持つプラットフォームであり，旅行者が自らの経験をVideo Blogging形式で共有する場として非常に人気がある（Global Web Index, 2021）。Munar & Jacobsen（2014）によれば，YouTubeは詳細な情報提供や旅行のヒントなど，他のプラットフォームでは得られない興味深いコンテンツを提供する場として利用されていると指摘している。また，旅行者は自らの経験を詳しく共有し，他者の意思決定をサポートするために，TripAdvisorのようなレビューサイトを使用することもある（Kavoura & Stavrianea, 2019）。これには，ホテルやレストラン，観光スポットの詳細なレビューや評価が含まれる。Z世代の旅行者はソーシャルメディアを通じての関与が高く，Lu et al.（2020）によれば，コンテンツの「いいね」やコメント，シェアを頻繁に行っており，これがコンテンツの可視性を高める要因となっている。この関与の高さは，旅行者が情報を求める際の信頼性や参考にする価値を高める重要な要素となっている。

4　コンテンツ共有行動に影響を与える要因

　Z世代のコンテンツ共有行動に影響を与える要因を理解することは，魅力的で共有可能なコンテンツを作成するために不可欠である。HudsonとZhang（2021b）によると，個人の興味，社会的な承認の欲求，コミュニティへの所属感は，Z世代がソーシャルメディアでコンテンツを共有する強い動機となっている（図2と図3）。観光ビジネスや地域観光組織（DMO[(4)]）は，これらの動機に共鳴するコンテンツを作成するべきである。Z世代の旅行者の興味を引き，彼らが経験をネットワークで共有することを奨励するような，エキサイティングなアクティビティや鮮やかな地元の文化，心を打つ風景を紹介する。

図2　「Z世代」「ミレニアム世代」の特徴の整理（旅行）

区分	ミレニアル世代	Z世代
旅行の目的やスタイル	自分の関心ごとをテーマとした旅行を選好 （行きたい場所，やりたいことが明確）	
	画一的な大衆観光より，多様でパーソナライズされた経験を選好	
	自慢できる，SNSなどで投稿できるような場所も選好	
	旅行中に冒険的な体験も選好	
	自己啓発を旅行目的にする傾向が強い	
	1人旅行も選好	
旅行に対する価値観	観光へ影響を考慮	
	コストパフォーマンスを重視	
	地域とのつながりを重視	
情報探索行動	オンラインが主な手段＋伝統的コミュニケーション手段（電話および雑誌など）	主にオンライン（スマートフォン，タブレット）
	知り合いの情報に対する信頼が高い	インフルエンサーの情報に対する信頼度が高い
		情報は事前に徹底的に検索（主にインスタで）
		リアルタイム双方向の情報交換をしたい傾向がある（必要な情報をリアルタームで得られること）
	情報の品質と真実性を重視	
情報共有		非日常，治癒，特別感を表現するため情報を発信
	オンラインレビューを読むが作成する傾向は少ない	オンラインレビューの作成にも積極的
移動手段	電車やバスの利用の割合が高い（価格面，同行者に気を使わないこと等が主な理由）	
	滞在先では環境にやさしい交通手段を使うことにも興味が深い	
技術活用	宿泊施設でのWi-Fi環境の充実を重視	
	宿泊施設の予約は主にオンライン	
	オンライン旅行にも肯定的	
コロナ禍での旅行意向	コロナ収束後，旅行に意欲的	コロナ収束後，旅行にもっとも意欲的（コロナ禍でも前向き）

関心ごとが明確　カスタマイズ　自慢　特別感　体験　自己啓発　1人旅行　コスパ　環境への影響　地域との関係　インスタ　リアルタイム　情報共有　Wi-Fi

出所：相澤美穂子（2022）「特集3　次世代観光地～「Z世代」「ミレニアル世代」が求める「経験価値」への対応」『観光文化252号』，日本交通公社，2022年2月，https://www.jtb.or.jp/tourism-culture/bunka252/252-06/

図3　「Z世代」「ミレニアム世代」の特徴の整理（価値観・ライフスタイル）

区分	ミレニアル世代	Z世代
自分自身について	日々の生活の充実度が高い	
	現在を重視（現在の幸せを追求）	将来を重視（未来価値を追求）
	楽観／理想主義	現実／実利主義
	Me重視	Me重視＋We重視
社会問題	平等，リベラルを重視	
	多様性を認め，個性を尊重	
	ジェンダーや社会問題に対しても興味関心が強い	
	真正性を重視	
	Z世代に比べボランティア精神は高くない	ボランティア活動に肯定的
働き方	安定感を重視	
	スキルアップを重視	スキルアップを重視（特に海外経験，イノベーションスキル，ボランティア等）
消費・体験活動	モノよりコトを重視	
	自身の意志に基づいた消費＋ブランド力	自身の意志に基づいた消費
	コスパを重視するが，主観的に価値のあることに高くても消費	コスパだけでなく，タムパも重視
	SNSの上皮に影響を受けて買い物する（特にインスタ）	SNSの情報に影響を受けて買い物をする（特にツイッター，インスタなど）
	商品の品質と入手しやすさを重視	
	シェアリンエコノミーに前向き	
コミュニティ・人間関係	人との交流を重視	
	仲間との関係・評価を重視	
技術活用・情報・メディア	日常でオンライン（特にSNS，You Tube）の使用時間の割合が高い	
	1つのSNSで複数のアカウントを使い分けている人の割合が高い	
	イメージにも慣れているが，テキストをベース	テキストよりイメージを選好（テキストをベースにした情報に比べ，動画や動像を通じた情報の習得力と理解力が高い）

自分らしさ
平等　リベラル
真正性　利便性
個性・自分のスタイル
多様な価値観
イメージ情報
コスパ　タムパ
コンテンツ共有
情報拡散
SNS

出所：図2と同じ

　視覚的魅力：Z世代は視覚的に情報を処理する特長を持ち，Instagramや TikTokのようなプラットフォームは，彼らのコンテンツ消費において重要な 役割を果たしている（Lu et al., 2020）。したがって，観光関係者は，この層の 注意を引きつけるような視覚的に魅力的なコンテンツを作成することが重要で ある。高品質な画像や没入感のあるストーリーは，Z世代の旅行者を引き付け， 実際に観光地を訪れた際の経験の共有化を促すと考えられる。

ユーザー生成コンテンツ（UGC）：Z世代の旅行者は，旅行先の意思決定のためにUGCに頼る可能性が高く評価しており（Morrison et al., 2019），Instagram やTripAdvisorなどのプラットフォームに寄せられた他の旅行者のレビューや写真，動画を頻繁に視聴している。UGCの露出が強力なマーケティングツールとして機能する可能性があり，したがって，観光ビジネス業者やDMOは，ゲストや訪問者によるUGCの作成と共有を推奨することが望ましいであろう。

インフルエンサー・マーケティング：インフルエンサーの意見は，伝統的な広告よりも信頼性が高いため，Z世代の旅行選択に大きな影響を与えている。観光関係者は，自分たちのブランド価値と一致し，Z世代のオーディエンスに効果的に到達し，エンゲージすることができるインフルエンサーとのコラボレーションを検討することが望まれる。例えば，宿泊施設は，サステイナビリティの視点を持つ旅行インフルエンサーと提携することで，宿泊施設のエコフレンドリーな取り組みを紹介できる。観光ビジネス業者やDMOは，インフルエンサー・マーケティングを活用することで，Z世代の旅行者に共感を呼び起こすような，真実味のあるコンテンツを作成することができ，アフター・パンデミック時代の旅行に関する好みや旅行先の選択を促すと考えられる。

社会的検証：Z世代は，仲間からの意見やフィードバックを非常に重視している。彼らは，友人，家族，同僚からのおすすめやレビューを頻繁に参照することが知られている。したがって，旅行関連ビジネス業者やDMOは，ビジターの声を取り入れ，誠実に共有することで，Z世代の信頼と関心を獲得することができる（Smith & Brower, 2020）。

体験型マーケティング：Z世代は物質的なものよりも経験を重視している。彼らは自らの経験をSNSで共有することで，他者とのつながりを強化する傾向があるとされている（Pine & Gilmore, 2019）。したがって，旅行関連ビジネス業者やDMOは，Z世代が彼らのブランドやサービスを実際に体験し，感じ取ることができるマーケティング戦略を立案することが非常に重要である。

テクノロジーの活用：Z世代はテクノロジーに精通しており，ARやVRのような新しいテクノロジーを利用したコンテンツや体験を求めている。これら

の技術を活用し，彼らに魅力的かつ独自のコンテンツを提供することで，関心を引き付けることが可能であるとされている（Chaffey & Ellis-Chadwick, 2019）。

 ## Z世代の観光消費行動向け沖縄観光のマーケティング戦略

　Z世代の特徴及び観光消費行動を踏まえ，沖縄観光におけるマーケティング活動を考察する。Z世代はデジタルネイティブとして急成長しており，主にネットサーチやSNSで情報を収集し，情報の共有と拡散を経て購買意欲を高めている。以下はZ世代の消費行動に影響を与える主なマーケティング戦略である：(1) デジタルファーストのアプローチ，(2) エコツーリズムの強化，(3) 体験型ツーリズム，(4) コミュニティ形成，(5) 技術統合の活用，(6) ローカルカルチャーの尊重，(7) アートとエンターテインメントを概説する。各マーケティング戦略の詳しい事例は表2に記載されている。

　(1)　**デジタルファーストのアプローチ**：Z世代は情報の収集や意思決定をデジタルプラットフォーム上で行う傾向があり，とくにInstagramやTikTokなどのSNSでの情報共有が活発である。沖縄の観光業がデジタルプラットフォームを効果的に活用し，拡散・シェアしやすいコンテンツを提供することが，Z世代のコンテンツ共有行動を刺激し，沖縄の魅力を拡散する手助けとなるであろう。

　(2)　**エコツーリズムの強化**：持続可能な観光活動やエコツーリズムへの参加は，Z世代にとって共有価値が高いコンテンツとなるであろう。彼らが体験したエコツーリズムの内容や感想をSNSに投稿することにより，同世代に沖縄の持続可能な魅力を伝える可能性が高まる。

　(3)　**体験型ツーリズム**：Z世代は独自の体験や学びを重視しており，その体験をSNSで共有する傾向がある。沖縄の文化や伝統を深く体験する活動は，彼らのSNSでのシェアリングポイントとなり，沖縄観光の魅力を拡散する要因となるであろう。

　(4)　**コミュニティ形成**：Z世代は他者とのつながりを重視し，そのコミュニケーションの場としてSNSを活用している。観光地での特別なイベントやミートアップは，彼らがSNS上での経験や感想を共有する材料となり，沖縄の観光地としてのブランドイメージの強化が期待できるであろう。

　(5)　**技術統合の活用**：Z世代はARやVRなどの新しい技術への適応性が高い。これらの技術を取り入れた観光体験プログラムは彼らの関心を引き付ける要素となり，沖縄の観光地でARを用いたガイドツアーやVRを通じた事前体験などを提供することで，Z世代の訪問前の期待を高め，SNSでのシェアを促進するであろう。

　(6)　**ローカルカルチャーの尊重**：Z世代は地域の文化や伝統を尊重し，真のローカル体験を求めている。沖縄の伝統的な生活や文化に触れることができる観光プログラムや体験を提供することで，Z世代の心に残る観光体験が向上し，SNSでのシェアが刺激されるであろう。

　(7)　**アートとエンターテインメント**：Z世代は音楽，アート，映画などのエンターテインメントに深い関心を持っている。そのため，沖縄独特のアートや音楽イベントを積極的に紹介・提供することは，Z世代の関心を引きつけ，SNSでのシェアを増加させるポイントとなるであろう。

　以上，これらの一部の戦略は，Z世代の観光消費行動を刺激し，沖縄観光の魅力を広めるための提案として挙げられている。沖縄観光のZ世代向けマーケティング戦略は，Z世代のデジタル利用傾向や価値観を中心に複数のキーポイントを設定する。主要戦略は，デジタルでの情報共有を促進する「デジタルファーストのアプローチ」，環境への配慮を反映した「エコツーリズム」，沖縄の文化や伝統を体験する「体験型ツーリズム」，SNSを通じたコミュニティ形成，新技術を活用した観光体験「技術統合の活用」，地域の真実の価値を提供する「ローカルカルチャーの尊重」，そしてエンターテインメントの要素を強化した「アートとエンターテインメント」である。これらの戦略はZ世代の関心や行動傾向に合わせ，沖縄の魅力を効果的に伝えるための方針として提案さ

表2　Z世代向け沖縄観光マーケティング戦略

戦略	Z世代と各戦略の一部の事例
(1) デジタルファーストのアプローチ	◆**沖縄バーチャルツアー**：高品質の360度カメラを使用して沖縄の主要な観光スポットを撮影し，Z世代のユーザーが自分のペースで観光できるバーチャルツアーを提供する。観光スポットや名産店で，特定のQRコードを読み取るとZ世代向けの特典や情報が手に入るキャンペーン。 ◆**AR宝探しゲーム**：Z世代が大好きなスマートフォンのAR技術を利用し，沖縄の各地で宝探しゲームを楽しむことができるアプリを開発する。 ◆**SNS専用のフォトスポット**：InstagramやTikTokでの投稿を目的とした，独自性のあるフォトスポットを設置し，観光客を引きつける。インスタグラムやTikTokでのハッシュタグキャンペーンを行い，参加者に沖縄旅行の割引などの特典を提供。 ◆**ライブストリーミングイベント**：地元のアーティストや文化イベントをライブストリーミングし，Z世代の視聴者を対象として観光プロモーションを行う。Z世代から人気のあるインフルエンサーを招待し，沖縄での観光体験をSNSで共有させる。 ◆**インタラクティブウェブサイト**：Z世代に適したインタラクティブなウェブサイトを作成し，観光情報，予約システム，レビューセクションなどを統合する。沖縄の観光地で，スマホを通してARを利用した情報提供やゲームを体験できるサービス。
(2) エコツーリズムの強化	◆**サンゴ礁の保護活動**：サンゴ礁の再生や保護に関連するワークショップや活動を提供し，Z世代の環境意識の高さをターゲットにする。 ◆**エコロッジ**：持続可能な建築技術とエコロジカルな運営手法を取り入れた宿泊施設を提供。持続可能な観光活動の写真をSNSで共有し，最も注目を集めた投稿に賞品を提供。 ◆**ネイチャーガイドツアー**：専門家による自然や生態系のガイドツアーを提供し，自然環境の重要性や珍しい動植物について学ぶ機会を提供する。 ◆**環境教育プログラム**：地域の学校や団体と連携して，環境教育のプログラムやワークショップを開催する。Z世代と地域住民との協力でビーチのクリーンアップ活動を行う。 ◆**エコフレンドリーな交通手段**：エコフレンドリーなバスやレンタル自転車，電動スクーターなどの交通手段を推奨・提供する。持続可能な方法で沖縄の自然を体験するガイド付きハイキングツアー。
(3) 体験型ツーリズム	◆**沖縄料理のクッキングクラス**：地元のシェフと協力し，沖縄の伝統的な料理を学ぶクッキングクラスを開催する。伝統的な料理を学びながら，現地の食材を使用して料理を体験。 ◆**伝統的な芸能体験**：沖縄の伝統的な音楽や舞踊を学ぶワークショップを提供する。地元のダンサーから沖縄の伝統的な舞踊を学ぶ。 ◆**手作り工芸体験**：沖縄独特の工芸品作りの体験ワークショップ，例えば，紅型（びんがた）やガラス細工などの伝統的な手芸を体験。 ◆**村のホームステイ**：地域の住民と連携して，Z世代が地域の生活を直接体験できるホームステイプログラムを設ける。 ◆**沖縄の歴史ツアー**：沖縄の歴史や文化に関するガイドツアーを提供し，戦争の歴史や伝統的な生活様式について学べる内容にする。三線（さんしん）の演奏や歌のワークショップ。専門家と一緒に沖縄の歴史的な遺跡を探索するツアー。
	◆**Z世代限定のイベント**：Z世代のみを対象とした特別なイベントやフェスティバルを開催する。沖縄を訪れるZ世代を対象にしたアンバサダープログラムを立ち上げ，彼らに沖縄の魅力をSNSで共有してもらう。

(4) コミュニティ形成	◆SNSコミュニティの設立：Ｚ世代を対象としたSNS上のコミュニティを設立し，沖縄の観光情報やイベント情報を共有する。Ｚ世代専用のSNSグループやフォーラムを設け，情報共有や交流を促進。 ◆Ｚ世代向けのワークショップ：Ｚ世代の興味や趣味をターゲットにしたワークショップを開催する。特定のスポットでの写真撮影を楽しみながら，SNSで共有させるイベント。 ◆地域との協力：地域の住民や団体と連携して，Ｚ世代向けのイベントや活動を計画・実施する。地域の住民がＺ世代の観光客をガイドし，地元の視点で沖縄文化，社会，歴史などを紹介するプログラム。 ◆沖縄文化紹介のセミナー：沖縄の歴史，文化，伝統に焦点を当てたセミナーや講演を提供する。地元の住民との交流を深めるためのパーティーやイベントを開催。
(5) 技術統合の活用	◆沖縄の城や遺跡をARで探索：訪問者はスマートフォンを利用して歴史的な場所を探索し，ARを通じてその場所の歴史や背景情報をリアルタイムで学ぶことができる。 ◆VRでの伝統的な祭り体験：訪問者はVRヘッドセットを通じて，沖縄の伝統的な祭りやダンスを360度の映像で体験することができる。 ◆伝統的な工芸品作成のデジタルチュートリアル：Ｚ世代の訪問者はタブレットやスマートフォンで伝統的な工芸品の作成過程をデジタルで学びながら，実際に作品を作成させる。 ◆AIガイドとの対話型観光ツアー：AI技術を活用して，訪問者の質問にリアルタイムで応答するガイドを提供。訪問者は自分の興味に合わせて情報を得ることができる。 ◆ジオキャッシング活用の宝探しイベント：GPS技術を活用した宝探しイベントを開催し，訪問者は沖縄の隠れた名所を探し出しながら観光を楽しむことができる。
(6) ローカルカルチャーの尊重	◆沖縄の伝統的な音楽やダンスのワークショップ：訪問者は三線の演奏や伝統的なエイサー踊りを直接学ぶことができる。 ◆ローカルの家庭での食事体験：地元の家庭との交流を通じて，沖縄の伝統的な料理や生活スタイルを深く体験することができる。 ◆伝統的な染物や陶芸の体験：訪問者は沖縄の伝統的な染物や陶芸技法を直接学び，自分だけのオリジナル作品を作成することができる。 ◆歴史的な村や家屋のツアー：訪問者は伝統的な沖縄の生活様式や建築を直接体験し，その歴史や文化を深く理解することができる。 ◆ローカルフェスティバルへの参加：沖縄各地で開催される季節の祭りやイベントに参加し，地元の人々と直接交流することで，真のローカル体験を得ることができる。
(7) アートとエンターテインメント	◆沖縄の現代アートギャラリーツアー：沖縄の現代アートシーンを紹介するギャラリーや展示会を巡るツアーを提供。 ◆沖縄映画祭への参加：沖縄を舞台にした映画やドキュメンタリーを鑑賞し，その後のディスカッションやワークショップに参加する。 ◆ライブミュージックバーでの地元アーティストのパフォーマンス：沖縄の伝統的な音楽や現代のポップミュージックを楽しむことができる。 ◆沖縄のストリートアートツアー：ストリートアートやグラフィティを巡るツアーを通じて，沖縄のアートシーンの裏側を体験する。 ◆伝統的な演劇やパフォーマンスの鑑賞：沖縄の伝統的な物語や演劇を観劇することで，地域の文化や歴史に深く触れることができる。

れている。

 お わ り に

　Ｚ世代は，今後，観光業界やほかの消費市場をけん引するであると言われている。この世代は，独自の消費行動や価値観を持っており，企業やマーケターに新たな挑戦をもたらしている。そのため，Ｚ世代の好みや行動パターンに合わせて既存のマーケティングツールを適応させるだけでなく，将来の市場動向を先取りして，企業構造そのものを見直し，変革する必要がある。Ｚ世代の特性や価値観を深く理解することは，新しい市場戦略を立案する上での鍵となる。事業戦略や商品・サービスの開発だけでなく，ブランディングやコミュニケーションの方法においても，Ｚ世代の視点を取り入れることが必要である。これにより，競争相手との差別化を図りながら，Ｚ世代の関心や需要に応えるサービスを提供することが可能となるであろう。また，Ｚ世代からのフィードバックや意見を取り入れ，継続的なコミュニケーションを維持することにより，効果的な製品やサービスの提供が可能となる。持続的な関係を築き上げることが，長期的な成功を実現するための土台になるといえるだろう。

【注】
(1)　マナミナ（2023年 8 月31日公開）によれば，世界のＺ世代の人口は約24億人であり，世界人口（2020年，約77億人）の32％である。
(2)　他の参考にしている情報はTwitter（26％），友達・家族からのおすすめ（23％），テレビ（19.3％），Googleマップ等の地図アプリ（16.8％），TikTok（16.0％），まとめサイト・アプリ（Lemon 8 等）（16.8％），雑誌・ガイドブック（11％），インフルエンサーからのおすすめ（6 ％），Pinterest（3.3％），その他（1.5％）と情報収集はしてない（5 ％）（SHIBUYA 109 lab（2022），閲覧日：2023年 5 月 5 日
(3)　SHIBUYA 109 labのアンケート調査は2022年 5 月 6 日（金）～2022年 5 月 9 日（月）までWEBアンケートで実施され，対象者の年齢は18～24歳まで。閲覧日：2023年 7 月 8 日
(4)　DMOはDestination Management Organizationの略であり，特定の目的地の観光を促進するために，その地域の観光資源や魅力を広くアピールする役割を果たす組織や

機関である。日本観光庁のDMO定義は以下の通りである。『地域の「稼ぐ力」を引き出すとともに地域への誇りと愛着を醸成する「観光地経営」の視点に立った観光地域づくりの舵取り役として，多様な関係者と協同しながら，明確なコンセプトに基づいた観光地域づくりを実現するための戦略を策定するとともに，戦略を着実に実施するための調整機能を備えた法人』

【参考文献】

相澤美穂子（2022）「特集3　次世代観光地〜「Ｚ世代」「ミレニアル世代」が求める「経験価値」への対応」『観光文化252号』，日本交通公社，2022年2月。https://www.jtb.or.jp/tourism-culture/bunka 252/252-06/

観光庁，「観光地域づくり法人（DMO）とは？」https://www.mlit.go.jp/kankocho/page 04_000048.html

SHIBUYA 109lab.（2022）「Ｚ世代の旅行・おでかけに関する意識調査」，配信：2022年6月14日。https://shibuya 109lab.jp/article/220614.html

波潟郁代（2021）「社会や消費のあり方を変えるＺ世代（10代後半から20代前半）の影響力と旅のあり方について」JTB総合研究所。https://www.tourism.jp/tourism-database/column/2021/12/generation-z

日経MJ（流通新聞）「共感」の隠し味，調合中──手軽なエシカル商品やレトロ体験，「企業目線は伝わらぬ」自覚（Ｚの時代）」，掲載：2021／08／30。

日経速報ニュースアーカイブ「Ｚ世代の共感，エシカルやSNSで食品・飲料各社が奮闘」，掲載：2021／09／04。

マナミナ「Ｚ世代とは？年齢や特徴，Ｘ世代・Ｙ世代からα世代までの違い総まとめ」，2023年8月31日公開。https://manamina.valuesccg.com/articles/2123

Cahyanto, I., Pennington-Gray, L., Thapa, B., Srinivasan, S., Villegas, J., Matyas, C., & Kiousis, S.（2016）. Sharing preferences in tourism social media platforms：A comparison of Facebook and Pinterest users' motivations and activities. Journal of Hospitality and Tourism Technology, 7(3), 211−227.

Chaffey, D., & Ellis-Chadwick, F.（2019）. Digital Marketing：Strategy, Implementation, and Practice. Pearson UK.

Euromonitor International.（2019）. Travel trends and preferences of Generation Z. Euromonitor Research Report.

Fountain, J., & Lamb, C.（2021）. Sustainable travel behaviors of Generation Z.Journal of Sustainable Tourism, 29(4), 523−541.

GlobalWebIndex.（2020）. Daily social media usage of Generation Z.GlobalWebIndex Annual Report. https://www.gwi.com/reports/global-trends-among-gen-z

GlobalWebIndex.（2021）. Social media platforms preferred by Gen Z travelers. https://www.insiderintelligence.com/content/gen-z-preferred-social-platforms/

GlobalWebIndex.（2021）. The indispensable role of social media in the life of Generation Z.

London, UK：GlobalWebIndex. https://www.gwi.com/reports/global-trends-among-gen-z

Gretzel, U., Yoo, J., & Purifoy, R. L.（2011）. Social media in the tourism industry：User-generated content and its implications.Journal of Travel Research, 50(5), 509－520.

Hudson, S., & Zhang, J.（2021a）. The impact of visual platforms on Gen Z's travel behaviors. Journal of Travel Research, 60(1), 3－18.

Hudson, S., & Zhang, J.（2021b）. Personal interests and social motivations driving Gen Z's content sharing on social media. Journal of Hospitality and Tourism Management, 46, 1－10.

Instagram.（2021）. Instagram advertising and marketing-statistics & facts | Statista.

Jones, R., Smith, L., & Williams, G.（2019）. The immersion experience：How Generation Z travelers choose their destinations. Journal of Travel Research, 58(5), 783－796.

Kavoura, A., & Stavrianea, A.（2019）. Social engagement in the travel sector：Insights from Gen Z. In Strategic Innovative Marketing and Tourism（pp. 15－20）.

Kim A., McInerney, P., Smith, T. R. & Yamakawa, N.（2020）. What makes Asia-Pacific's Generation Z different?. McKinsey&Company. https://www.mckinsey.com/capabilities/growth-marketing-and-sales/our-insights/what-makes-asia-pacifics-generation-z-different#/

Lu, J., Choi, A., & Lee, D.（2020）. Social media platforms and travel behaviors：Insights from Generation Z. Journal of Digital Media and Tourism, 12(3), 243－259.

Lu, Y., Li, J., & Zhang, Y.（2020）. TikTok and Instagram as game changers：Understanding Gen Z's travel content consumption. Journal of Travel & Tourism Marketing, 37(8), 1041－1054.

Morrison, A., Hsieh, S., & O'Leary, J.（2019）. The reliance of Gen Z travelers on user-generated content. Journal of Hospitality and Tourism Technology, 10(4), 649－6651.

Munar, A. M., & Jacobsen, J. K. S.（2014）. The influence of social media on travel planning. In Z. Xiang & I. Tussyadiah（Eds.）, Information and Communication Technologies in Tourism 2014（pp. 87－99）.

Pine, B. J., & Gilmore, J. H.（2019）. The Experience Economy：How experiences trump material possessions for Gen Z. Harvard Business Review Press.

Smith, A., & Brower, S.（2020）. The power of authenticity in travel marketing. Journal of Travel Research, 59(3), 403－416.

Seemiller, C., & Grace, M.（2016）. Generation Z goes to college. Jossey

李　相典

Sangjeon LEE

ワーケーション観光市場の現状と沖縄の成長可能性

第10章

The Current Status of the Workacation Tourism Market and Okinawa's Growth Potential.

1 はじめに

　休暇旅行を経験した人は幸福感（Sense of Well-Being）を感じることになる。休暇に出かけることは，通常の出来事から明確に離れることを意味し，その経験は人の主観的幸福感の通常のレベルを変えるポジティブな効果をもたらす（Gilbert and Abdullah, 2004）。過去，休暇を通じての旅行というのは，人々にとって日常生活の中でたまに得られる特別なチャンスとして考える傾向があった。しかし，情報通信技術の革新的な発展により，仕事に関する概念と価値観の変化，そして働き方の多様な形の登場など，急激な環境変化が行われている今の時代は仕事と休暇の境界が崩される新たなトレンドが始まっている。

　2010年代前半に欧米の大手メディアが使い始めた「ワーケーション」とは仕事（Work）と休暇（Vacation）という２つの用語によって作られた新造語であり（天野，2018），これは現代の人々の人生価値観が「仕事と日常生活とのバランス（Work-Life Balance：WLB）」に価値を付与するトレンドに基づく。つまり，ワーケーションのトレンドは，2020年世界を打撃した「コロナ19パンデミッ

ク」を起点としリモートワークの形が急に普及され，全世界的に拡散されている新たな潮流であり，これは観光ビジネスにおいてこれまでとは異なる新しい観光市場の登場を意味すると言えよう。

　日本政府は2017年から「柔軟に働く形態の改革」の一環として「テレワーク（Tele + Work）」の導入を推進し，コロナ19が始まった2020年以降からは総務省，環境省，厚生労働省，国土交通省，経済産業省，観光庁など，政府の重要機関でテレワークの拡散のための多様な支援方針と施策を推進している。このような日本政府の方針と施策は今後国内ワーケーション観光市場の成長を期待できるような要因であり，実際，矢野経済研究所の「2022年ワーケーション市場に関する調査」によると，2020年700億円のワーケーション市場は2023年1,084億円まで成長すると予測されている（矢野経済研究所，2022.9.14.）。

　ワーケーションというトレンドがCOVID-19の流行による期限切れの短期的な現象なのか，それとも未来仕事を反映する新モデルなのかがまだ不明である（Yamane, 2021）が，エンデミック時代を迎える現時点において，沖縄の中長期的観光振興のためにはワーケーション観光トレンドが機会になるかもしれない。それゆえに，本稿では，ワーケーション観光の基本概要と特徴，現時点での状況，そして国内・外の各種政策と支援の事例を調査しまとめることで，今後の沖縄のワーケーション観光ビジネスのための示唆と方向を考えてみる。

② ワーケーションの概念と現状

１　ワーケーションの概念

　初期仕事と休暇の組み合わせという単純な言葉としてのワーケーションの意味をPecsek（2018）は「観光客がレジャーまたはビジネスとレジャーのいずれかの動機で旅行し，現代の技術により，自宅から離れて仕事とレジャー活動の両方を行うハイブリッド型の観光」と定義した。この定義は仕事，レジャー，そして旅行の組み合わせが自発的に行われる「デジタル・ノマディズム（Digital

Nomadism)」の概念とともに観光客の内的（例：仕事中毒，テクノロジー中毒）または外的（例：仕事量が多い局面）な制約要因によって生じる観光形態もカバーする，より包括的な概念を確立したことである。

　一方，Bassyiouny and Wilkesmann（2023）はICTによって可能になった「リモートワーク」現象がワークプレイスをグローバルに分散させるようになり，それによって現れた新たな観光形態または観光行動を「ゴーイング・オン・ワーケーション（Going on Workation）」と定義した。彼らは，「ゴーイング・オン・ワーケーション」に参加するタイプを「デジタルノマド」と「ワーケーショナー（Workationers）」の2つのグループに区別し，ワーケーショナーという用語は，ビジネスとレジャーの目的で自宅を離れて働くが，デジタルノマドのように行動したり認識したりしない個人観光客をカバーする概念として提案している。

　日本で，ワーケーションという言葉は，休日に働くモードを表す言葉として2017年ごろからメディアで紹介された。しかし，欧米でフリーランサーなどの個人ワークスタイルの概念とは異なり，日本では研修の種類としてのワーケーション，そして地域との密接な関係を通じて，創造性，学習，内省を高めることを目的とする観光形態として呼ばれるなど，ワーケーションの概念が独自の方向性を見せている（Yoshida, 2021）。例えば，日本交通省（2018）の「白書」ではワーケーションを「ワーク（仕事）とバケーション（休暇）のことを言い，長期滞在先でパソコンなどを使って仕事をすること」，ワーケーション自治体協議会（2019）では「テレワークを活用し，普段の職場から離れ，リゾート地等の地域で，普段の仕事を継続しつつ，その地域ならではの活動を行うこと」と定義している。

　ワーケーションに関する主要定義は次の表1のようである。国外はワーケーション現象から概念的で理論的な観点で捉えている反面，国内はワーケーションの観光行動的な特徴に基づき，それを実際実務的な側面からアプローチしようとする違いがある。

表1　ワーケーションに関する主要定義

区　分		定　義	備　考
国外	Pecsek (2018)	観光客がレジャーまたはビジネスとレジャーのいずれかの動機で旅行し，現代の技術により，自宅から離れて仕事とレジャー活動の両方を行うハイブリッド型の観光	理論的
	Bassyiouny & Wilkesmann (2023)	ICTによって可能になった「リモートワーク」現象がワークプレイスをグローバルに分散させるようになり，それによって現れた新たな観光形態または観光行動	
国内	日本交通省 (2018)	ワーク（仕事）とバケーション（休暇）のことを言い，長期滞在先でパソコンなどを使って仕事をすること	実務的
	ワーケーション 自治体協議会（2019）	テレワークを活用し，普段の職場から離れ，リゾート地等の地域で，普段の仕事を継続しつつ，その地域ならではの活動を行うこと	
	天野 (2018)	テレワークの活用などにより，リゾート地や地方などの普段の職場とは異なる場所で働きながら休暇取得などを行うもの	

出所：各種資料をもとに筆者作成

❷　ワーケーションの位置付け

　ワーケーションの基本的な仕組みは「従業員が会社に申請した後，許可を得て通常の勤務地や自宅とは異なる場所で，リモートワークを通じて仕事を尽くすこと」である。ワーケーションにより，企業には「勤務スペースの提供に関する自由度（柔軟性）を高めるチャンス」を，従業員には「自分の仕事に関する時間活用の自由度（柔軟性）を確保するチャンス」を得られる。観光客特徴による，観光市場の観点からみると，ワーケーション観光客は中長期・滞在型の観光客であり，一部のプリージャー観光市場とデジタルノマド観光市場を含む（図1）。今後ワーケーション観光市場の規模はビジネス観光市場ほど成長していく可能性が観測されている（韓国MICE観光学会，2021）。

　ワーケーションの意味に対して，Matsushita（2021）は社会的価値，ビジネス的価値，地域的価値，そして参加者の価値を言及している。まず，英米や日本などの先進国で法的改革を通じた長時間勤務などの労働環境の変化を引き起こすことにワーケーション・トレンドが影響を与えていることが「社会的価値」である。続いて，企業の人的資源管理の観点から従業員に新たなモチベーションを与え，それによるイノベーションまたは創造的人材の育成・雇用など，ポジティブな成果につながることが「ビジネス的価値」である。一方，ワー

ケーション支援政策により，既存観光資源に新たに魅力的な施設やインフラが加わり，地域観光の活力を吹き入れることが「地域的価値」であり，最後に比較的中長期的な滞在傾向を見せるワーケーション参加者は，新しい経験を通じて自分の人生で新しい活力を得られることになるのが「参加者の価値」である。

図1　ワーケーションのポジショニング

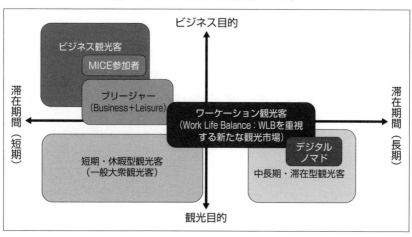

出所：韓国MICE観光学会（2021）に基づき，筆者編集

❸　ワーケーション観光市場

　全世界を対象とした「ワーケーション観光市場」に関する具体的に集計または調査されたデータはまだ報告されていない状況である。しかし，ワーケーションに参加可能な予備需要市場により，今後の拡大や成長可能性を見越すのはできる。例えば，McKinsey & Company（2021）の「The future of work after COVID-19」という報告書では「パンデミックにより，リモートワーク，eコマース，オートメーションといった既存のトレンドを加速させ，職業転換を必要とする労働者がこれまでの推定より最大で25％増加した」と言う。この中でリモートワークの増加のトレンドは今後のワーケーション観光市場とつながる。つまり，ワーケーション観光市場の母集団はリモートワーク労働者を

ベースに考えることが不可欠である。

　コロナ19が始まった2020年度，今後アメリカのすべての仕事の中でおよそ34％がリモートワークに転換される可能性が高いと評価された（Dingel and Neiman, 2020）。リモートワークの増加と合わせて2020年度グローバル・リサーチ会社である「Statista社」のLópez（2020）が調査した「今年の夏，ワーケーション観光への参加意図」の結果は今後のワーケーション観光市場の拡大と成長可能性を見せている。調査対象国の中で，タイを除く主に欧米の市場から調査した結果では，19％から39％までの参加意図を見せている。これは前述した欧米のリモートワークの拡散予測率と等しい水準であり，リモートワークの拡大により，ワーケーション観光市場も成長して行くと予測できる根拠となる。

図2　2020年度夏ワーケーション観光への参加意図（国家別）

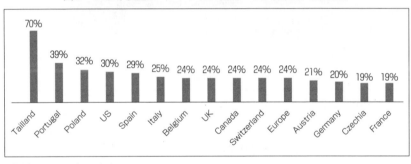

出所：López（2022）

　国土交通省（2022）から調査されたデータをみると，日本国内のテレワークの状況は2016年から徐々に増加し，2021年自営型は27.0％，雇用型は27.3％を見せている。これは欧米のフランスやドイツのテレワーク割合と類似な水準である。企業規模別のテレワーク制度の導入割合をみると，1,000人以上大企業の場合，2020年と2021年には50％を超えている。この状況はコロナ19のエンディング時代になると，減少される可能性が高いが，過去と比べてテレワークに関する国内での認識が拡大されていることは間違えていない（図3）。

図3　日本のテレワーカーの状況

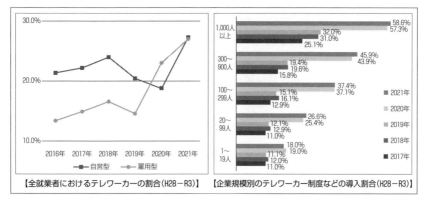

【全就業者におけるテレワーカーの割合（H28－R3）】　　【企業規模別のテレワーカー制度などの導入割合（H28－R3）】

出所：国土交通省（2022）

③　国内外のワーケーション政策支援と観光商品

　世界の各国では，多少の違いはあるが，それぞれのデスティネーションがリモートワーカーに独自のインセンティブを提供していることは共通的に現れている。コロナ19の以降，米国，欧州，アジア地域のいくつかの国におけるワーケーションのための政策的支援の特徴をまとめると次のようである。

1　米国の政策支援と観光商品

　米国は2010年度「テレワーク強化法（Telework Enhancement Act of 2010）」を制定・公表した国であり，米連邦政府人事管理局（Office of Personal Management：OPM）が政策全般を担当する。OPMの指針とマニュアルに基づき，連邦政府と各州政府では多様な政策を樹立し，ワーケーション観光商品は民間企業で開発及び販売を実施する体系を構築している。ハワイやフロリダなどの人気観光地では，従来のバケーションに加え，ワーク施設を備えたパッケージが数多く提供されている。

　ワーケーションと関連した「政策支援」をみると，米国政府はリモートワー

カーを誘致するためのいくつかのインセンティブを導入している。例えば，ハワイでは「リモートワークビザ」制度があり，最長で1年間ハワイに住みながら仕事をすることができる。さらに，米国政府はデジタルノマドのビザ取得を容易にし，長期間の居住と就労を可能にしている。このような政策に合わせて，複数の旅行会社がワーケーションのトレンドに乗じ，リモートワーカー向けのパッケージを提供している。また，多くのホテルやリゾートでは，コワーキングスペース（Coworking Space）や高速インターネットを設置するなど，ワーケーションを楽しむ人たちを惹きつける工夫が進まれている。

表2　米国の主要インバウンド・ワーケーション・デスティネーション

	ペンシルバニア州 ピッツバーグ	コロラド州 デュランゴ	ニューメキシコ州 サンタフェ	北部 カリフォルニア
地域特徴	・過去鉄鋼工業産業の中心地。 ・Google，Amazon，MSの本社が位置	・19世紀金鉱産業のために開発された都市 ・コロラド州の主要都市であるが，観光資源が多くない	・暖かい気候のワーケーション観光地 ・米国で有名な休暇観光地	・純粋な自然を楽しめるキャンピング型のワーケーション観光地
支援	・歴史的建物を活用し，リモートワークに必要な最適のインターネットサービス環境を構築	・都市の中にワーケーション専用の作業空間を備える ・個人作業以外団体ワークショップも可能	・リモートワークに必要な高速インターネット環境を構築	・作業が可能な場所のみインターネット環境を備える
プログラム	・数多くの美術館，博物館，そして公園等，文化的活動が楽しめる	・300マイルを超えるトレッキングコース ・山登り，スキー，お釣り等多様なアウトドア活動可能	・スペイン風の多様な都市空間鑑賞可能 ・地域農産物の狩り，お釣り，ハイキング等多様なアウトドア活動	・オフロード・ドライブ，キャンピング等純粋な自然親和的活動

出所：各ウェブサイト検索をもとに筆者再作成

2　ヨーロッパの政策支援と観光商品

ヨーロッパでもワーケーション観光が急増し，ポルトガルやスペインなどの国々がリモートワーカーに人気の旅行先となっている。豊かな文化遺産，美味しい料理，素晴らしい自然景観など，仕事とレジャーの融合を求める人々にとって，この地域は魅力的な選択肢となっている。とくにポルトガルはマデイラ諸島にデジタルノマド100名を対象とし，デジタルノマド・ビレッジ「PONTA DO SOL」をテストとして運営するなど，今後ポルトガルをヨーロッパのワーケーション観光中心地とするために積極的な姿を見せている。

表3　ヨーロッパ主要国家のデジタルノマドビザ・プログラム

国　家	ビザ名	有効期間	条　件	備　考
ポルトガル	Temporary Resident Visa/ Residence Permit	1年から最大5年まで更新可能	・所得証明 ・月収入最小600 ・健康保険証明 ・犯罪履歴確認書	・ビザ手数料 83€ ・居住許可手数料 72€
ドイツ	Freelance Visa	6ヶ月から最大3年まで滞在許可	・ドイツの住所 ・健康保険証明 ・所得証明（財政的自立）	・ビザ手数料 100€
チェコ	Freelancer Visa, Ziv no	1年（延長可能）	・宿泊地証明 ・口座残高証明書 ・毎月税金80＄支払う	・ビザ手数料 100€
ノルウェー	Norway Independent Contractor Visa	最大2年間滞在可能	・専門分野関連資格 ・宿泊地証明書 ・年間所得証明書	・ビザ手数料 600€
アイスランド	Long term Visa	6ヶ月	・雇用証明書 ・月所得証明 ・健康保険証明	・ビザ手数料 7800ISK

出所：各ウェブサイト検索をもとに筆者再作成

❸　アジアの政策支援と観光商品

　タイ観光庁は「Workation Thailand, able to work and travel」キャンペーンを通じてアジアのワーケーション観光地としてのブランド・イメージを構築いている。タイの「スマートビザ」制度はデジタルノマドが最長4年間滞在できるようにするなど，アジアのいくつかの国がリモートワーカーの誘致を目的とした政策支援を導入している。その他，シンガポールの場合，コロナ19期間中に高級リゾートホテルを活用したワーケーション観光商品を多様化する動きを，そして韓国は韓国観光公社を中心として，2023年度から最大2年間滞在可能なワーケーションビザを導入する案が2022年12月に発表するなど，アジアでも積極的な対応が進められている。

　日本は総務省を中心とし，環境庁や観光庁などの政府機関と日本テレワーク協会，そして各地方政府が協力する体系を構築し，ワーケーション観光の政策方向を国内観光活性化に置いている。和歌山県と長野県は，自然環境と・歴史文化遺産，温泉地を活用した多様な観光プログラムを再整備する施策とともに，重要観光地に「リモートワーク用スペース」を新しく準備するなど，ワーケーション観光地としてのイメージを構築するために急いでいる。そして，外国人

労働者が最長 1 年間から最大 5 年間滞在できる「特定活動ビザ」を活用し，国外ワーケーション観光客を誘致する政策も図っている。

表 4　アジア主要国家のワーケーション政策現状

国　　家	政策内容	特　徴
タイ	・スマートビザ 　（最長 4 年間滞在）	・優れた自然・文化資源・安い物価 ・政府の政策支援
シンガポール	・旅行社やホテル等民間企業中心とした商品開発	・高級リゾートホテル滞在 ・都市型ワーケーション ・中短期型ワーケーション
韓国	・ワーケーションビザ 　（最大 2 年滞在2023年度導入） ・ホテル企業中心とした商品開発	・都市型＋地方型の融合 ・エンターテインメントコンテンツを活用したプログラム
中国	・現在具体的なトレンドと政策なし ・CHINA 2030（国家計画）による，今後のインフラ中心の政策支援が予測される	・リモートワークの急増による将来の成長可能性が高い ・世界最大 5 G 環境保有
日本	・中央政府の政策的支援とモニタリング ・地方のワーケーションプログラム育成 ・特定活動ビザによる外国人誘致可能	・地方の多様な観光資源の活用 ・休養型ワーケーション（温泉） ・官と民間との協力型

出所：各ウェブサイト検索をもとに筆者再作成

4　沖縄のワーケーション成長可能性

1　ワーケーション観光のための沖縄現状

　沖縄県は2020年より，新型コロナウイルス感染症の拡大をきっかけに新たな戦略として「沖縄ワーケーション促進事業」をスタートした。令和 3 年 5 月からワーケーション観光客のニーズ・受入環境調査，沖縄ワーケーション・モデルプランの作成，モニターツアー，各種ワーケーション関連施設の構築，プロモーションの実施など，多様な関連事業に取り組んでいる。

　ワーケーション観光地としての沖縄の環境に関して，2021年 3 月の「モニターツアー」への参加者たちは，リモートワークに必要な通信環境に満足し，睡眠効果やリラックス感などに好評を見せている（PRTIMES，2021年 3 月16日）。さらに，2021年11月 8 日から11日にわたって， 3 泊 4 日間実施した「沖縄ワーケーションに関する実証実験」の結果をみると，被験者の睡眠の質や，集中度，

ひらめき力，そしてストレスに対して好影響をもたらすことが証明された（PRTIMES，2022年3月11日）。

　沖縄県では，2020年以降持続的に「沖縄ワーケーション促進事業」を推進している。2023年では県外IT企業・IT人材と，県内IT企業・他産業との交流を促進するさまざまな取り組みに必要な経費の一部を補助する「ワーケーション活用型沖縄IT活性化事業公募」，また，国内観光客の増加，滞在日数の延伸及び来訪時期の平準化を図るため，県外企業などに対し，沖縄ならではのワーケーションを促進する各種事業を企画する「沖縄ワーケーション促進事業の委託業務企画提案応募」など，ワーケーション事業の拡大に必要な事業が続いている。

　その他，沖縄ツーリスト株式会社，株式会社JTB沖縄，株式会社カヌチャベイリゾートなどの沖縄の主要観光事業者と沖縄各地域の観光協会やIT企業，琉球大学，沖縄銀行，そして沖縄コンベンションビューロー等沖縄の「産・学・官・金」が会員として参加している「沖縄リゾートワーケーション推進協議会」はワーケーション観光地としての沖縄に求められる各種ワーキングスペースの拡充，共同マーケティングや情報共有等の仕組みを構築しながら，沖縄ワーケーション観光地化に取り組んでいる。

❷　ワーケーション観光地への沖縄可能性と課題

　令和4年度3月，沖縄を対象とした「ワーケーションに関する調査」の結果をみると，今後ワーケーション観光地としての沖縄の可能性と課題を把握できる（内閣府，2022）。

　まず，今後沖縄でのワーケーション実施が期待される潜在層（沖縄ファン）2,198人を対象としたアンケート結果では，今後沖縄でのワーケーション希望は59.8％を示し，その時の滞在期間は通常の旅行（3泊4日）と比べ，6泊以上を答えて長期滞在化が期待できる結果が現われた。ワーケーション対象地として沖縄を選ぶ理由としては，「自然の中でリフレッシュ」，「のんびりリラックス」を，また，滞在先は「リゾートホテル」を選ぶ回答が最も多かった。要

するに，沖縄という立地は自然を感じてリフレッシュができることがメリット
であり，旅行先として自然豊かな滞在先でテレワークを期待する応答者が多
かった。

　一方，ワーケーション実施の際の懸念点としては，「コスト」，「設備（Wi-Fi
など）」，そして「安全環境（セキュリティなど）」といった答えが多かった。つ
まり，今後ワーケーションの際に必要な環境や設備に関して，フリーWi-Fi／
室内Wi-Fiやオンラインミーティング用の個室など，施設・設備・サービス拡
充が課題として明確に浮き彫りになった。したがって，現在，和歌山県の
「WAKAYAMA WORKATION PROJECT」のように，専門家，各サービス
施設，プロモーションとプログラムを統合し，沖縄でのワーケーション実施先
の情報（宿泊施設・テレワーク施設・食事施設・その他店舗・アクティビティなど）
をまとめて閲覧できるポータルサイトの運用と各利害関係者間の共有体系を構
築する必要が求められる。

　その他，現在沖縄ワーケーションを象徴する「統合ブランド」の開発が求め
られる。2013年開発され，これまで沖縄観光ブランドとして活用されている
「Be. Okinawa」と連携した「ワーケーション・プロモーション・ブランド
（例えば，Be. W-Okinawaなど）」を開発し，ワーケーション観光支援と各種プロ
モーションのために活用することも１つの方案である。沖縄ワーケーション促
進事業では，沖縄各エリアの特性とニーズに合わせた６つコンセプトを提案し

図４　沖縄各エリアの特性とニーズに合わせたコンセプト

那覇	南部	中部	
オン・オフ バランス型	のんびり リラックス型	文化刺激型	統合 → 「Be. W-Okinawa」 Okinawa Workation **Integrate Brand** Development
北部	宮古	八重山	
ネイチャー リラックス型	マリン リゾート型	自然体験 宝庫型	

出所：令和元年度沖縄県「沖縄ワーケーション促進事業」参考，筆者編集

ているが，地域ごとの特性を分けて伝えることより，統合した「沖縄なりのワーケーション魅力」を伝える戦略が一層効果的となるかもしれない。

　さらに，沖縄のワーケーション観光地としての成功可能性を高めるためには，正確なターゲット市場を設定した上で，その市場に対する詳細誘致戦略が実行されるべきである。沖縄のワーケーション目標市場の設定においては田中・石山（2020），そしてChevtaeva etal（2022）の研究によって分類されたワーケーション観光客の特徴を参考する必要がある。ワーケーション観光地として沖縄の強みや環境，そしてこれまでのイメージなどの要素を考慮して，3つのカテゴリー（「核心的目標市場」，「戦略的目標市場」，「2次的目標市場」）に目標市場を区分した（表5）。核心的目標市場はこれからの沖縄ワーケーション観光産業の土台となる基本需要市場であるため，その特徴を細心に把握しながら，ワーケーション観光活動に必要な各種サービスや施設などを優先的に拡充する必要

表5　沖縄のワーケーション目標市場の検討

区　分	分　類		特　徴	備　考
田中・石山 （2020）	休暇活用形	有給休暇 と混合	休暇中の特定の日に限って仕事をするタイプ。年次有給休暇（半日単位や時間単位の有給休暇の活用＋業務を行っている時間は勤務扱い）。テレワーク環境が求められる。	核心的 目標市場
		ブリージャー （Bleisure）	Business＋Leisureの造語で，普段の出張に休暇をプラスするタイプ。移動費用，時間をセーブでき非日常を過ごすことができる。	戦略的 目標市場
	日常埋め 込み型	特定場所を 選ばない	各種サテライトオフィス等，場所を選ばなく，テレワークをするタイプ。長期滞在や2点居住の形で，地域コミュニティへの参加等，時間・空間・環境の自由度が高い。	2次的 目標市場
	オフサイト会 議・研修型	特定場所を求 める	さまざまな研修，ミーティング等，従来の持ち出し会議や研究旅行型のタイプ。会議・研究前後の休暇や滞在期間中にBleisureとして観光行動をする。	2次的 目標市場
Chevtaeva etal. （2022）	独立的フリーランス （Self employed Freelancer）		カフェなど場所を選ばなく，ショート・ツアーを楽しむ1人旅のタイプ。ビーチのあるデスティネーションでエンターテインメントを楽しむ特徴を持つ。	核心的 目標市場
	独立的起業家 （Self employed Entrepreneur）		中長期休暇を過ごしながら，コワーキングスペースで同じ分野の同僚たちと交流するタイプ。優れた自然環境と地域文化，地域コミュニティへの参加に興味が高い。	戦略的 目標市場
	賃金労働者 （Wage based Employee）		ホテルやゲストハウスで，1ヶ月未満の中短期間を過ごす家族単位のタイプ。都市型デスティネーションで，現地の生活を実感できるように行動する。	2次的 目標市場
	賃金経営者 （Wage based Executive）		高級リゾートで，余裕のある旅行を好むシングルまたはカップルのタイプ。リモートワークにおける最適な技術・インフラ環境を求める。	2次的 目標市場

出所：筆者作成

がある。また，長期的に沖縄のワーケーション観光市場を拡大及び成長してい
くためには戦略的目標市場や２次的目標市場に合わせたスポーツや文化体験プ
ログラムなどを多様化する工夫が求められる。

5　おわりに

　休暇を通じて旅行を経験した人は幸福感（Sense of Well-Being）を感じ，休暇
に出かけることは，通常の出来事から明確に離れることを意味し，その経験は
人の主観的幸福感の通常のレベルを変えるポジティブな効果をもたらす。この
効果に関して，Gilbert and Abdullah（2004）は，観光活動によってのみ満たさ
れる何らかの欲求が突き動かされたからであると述べている。それでは，観光
活動と仕事を同時に行う「ワーケーション」とは，この幸福感というポジティ
ブな効果を軽減させるだろうか。Nawijn and Damen（2014）の研究によると，
休暇中の労働は休暇者のQOL（Quality of Life）に悪影響を及ぼすことではなく，
むしろ労働者は休暇中の仕事があっても，仕事と余暇とのバランスに満足し，
とくに旅行中でも仕事と余暇を効果的に組み合わせることが分かった。つまり，
「ワーケーション」という新たな働くスタイルは雇用主（企業など）側から見
ても非効率的な方法ではなく，むしろ生産性を向上させる対案として考えるこ
ともできる。

　本稿では，「ワーケーション」に関する基本概念からはじめ，市場状況，そ
して各地域や国ごとの対応策を検討した上で，沖縄での今後の可能性をまとめ
た。結論的に沖縄は「ワーケーション観光地」として地理的位置や観光環境の
特徴からは良好な条件を保有していると考えられる。しかし，今後の課題とし
て検討された「各種IT関連設備の補充」や「ワークスペースの拡大」に関し
ては，今後予算支援とともにリゾートホテルとの協議や各公共施設の空間活用
方案など，体系的な戦略樹立が求められる。また，「沖縄ワーケーション促進
事業」など現在活動している多様な組織を統合またはコントロールできる新た
な組織体系が構築されるとより効果的な対応が可能となると考えられる。加え

て，現在の「Be. Okinawa」と連携した「沖縄のワーケーション・ブランド」の開発も勧誘したい。最後に，国内ワーケーション観光客のみならず，近隣国家（観光，台湾，香港など）からのワーケーション観光客を誘致するためには，日本政府からのワーケーション関連制度とは別途の「沖縄の独立したインセンティブ制度」を設けることも考えてみる余地がある。

【参考文献】

天野　宏（2018）「ワーケーション：和歌山県から提案する新しい働き方と地方創生の形」『ESTRELA』，291，2－13.

韓国MICE観光学会（2021）「ワーケーション実態調査及びワーケーション訪韓観光の活性化方案の研究」，韓国観光公社.

国土交通省（2022）「令和3年度　テレワーク人口実態調査－調査結果」［https://www.mlit.go.jp/］

田中　敦・石山恒貴（2020）「日本型ワーケーションの効果と課題－定義と分類，およびステークホルダーへの影響－」『日本国際観光学会論文集』，第27号，113－122.

内閣府（2022）「令和3年度観光地域動向調査事業，ワーケーションに関する調査報告書，沖縄総合事務局」［https://www.ogb.go.jp］

パム・コークリエーション（2022）「令和3年度観光地域動向調査事業－ワーケーションに関する調査報告書－」，内閣府　沖縄総合事務局

矢野経済研究所「2022.09.14ワーケーション市場に関する調査を実施（2022年）」［https://www.yano.co.jp/］閲覧2023.3.20.

PRTIMES（2021）「沖縄ワーケーション促進事業が本格始動沖縄ワーケーションの魅力やモデルプランを発表する無料ウェビナー開催」［https://prtimes.jp/］

PRTIMES（2022）「沖縄ワーケーション　ビジネスの感性を高めるウェルネス効果検証自然豊かな沖縄の環境が仕事に好影響をもたらすことが判明」［https://prtimes.jp/］

Bassyiouny M., and Wilkesmann M. (2023), "Going on workation-Is tourism research ready to take off? Exploring an emerging phenomenon of hybrid tourism", *Tourism Management Perspectives*, 46.

Chevtaeva E., Neuhofer B., and Rainoldi M. (2022), "The Next Normal of Work：How Tourism Shapes the Wellbeing of Remote Workers", Proceedings of the 32nd Annual Conference, Conference Paper, 68－77.

Dingel J., and Neiman B. (2020), "How Many Jobs Can be Done at Home?", Journal of Public Economics, 189, ［doi.org/ 10. 1016/j. jpubeco. 2020. 104235］

Gilbert, D., and Andullah, R. (2004), "HOLIDAYTAKING AND THE SENSE OF

WELL-」BEING", *Annals of Tourism Research*, 31(1), 103-121.

López A. M. (2022. 11. 17), "Workation intentions among workers worldwide 2022, by country", [https://www.statista.com/] 閲覧2023. 4. 14.

Matsushita K. (2021), "The Flexible Workplace : Workations and Their Impact on the Local Area in Japan", *Springer Nature*. 215-229.

McKinsey & Company (2021),「The future of work after COVID-19」[https://www.mckinsey.com/] 閲覧2023. 4. 14.

Nawijn J., and Damen Y. (2014), "WORK DURING VACATION : NOT SO BAD AFTER ALL", *Tourism Analysis*, 19, 759-767.

Pecsek B. (2018), "Working on holiday : the theory and practice of workcation", *Balkans Journal of Emerging Trends in Social Sciences*, 1(1), 1-13.

Yamane K. (2021), "Sannies and Locktails : A semantic study of coronavirus slang", Memoirs of Nara University, 49(1), 61-74.

Yoshida T. (2021), "How has workcation evolved in Japan?", *Annals of Business Administrative Science*, 20(1), 19-32.

第11章 価値共創による プレイス・ブランディングの在り方

Place Branding Through Value Co-Creation

髭白晃宜

Teruki HIGESHIRO

1 はじめに

　日本の地方都市の多くは，大都市圏への人口や所得の集中による地域経済の縮小，超少子高齢化とそれに伴う人口減少という課題に直面している（図1）。自治体の財政が悪化する地方都市においては，従前のような都市の拡大は困難であり，施設整備に重点を置いたハード中心のまちづくりの姿勢を改める必要がある。こうした課題に対処するためには，地方都市が持つ独自の魅力や資源を活かして，観光客や移住者を呼び込むことが重要であろう。しかし，地方都市における観光は，従来からある観光資源や施設・設備に依存したものが多く，他の観光地と明確な差別化が出来ておらず，発展の持続性に欠けるという問題が見えてくる。

　そこで本稿では，さまざまなステークホルダーによって都市の価値を共創するプレイス・ブランディングの在り方について考えたい。価値共創によるプレイス・ブランディングでは，ステークホルダーが参加型や体験型の観光を通して，地域の歴史や文化，自然，そして人材などの資源を発掘し，共有し，再構

築する。そこから，地域のアイデンティティを表現し，地域コミュニティを活性化することで，地域に高い付加価値を付与して競争力をつけさせ，地域の持続的な発展が可能になると考えられる。

　本稿では，まず先行研究からプレイス・ブランディングならびに価値共創の概念を整理する。次に，沖縄県沖縄市におけるプレイス・ブランディングの事例を挙げ，地域内外のステークホルダーが関わる価値共創の在り方を分析する。そして，最後に沖縄市の事例分析から得られた知見や課題をまとめ，価値共創によるプレイス・ブランディングが地域活性化に及ぼす影響について考察を行う。

図1　地域が抱える課題（自治体）

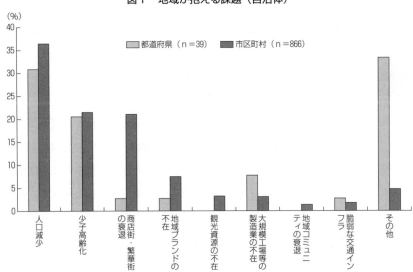

出所：中小企業庁委託「自治体の中小企業支援の実態に関する調査」（2013年11月，
　　　三菱UFJリサーチ＆コンサルティング（株）），中小企業庁編（2014）『中小企業
　　　白書（2014年版）』p.90。
（注1）　自治体の抱える課題について1位から3位を回答してもらった中で，1位として回答されたものを集計している。
（注2）　都道府県の「その他」には，「震災からの産業復興」，「内外経済環境の変化」，「製造品出荷額の減少」，「県内就業率が低い，県外での消費が多い」，「ものづくり産業の空洞化」，「県民所得低迷」等を含む。

プレイス・ブランディングと価値共創

ここでは，プレイス・ブランディングと価値共創の概念を詳しく見ていく。

1　プレイス・ブランディング

　本稿で示す「プレイス・ブランディング」とは，その場所や地域が有する人材や歴史・文化，環境などに対する意味付けや，現代にフィットした新しい価値を創造しブランドを構築していくプロセスのことである。つまり，場所が持つさまざまな魅力と人々が持つ興味や好奇心をつなぐための「文脈（コンテクスト）をつくる」行為と考えることができる。これまでのデスティネーション・ブランディング（もしくはデスティネーション・マーケティング）に見られた「目的地」が保有する特定の強力な観光資源などを対外的に発信し，経済効果を得る手法とは異なり，その地域が持つあらゆる要素が凝縮されたその土地らしさ，その土地が持つ独特の空気感なども含めて，その場所のストーリーに触れることに価値を見出す点が特徴的だといえる。

　さらに，ICT（情報通信技術）を含むテクノロジーの進展による移動コストの低下や，コロナ禍以降の通信アクセスの飛躍的な向上などによって，ヒト・モノ・カネ・情報といった資源の流動性が急速に高まってきた背景がある。地域や都市に関する情報取得が容易になっただけではなく，旅行者にとって目的地に関する事前の情報収集が容易であることは，情報発信の段階においてすでに旅行者に選ばれる地域である必要性が高まっていることと同義であり，国家間や都市間において観光領域における競争激化が避けられない状況になっている。このような競争に地域が生き残ることを目的として，場所に対する人々のロイヤルティを高め，地域に愛着を持つファンを着実に増やし，多くの人々を巻き込んでいくためのブランド戦略こそが重要といえるだろう。

　ここで注意しておきたいのは，プレイス・ブランディングにおける「プレイス（場所）」は，必ずしも地域や都市・国家といった規定のレベルを意味する

ものではなく，行政や民間企業，NPO等の各種団体，市民などさまざまな主体によって場所の意味付けが行われる人間らしい創造的でゆるやかで自由な「意味としての空間」を示している。さまざまなアクター（主体）によって意味付けされた場所に，場所と何らかの関係性を有するコンテンツが誕生し，それらコンテンツはゆるやかなつながりを持って場所の輪郭を浮かび上がらせていく。こうして「センス・オブ・プレイス[(1)]」がアクター相互に刺激を与えあうなかで，新たなアクターを場所に呼び込み，新しいコンテンツの生成機会を生んでいく。固定化したステークホルダー間で作り出される，人間の主体性が欠落した画一的な「場所への意味付け」とは異なり，場所に関係するアクターが交わりながら，自走的な発展循環を作り出すこの構図は「プレイス・ブランディング・サイクル」（図2）と呼ばれている。

図2　プレイス・ブランディング・サイクル

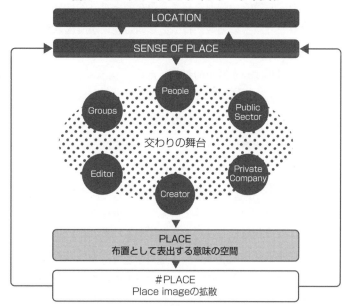

出所：若林宏保（2018）「地域創生の鍵を握る「プレイス・ブランディング」とはなんぞや？」『電通報』[https://dentsu-ho.com/articles/6050]（最終アクセス日：2023年10月12日）

　つまり，プレイス・ブランディングとは，場所のアイデンティティやストーリーを構築・可視化することで，場所に対する人々の感情的なつながりや共感を生み出すと同時に，場所に関わるさまざまなアクターがゆるやかなネットワークでつながりながら連携・協働することで，場所に関する新たなコンテンツを生み出していく一連の活動なのである。

❷　価 値 共 創

　「価値共創」という概念は，「さまざまなステークホルダーと協力して何かを生み出すこと」と一般的には捉えられる。しかし，価値共創が対象とする「価値」とは，顧客が製品やサービスを使用する際にはじめて生じる「使用価値」ならびに社会的な背景や他者との関係性，個々人の経験や心理状態といったさまざまな文脈に応じて個別に知覚する「文脈価値」を意味するものである。自治体や企業などが一方的に押し付けるブランド価値ではなく，顧客のそれぞれが知覚する価値を自治体や企業と顧客のあいだで，時には顧客同士で作りあげて，その価値を高めていくプロセスのことを「価値共創」と呼んでいる[2]。サービス・ドミナント・ロジック（Service Dominant Logic：S-Dロジック）では，この「使用価値」，「文脈価値」に着目し，顧客も製品やサービスの価値を創造する主体としている。つまり，顧客に使用された時点で「使用価値」が発生し，顧客個々人の置かれた状況によって受け取る価値「文脈価値」は異なるという考え方である。よって，価値そのものが体験プロセスを経て生じるものである以上，如何にして体験後の顧客が感じる価値や満足感を高めるかに主眼が置かれるようになった。

　このS-Dロジックを基礎にした「価値共創」は，地域活性化や地域のブランド化を考える際にもっとも効果的な考え方のひとつといえる。なぜなら，埋もれた地域資源[3]の発掘や地域のアイデンティティの構築・情報発信などは，自治体，民間企業，NPO，地域住民などの各ステークホルダーが協働することによって，地域にとっての新たな価値を生み出すことにつながるからである。つまり「価値共創」では，自治体や団体などが地域資源に対して一方的に意味

を付与して顧客に提供するのではなく，各ステークホルダーがそれぞれの体験プロセスを通して，地域資源に意味や感情を付加することで新たな価値を生み出していく。ステークホルダーが同じ土俵上で，相互に学び，信頼関係を築き，それぞれが達成したい目的を認めながら，ネットワークのなかで価値を共創していくこのシステムは「サービス・エコシステム[4]」と呼ばれている（表1）。

③　プレイス・ブランディングと価値共創の連関が生む 地域の発展

　上記のことから，プレイス・ブランディングと価値共創というふたつの概念は相互に影響し合う関係にあるといえる。プレイス・ブランディングは，その枠組みのなかで地域の特徴や魅力を共有し，地域に関心を持つ人間が集まり，彼らが協働することで価値を共創していく。価値共創のプロセスは，ステークホルダーが協働して生み出した価値を，より付加価値の高いものに強化し，地域（場）のブランドイメージを向上させることができる。つまり，プレイス・ブランディングは価値共創のきっかけとなり，価値共創はプレイス・ブランディングの効果になるといえる。こうして，プレイス・ブランディングと価値共創は連動しながら地域の競争力強化や持続的な発展に貢献していくのである。

表1　組織とエコシステムの比較

	組織の視点	サービス・エコシステムの視点
上下関係	組織内部ならびに主体間に上下関係がある。	主体間に上下関係が存在しない。
主体の数	1つの主体として取り扱う。	複数の多様な主体からなる。
目　的	組織として単一（共通）の目的がある。	複数の主体は一部で共通の価値観を有しているものの，その目的は統一されていない。

出所：庄司真人（2017）「地域の価値共創：サービス・エコシステムの観点から」『サービソロジー』2017年4巻3号，サービス学会，p.20に筆者が一部加筆修正して作成。

3　沖縄市「コザ」におけるプレイス・ブランディング

　ここでは，沖縄県沖縄市を事例に挙げて，プレイス・ブランディングと価値共創の在り方について考察を進めていく。

1　沖縄市「コザ」の特徴

　沖縄市は，沖縄本島のほぼ中央部に位置する約14万人の人口をもつ中部地域の中核都市である。とくに「コザ（沖縄市中心市街地であるコザ十字路から胡屋地区，中の町地区に広がる文化圏の愛称）」は，隣接する米軍基地の門前町として，アメリカのライフスタイルに色濃く影響を受けながら，他に見ることができない国際色豊かな文化を形成してきた地域である（図3）。

図3　沖縄市中心市街地の位置（一点鎖線の内側部分）

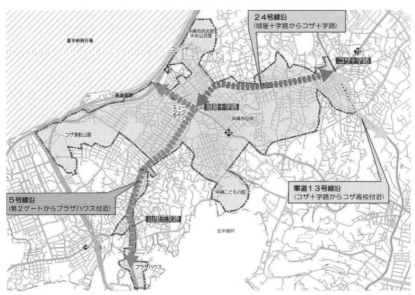

出所：沖縄市（2016）『沖縄市中心市街地活性化基本計画＜全体版＞【平成28年度〜令和3年度】』p. 2。

　また，沖縄市は沖縄県のなかにあってもっとも多様なコンテンツを保有する地域でもある。本土の盆踊りにあたる沖縄の伝統芸能であるエイサー，オキナワンロックや沖縄民謡・島唄，ジャズやラップ，ヒップホップなど多様なジャンルの音楽活動，バスケットボールやサッカー，野球などのプロスポーツが挙げられるだろう。このようなコンテンツ群が「まちのアイデンティティ」として沖縄市民に広く認識され定着している実態がある。さらに近年は，起業家支援施設やシェアオフィス，県外企業のサテライトオフィスやワーケーション用ホテルなどを商店街に集積させた沖縄県随一のイノベーション拠点を有し，チャレンジ精神の旺盛な多様な人材を集めている地域でもある。

　沖縄市はこうした独特の文化，多様なコンテンツに恵まれた地方都市である一方，その立地の特性上，沖縄市中心市街地における居住人口の減少はもとより，モータリゼーションの進展ならびに大規模商業施設の郊外立地による域内消費の流出，そして空き地・空き家・空き店舗の発生による地域コミュニティの衰退など，まちづくり上のさまざまな課題を抱えた地域でもある。

　第二期沖縄市中心市街地活性化基本計画（2016年度から2021年度の6年間）では，「住みたい・訪れたい魅力あふれるコザのまち」をテーマにふたつの基本方針を設定している。基本方針のひとつは「コザ文化の魅力を活かしたにぎわいづくり」である。まちなか交流を促進させることで，来街者の増加や回遊性の向上，観光関連施設への入込客数を増やしたい狙いがある。基本方針のもうひとつは「住む人目線で良好な生活ができるまちづくり」である。これは，中心市街地全体の付加価値を向上させることで生活環境の改善を図ることを目的としたものである。つまり，将来にわたり沖縄市中心市街地を維持するために，歴史的・文化的資源などの既存ストックを活用しながら，商業・雇用・観光・スポーツ・教育といった分野で外部との更なる交流を促進する機能を持った場にすることが目指されているのである。

❷　沖縄市「コザ」におけるプレイス・ブランディングの課題

　上述した沖縄市のまちとしての特徴を踏まえて，ここでは沖縄市・コザにお

けるプレイス・ブランディングの課題について考えてみたい。

　第二期沖縄市中心市街地活性化基本計画では，ハード事業・ソフト事業あわせて82の事業が展開されてきた。沖縄アリーナやエイサー会館，沖縄市立図書館など沖縄市の優良コンテンツであるプロスポーツや音楽，エイサーなどが持つ強力な情報発信力をより効率よく活かすための施設建設・整備が計画の中核になっている。また同時に，外国人観光客誘客のための宿泊施設の整備や沖縄市街から来街する観光客を対象にした沖縄音楽を活用した拠点整備など，観光誘客事業なども重点的に行われている。

　沖縄市は，保有するコンテンツの豊富さと多様さから沖縄らしい「チャンプルー文化(5)」を体現する都市となっている。第二期沖縄市中心市街地活性化基本計画で展開された82事業のステークホルダーたちは，それぞれがなんらかの手法を用いてセンス・オブ・プレイスを見つけ出し，沖縄市中心市街地という場が持つ（言語化することが難しい）意味を，その事業を通して沖縄市内外の多くの人々に発信してきたと考えられる。

　しかし，第二期沖縄市中心市街地活性化基本計画の82事業を，先述のプレイス・ブランディング・サイクルと重ね合わせると，いくつかの課題が見えてくる。ここでは，主に4点の課題について触れたい。

　第1に，ステークホルダーの共感を得にくい表現が多い点が挙げられる。「地域ブランドの創出」「人材育成」「賑わい創出」「地域交流」など，聞こえのいい無難な言葉は便利で使いやすい反面，「場」の持つ意味を直感的に伝えておらず，人々からの共感を得にくい表現になってしまっている。地域に関わるステークホルダーたちが，沖縄市中心市街地の持つストーリー性に興味を惹かれるものである必要がある。

　第2に，一過性の催事事業の数が多い点が挙げられる。地域交流イベント，スポーツイベント，音楽イベントなど，沖縄市中心市街地という「場」が持つ空気感を，市内外の人間に短期間のうちに伝播させやすい利点はあるものの，人々が「場」に意味付けを行うためには長い時間を要することが多く，アクターや関係人口の創出にはつながりにくいという欠点が見えてくる。

　第3に，エンターテインメント・コンテンツへの偏りが大きい点が挙げられる。公園整備や市道整備，就労支援，ファミリーサポート事業などの公共性の高い事業を除くと，大部分がスポーツ，音楽，食，観光といった分野の事業となる。確かに沖縄市中心市街地は沖縄県内でも有数のエンターテインメント集積地であるが，沖縄市中心市街地周辺に居住する生活者に向いた事業とのあいだに大きな格差が生じていることは事実である。「コザ」に関わるステークホルダーは，自治体や企業，市外からの来街者ばかりではない。地域に居住する生活者のニーズに応えることが，「コザ」の色彩をより鮮やかにして，場の魅力を大きくするのではないだろうか。

　第4に，各事業間での連携が弱い点が挙げられる。各事業はそれぞれ地域活性を目的として展開されるが，計画段階からの事業間関係の希薄さがあり，より広範囲の人々により深く印象に残る事業を展開しにくい状況にある。とくにエンターテインメント系統の類似事業は，その経済効果や宣伝効果を高めるために，選定する事業数を絞り，効果的な資金投入を行う必要があるだろう。

❸　沖縄市「コザ」におけるプレイス・ブランディングの方向性

　上述の課題を抱えながらも，沖縄市中心市街地は，地域が保有する多様かつ豊富なコンテンツを活用して，プレイス・ブランディングに取り組んでいる。

　諸々の課題を克服するために，沖縄市の場合は，行政がアクター間の調整役を担いながら，プレイス・ブランディングや沖縄市中心市街地が保有する利用価値の高い地域資源・観光資源によって多様なアクターが目指す価値を実現できる価値共創（またはサービス・エコシステム）の枠組みをつくることが求められる。そして，その枠組みのもとで，よりマクロな視点から地域全体（同時に地域の特性）を眺め，アクターやステークホルダー相互間のつながりを強化していく必要があるだろう。

　また，自治体や企業をはじめとするアクターが地域コンテンツを生活者や来街者に提供するだけではなく，関係人口などと協働することで，コンテンツにストーリー性を付与することも必要である。同時に，エイサーやスポーツ，沖

縄芸能などは，世代を問わず共感を得やすい優良なコンテンツであるため，交流人口や関係人口が参画しやすいデザインにすることで，SNSなどを介した情報発信がしやすくなると考えられる。その結果，沖縄市・コザの魅力が多層的・重層的に広く伝播し，「場」がブランディングされていくのである。

 4　域学連携とプレイス・ブランディング

　プレイス・ブランディング・サイクルにおいて，さまざまなアクターが相互に関わり合い，地域の特徴や魅力をブランドイメージと結びつけることが，コンテンツの創出につながることは上述してきたとおりである。これはいわゆる「域学連携」の領域においても同様で，地域資源を大学が有する知識・ノウハウ・人材を用いて調査・分析することで，地域コンテンツを理解しやすい形で再定義し，その価値を広く一般に周知させることができる。

　「域学連携」における大学教員や学生の存在は，いわば「よそ者」である。この「よそ者」が地域に対して担う役割は外部視点による客観的な評価である。よそ者の目によって地域資源の棚卸しを実施することで，地域内外から共感を得やすくする訴求ポイントの絞り込みを行い，他地域との差別化を図りながら，地域資源・地域コンテンツが持つ価値の再構築を行うことができるのである。

　つまり，域学連携をプレイス・ブランディングに組み込み活用することは，地域が有する価値の再定義ならびに新たな価値の創出，そして若者たちのネットワークを介した幅広い発信活動など，さまざまなフェーズにおいて地域ブランディングの効果を高める可能性がある。さらに言えば，域学連携はプレイス・ブランディングと同様に，アクター間・組織間のゆるやかなネットワーク形成により，各アクターが同じ方向を向いて協働しながら歩をすすめていくことが求められる。もちろん，地域・大学間の一定程度の密な連携は必要になるが，地域にとっては場に関心を向けてくれるさまざまなアクターや関係人口を取り込む貴重な機会になるだろう。

5　おわりに

　本稿では，最初に先行研究をもとにプレイス・ブランディングならびに価値共創の概念について整理を行った。次に沖縄県沖縄市のプレイス・ブランディングの事例から課題を洗い出し，これからの沖縄市における価値共創プロセスについて提案を行った。最後に，域学連携とプレイス・ブランディングを連携させることで，外部視点による価値の再評価を行うことができる点を指摘した。

　最後に，本稿で提示してきた価値共創によるプレイス・ブランディングの在り方をまとめておきたい。

　価値共創によるプレイス・ブランディングは，場に関わるさまざまなアクター（自治体，NPO，企業，市民など）が協働することで，来街者にとって新たな価値を含むコンテンツを生み出し，場を高付加価値化する一連のプロセスであると考えられる。地域のアイデンティティや，地域が内包するストーリー性を明確にし，ターゲットとなる人々に対して共感を得やすい形にしてそれら伝えることで，場の認知度や好感度の向上はもとより「文脈価値」の視点からターゲットの満足度を向上させる取り組みが，プレイス・ブランディングに必要とされている。ここで重要となるポイントは以下の5点[6]に集約される。

① 　場の定義：プレイス・ブランディングの対象となる「場」の定義や範囲設定を柔軟に行うこと。
② 　地域の意味の探索：ステークホルダーを含む多くの人々の共感を呼ぶコンセプトやことばを発見すること。
③ 　自走するアクターとの出会い：アクターとともに面白いコンテンツを探ると同時に，地域と連携するアクターにメリットを提供すること。
④ 　複数コンテンツのアウトプット：コンテンツをバランスよく配置し，「面」としての広がりを持たせること。
⑤ 　重層的な情報発信：さまざまなメディアで，感情的なつながりや共感を

生みやすく，印象に残りやすいキーワードやデザインを組み合わせて情報
発信を行うこと。

　上記のポイントに留意しながら，価値共創によるプレイス・ブランディング
を推し進めることで，「場」が持つ人材・文化・環境・歴史など多層的な価値
と資源を統合・融合し，今日求められるコンテンツを創出しながら地域ブラン
ドの構築を進めていくことができるだろう。

　プレイス・ブランディング・サイクルを用いることで，場が持つ独自の魅力
と人々の興味や好奇心を結びつけるための「文脈価値」の再生産と拡大は可能
となる。ただし，文脈価値は永遠不変ではなく，常に変化し続けるものである。
プレイス・ブランディングが固定化されず，多様なアクターの関わり合いに
よって自走するシステムであるのは，地域の価値を今日的な需要に対応できる
ようにアップデートし続ける必要があるからに他ならない。その点に留意しな
がら，沖縄市中心市街地が，新たなアクターがみずから飛び込んできてくれる
ような，これまで以上にオープンで魅力的な地域になることを心より願う。

【謝辞】
　本稿の作成にあたり，特定非営利活動法人まちづくりNPOコザまち社中の石原大知
様に沖縄市中心市街地に関する多くの情報・データのご提供をいただきました。厚く御
礼申し上げます。

【注】
⑴　ここでは，センス・オブ・プレイスを「地域の魅力の探索と意味付け」という意味
　で用いている。
⑵　波江野武監修・吉沢雄介・麻生純平著（2022）『価値共創マーケティング―デジタ
　ルが可能にする顧客との新たな価値の創り方―』デロイトトーマツ，p. 3。
⑶　ここでの「地域資源」とは，地域が持つ物的・非物的な要素である。これは観光資
　源のみを意味するものではなく，人的・組織的・社会的な要素も含まれている。
⑷　サービス・ドミナント・ロジックとサービス・エコシステムの連関については，庄
　司真人（2017）「地域の価値共創：サービス・エコシステムの観点から」『サービソロ
　ジー』2017年4巻3号，サービス学会，pp. 18-23が詳しい。
⑸　「チャンプルー文化」とは，沖縄の伝統文化と異文化の融合を意味する言葉である。

　とくに沖縄市中心市街地は，嘉手納基地と隣接し，沖縄県民・アメリカ軍人向けの店舗を経営する多国籍な人々が往来することから，とくに音楽やダンスの分野で独特な発展を遂げているとされる。

(6)　プレイス・ブランディング・サイクルに沿って，5つの重要な局面においてやるべきことを整理したものを「プレイス・ブランディング・ディレクション」という。電通abicproject編，若林宏保・徳山美津恵・長尾雅信著（2018）『プレイス・ブランディング：“地域”から“場所”のブランディングへ』有斐閣，pp. 242-243。

【参考文献】

大谷尚之・松本淳・山村高淑（2018）『コンテンツが拓く地域の可能性—コンテンツ製作者・地域社会・ファンの三方良しをかなえるアニメ聖地巡礼—』同文舘出版

大森寛文・片野浩一・田原洋樹（2020）『経験と場所のブランディング　地域ブランド・域学連携・ローカルアイドル・アニメツーリズム』千倉書房

庄司真人（2017）「地域の価値共創：サービス・エコシステムの観点から」『サービソロジー』2017年4巻3号，サービス学会，pp. 18-23.

十代田朗（2018）「新しい観光による地域活性化の課題と方向性」『日本不動産学会誌』第32巻第3号，日本不動産学会，pp. 10-14.

中小企業庁編（2014）『中小企業白書（2014年版）』日経印刷。

電通abic project編，若林宏保・徳山美津恵・長尾雅信著（2018）『プレイス・ブランディング：“地域”から“場所”のブランディングへ』有斐閣。

波江野武監修・吉沢雄介・麻生純平著（2022）『価値共創マーケティング—デジタルが可能にする顧客との新たな価値の創り方—』デロイトトーマツ。

塙泉（2017）「観光マーケティング研究における文脈価値の重要性」『日本国際観光学会論文集』第24号，日本国際観光学会，pp. 155-162.

早川幸雄（2013）「地域ブランド構築のための経験価値」『城西短期大学紀要』第30巻第1号，城西短期大学，pp. 49-57.

【参考URL】

沖縄市「沖縄市中心市街地活性化基本計画（ダウンロード）」［https://www.city.okinawa.okinawa.jp/k 031/shiseijouhou/shisaku/chiikikankyou/kihonkeikaku/ 1288.html］（最終アクセス日：2023年10月12日）

若林宏保（2018）「地域創生の鍵を握る「プレイス・ブランディング」とはなんぞや？」『電通報』［https://dentsu-ho.com/articles/ 6050］（最終アクセス日：2023年10月12日）

第12章

沖縄観光と地域ブランド

Okinawa Tourism and Regional Brands

瑞慶覧美恵
Mie ZUKERAN

 # は じ め に

　日本はその多様な文化，歴史，自然環境によって，世界中から観光客を引き
寄せており，日本各地には国内外からの旅行者が多く訪れ文化交流や経済活動
において重要な役割を果たしている。とくに沖縄県は，国内有数のリゾート地
として多くの観光客が訪れているが，しかしながら，沖縄の観光は急激な観光
客数の増加に伴うさまざまな課題に直面している。過密化，インフラ整備の不
足，季節的な訪問者の偏りなどが，地域社会に影響を及ぼしている。さらに，
沖縄の観光業界は，独自のブランドアイデンティティを築く上での課題にも直
面している。本研究では，まずブランドとは何か，地域ブランドの基本的な概
念に焦点を当て，その後，沖縄の観光産業における課題，とくにブランドマー
ケティングの必要性について探求をする。沖縄がどのように独自の魅力を強調
し，持続可能な観光業を実現するためにブランドを活用できるか，明らかにす
ることを目指す。

　さらに，アメリカハワイ州の事例を取り上げ，地域ブランドが観光地の成功

に重要かを見ていく。ハワイ州は地域ブランドを積極的に活用し，世界的な観光地として成功を収めており，このような国際的な事例を通じて，沖縄の観光における地域ブランディングが持続可能な観光業の発展に果たす役割を明らかにしていくことが重要だと考える。

② 地域ブランドについて

⒈　ブランドとは何か

　小川（2001）によれば，ブランド（brand）という言葉は，英語の「burned（焼印を押す）」から派生した言葉で，中世ヨーロッパでは，牛に所有権を表す焼印（商標の原型）が起源だとしている。その後，18世紀に酒造業者が樽に焼印を入れて偽造防止や無断複製から所有者を保護するという目的から，フランスやイギリスでブランド開発者の権利を守るため「商標法」や「特許法」などの法律が制定されていったとしている。

　アーカー（2019）は，ブランドは売り手と買い手からの財またはサービスを認識し，それらを差別化しようとする特有の（ロゴ，トレードマーク，包装デザインのような）名前かつまたはシンボルであり，製造元を消費者に伝えることで競合他社から顧客と製造元を守り，市場競争において差別化と信頼性を提供し，長期的な成功に貢献するとしている。また，ブランドに対する定義について，アメリカマーケティング協会（American Marketing Association：以下，AMA）が商業界に影響を与えているが，AMAは，ブランドの定義について，以下の内容を提示している。

　　　「ブランドとは，ある製品，サービス，組織，個人などの識別可能な名
　　　前，用語，デザイン，記号，またはその他の特性であり，それによって
　　　その対象物が他の類似の対象物と区別され，識別され，認識されるもの
　　　である」

　ブランドは，他と区別され認識される特性を持ち，イメージや価値観を伝え

る手段として重要な役割を果たしている。

❷　地域ブランドについて

　ブランドの概念を地域経済にも応用したものが「地域ブランド」である。地域ブランドは，特定の地域や場所に関連づけられた識別可能な要素や価値を指す概念で，その地域の自然環境，文化，歴史，伝統，観光名所，食品などが含まれる。その地域の独自性観光，地域住民のアイデンティティ形成に影響を与え，観光においても重要なものとなっている。

　Kotler（1993）は，特定の地域や場所（都市，州，国，観光地，商業地域など）を“Marketing Places”と称し，地域や場所自体をブランド化することによって，観光客，投資家，住民，企業，イベント，文化などを引き寄せ，その地域の魅力や利点を強調できるとしている。Kotlerが主張する主要な目標については，観光客誘致，投資誘致，住民参加，ブランド構築，持続可能性などを挙げている。これらは，地域の発展と繁栄に寄与する重要な要素であり，観光業，経済開発，地域社会の健全性に影響を与え，地域や場所が自身の強みを最大限に活用し，競争力を維持・向上させるために必要な戦略的なアプローチになる。

　青木（2008）は，地域ブランドを，特産品だけでなく，地域の自然，歴史，文化，伝統の実態物としての各種観光資源，生活基盤も含まれており，これらを包括するものを，「傘ブランド」として表現をしており，その対象が工業製品であれ農産物であれ，あるいは，サービスであれ，意識的な差異化によってユニークな特徴を生み出し，その意味や価値を伝えることによって，顧客に選択され続ける仕組みを作り出す行為にほかならないとしている。

❸　日本の地域ブランドについて

　沈（2010）は，日本国内の地域ブランドについて研究を行ったところ，事例研究では自治体の市町村を研究対象としたものが多く，国内の地域間競争という枠組みで論じられ，地域ブランドの目的は，経済的な活性化に焦点を当て，研究もそのための製品開発や外部に対するマーケティング視点が多いとしてい

る。

　瑞慶覧（2020）は日本における地域ブランドは，少子高齢化による地方都市の弱体化や海外製品の流入による国内製品のコモディティ化などにより，地方自治体の地場産業の脆弱化が加速する中で，自治体は地域活性化策として，地域の特産品を地域ブランド化する活動が主流になっているとしている。以上のように，日本では「地方自治体における地域の特産品を主軸にした」地域ブランド視点が主流となっており，研究分野や政府の取り組みもそれらに基づいて開発や活動をしていることに対して，海外では前述したように，Kotler（1993）の "Marketing Places" という概念のように「地域空間」という空間や地域全体を対象にした地域ブランド視点が主流であり，国際競争の枠組みの中で語られるという違いが見られる。

❸　沖縄の観光産業について

　図 1 は沖縄県の入域観光客数と観光収入の推移を示したものである。沖縄県が本土復帰と同時に，パスポート無しで本土と沖縄間の往来ができるようになった1972年から統計を取り始めている。図を見ていくと，入域観光客数では，1972年は55万8,593人であったが，年度を増すごとに増えていることがわかる。沖縄海洋博の開催年（1978年），リーマンショック（2008年），インフルエンザ（2009年）の流行，東日本大震災（2011年）などの影響を受けてはいるものの，都度，翌年度以降には再び増加に転じ，2018年には1,000万4,300人と初めて1,000万人を突破し，順調にその数を伸ばしている（第 5 次沖縄県観光振興基本計画改定版2017年，第 6 次沖縄県観光振興基本計画2022）。

　外国人観光客数については，東アジア各地からの定期航空路線の開設や相次ぐクルーズ船の就航などにより，2013年度以降，急速な増加を示している。2018年の外国人観光客数は，11年連続過去最高の300万1,000人となり，内訳としては，空路客が180万4,000人，海路客が119万7,000人となっており，ともに過去最高を記録した（ビジットおきなわ計画2019）。

　観光収入は，入域観光客数の増加に比例して増加をしている。景気低迷等の影響を受けた時期もあるが，2013年以降は，入域観光客数が大幅に増加しおり，2018年は過去最高の7,341億円となっている。入域観光客数と観光収入は全体に対する割合が急激に伸びていたが，2019年より世界的な流行となったコロナ渦の影響により，沖縄県の観光産業は類を見ない極めて困難な状況に陥った（第6次沖縄県観光観光振興基本計2022）。

　2019年の観光客数は，946万9,200人で，観光収入は7,047億円となっている。前年の2018年と比較すると，年度後半に新型コロナウイルス感染症の影響により大幅に減少となった。2020年度の入域観光客数は258万3,600人で，観光収入は2,485億円となっている。外国人観光客数は，コロナの影響により，海外航空路線運休等で0人となった。入域観光客数については，1988年と同等の数値

図1　入域観光客数と観光収入の推移（年度）

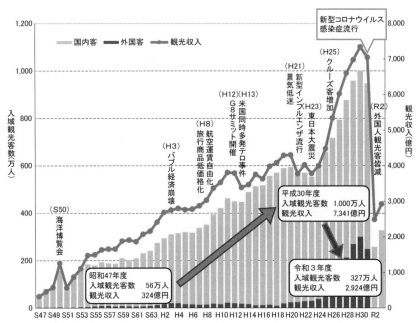

出所：沖縄県令和3年観光要覧Ⅰ沖縄観光の概要

となっている。2021年の観光客数は327万4,300人で観光収入は2,924億円となっている。外国人観光客数は，2020年度に続き２年連続で０人となっている。2022年度の観光客数は677万4,600人で，観光収入は7,013億円となっている。外国人観光客数は20万100人となり，2021年度の０人から３年ぶりに皆増となっている（沖縄県文化観光スポーツ部観光政策課2019（令和元）年〜2022（令和４）年）。

1　沖縄観光の課題

　沖縄県の観光振興は，県が観光を重要な基幹産業と位置づけ，沖縄県観光振興条例（1979年条例第39号）第７条に基づき，1976年より観光振興基本計画を策定し，ハード・ソフト両面の基盤整備を進めてきた。あわせて，2002年に国が策定した沖縄振興計画における分野別計画として６次に渡る観光振興計画を策定し，具体的な取り組みを進めてきた結果，国内有数のリゾート地として成長しているものの，同時に沖縄の観光にはいくつかの課題が浮き彫りになっている（第５次沖縄県観光振興基本計画2012，第６次沖縄県観光観光振興基本計画2022）。

(1)　意識調査から見えてきた課題

　沖縄県が実効性の高い観光施策の企画・立案・評価及び沖縄観光ブランドの構築に資することを目的として，2017年と2019年に県民を対象にした「沖縄観光に関する県民意識の調査」では，86.4％の人が沖縄県の発展に観光産業が重要な役割を果たしていると考えている。また，観光施策の重要度・達成度では，「環境と共生した持続可能な観光」，「沖縄文化の保全・継承・活用」，「交通利便性の向上」，「沖縄らしい景観形成」，「各種キャンプ・大会の開催」，「空手の発信，愛好家の訪問」，「教育旅行の推進」等は，重要度・達成率ともに高い項目であることから，沖縄観光の強みとして今後とも維持・強化していくことが必要である。一方，観光客が訪れることによる影響として，「混雑等による交通の不便」，「生活環境の悪化」が上位２項目を占めており，持続可能な観光を推進する上で解決すべき重要な課題となっている（第６次沖縄県観光観光振興基本計画2022）。

　また，「沖縄の発展における観光の重要性と生活の豊かさとのつながり」という質問では，「観光が発展すると生活も豊かになると思う」の回答は2017年は29.1％，2019年は33.8％に留まり，観光への期待と日常生活での実感に温度差があることも明らかになった。観光の果たす役割が多くの人に理解されている反面，生活の豊かさにはつながっていないと考える人は多いということが判明している（沖縄県文化観光スポーツ部2020）。ただし，直近の2021年では，52.6％へと大幅に改善をしている。これは，沖縄県は観光が基幹産業であるため，コロナ渦によって，関連産業に従事する人々が雇用や経済などの側面において大きな打撃を受けており，観光が発展すると生活も豊かになるという考えを改めて感じたのではないかと考えられる。しかし，いわゆるオーバーツーリズム（観光公害）の影響が観光客数の増加によって，浮き彫りになっているため，今後，観光が回復し入域観光客数が増えていくと，再び，地域住民の満足度の低下や不満の増加が伴うことが予測される。

　オーバーツーリズムは，すでに離島地域においてさまざまな側面から影響が出てきている。オーバーツーリズムについての調査では，居住する市町村で「オーバーツーリズム」が発生していると捉えている人は31.9％となり，とくに，八重山（75.8），宮古（71.9％）で高い。沖縄県全体では59.9％となっており，宮古・八重山を除いて，居住する市町村では発生していなくても，沖縄県全体では発生していると感じている傾向がある。オーバーツーリズムと感じる課題として，沖縄県全体では85.1％が「交通渋滞」を挙げ，とくに高くなっている。以下，「ゴミの増大や散乱」，「交通事故の増加」，「商業施設や飲食店の混雑や不足」，「自然環境の悪化」と続く。地域別にみると，とくに，宮古・八重山において多様な課題が挙がった。全体に比べて，宮古では「自然環境の悪化」「物価の上昇」など，八重山では「交通事故の増加」，「治安の悪化」などが目立つ結果となっている（沖縄県文化観光スポーツ部2020）。

(2)　観光客の平均滞在日数の課題

　図2は，沖縄県における国内旅行者の平均滞在日数の推移を示したものである。国内旅行者の平均滞在日数は，リピーター率の上昇と反比例して1979年の5.2日をピークに減少傾向にあったものの，米国同時多発テロのあった2001年に3.66日の最短を記録して以降は，概ね3.8日前後で推移していたが，コロナ禍で観光客数が大きく減少した2020年に，23年ぶりに4日を超え，令和3年度は4.42日となっている（沖縄県令和3年版観光要覧）。コロナ渦前の2018年度の3.59日と比べると0.83日伸びている。この伸び率については，2020年度に実施された政府の観光需要喚起策「Go Toトラベル」を観光客が利用したことや，仕事と休暇を組み合わせたワーケーションの普及などが背景にあるとみられる。

図2　国内旅行者の平均滞在日数の推移

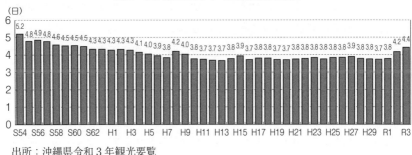

出所：沖縄県令和3年観光要覧

　外国人観光客の平均滞在日数については，コロナ渦前の2019年の外国人観光客の平均滞在日数は4.35日であった。2020年と2021年はコロナの影響により，海外からの渡航者は0人となっているため統計がとれていないが，外国人観光客の受け入れ再開をした直近の2022年の平均滞在日数は4.26日となっている（沖縄県観光要覧）。海外から訪れる観光客の平均滞在日数は国内の観光客より多く消費額の経済効果も高いことから，県はブランド戦略の展開として，海外市場において，国際観光ブランドとしての定着を図るために「Be. Okinawa」をキーコピーに展開してきた沖縄観光ブランド戦略の推進を積極的に行っている（ビジットおきなわ計画2019）。

(3)　1人当たり消費額の課題

　図3は観光客1人当たり消費額の推移を示したものである。昭和47年から令和4年までの統計をみていくと，昭和54年から平成12年までは1人当たり消費額は8万円台から9万円台の消費が続いていたが，平成13年から令和元年までは，7万円台，年度によっては6万円台と消費金額が低迷し伸び悩みがあることが分かる。これは，日本国内の景気が好調であった時期は，観光客の消費に対する羽振りが良かったものの，90年代半ばのバブル崩壊以降，国内の景気低迷が続いたことで，観光客の消費の支払いに対する節約志向が，沖縄の観光政策にも影響を与え，沖縄の観光は入域観光客数を増やすことで経済効果を図ろうとした結果，1人当たり消費額が低くなり，いわゆる薄利多売型の観光となった可能性が高い。沖縄県が「ビジットおきなわ計画〜世界水準の観光リゾート地の形成に向けて〜」と題した計画において，2019年数値目標の達成に向けた施策として，さらなる需要の拡大に向けた誘客戦略と観光人材育成などの受入戦略をあわせて展開するとして，入域観光客数の目標を1,200万人にすると掲げていた（ビジットおきなわ計画2019）。

図3　観光客1人当たりの消費単価（消費額）の推移

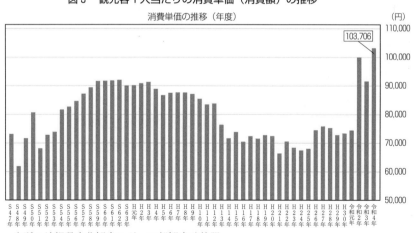

出所：沖縄県文化観光スポーツ部観光政策課

　コロナ以降の１人当たり消費額については，2020年の観光客１人当たりの消費額は９万9,956円となっており，前年度の７万4,425円と比較すると，大幅な伸びがみられた。また，2021年の観光客１人当たりの消費額については，９万1,555円となり，前年度に比べ8.4％減少している。県観光政策課は要因について，2020年度に実施された政府の観光需要喚起策「Go Toトラベル」の反動に加え，１人旅や出張による来訪者が増えた影響とみている（日本経済新聞2022）。2022年については，観光客１人当たり消費額が10万3,706円と統計以来，過去最高となっている。県観光政策課によれば，引き続き観光支援策を財政的に支援する「地域観光事業支援」などを実施したことにより，宿泊単価が高いリゾートホテルの利用が増えたことが要因だとしている（琉球新報2023）。

　観光に携わる関係者は，滞在日数の長さが１人当たりの消費額に大きく関わってくるため，県内の経済界からは，入域観光客数よりも滞在日数を目標にした観光政策をするべきとの声や，今後，観光客が増えていくプロセスの中で，いかに県民が豊かさを感じられる仕組み（観光産業の社会的地位や労働環境の改善）を構築できるのか，これを産業界と連携して実現していくことが重要だという声が上がっている（観光文化2020）。また，その他の課題としては，観光客の食事やお土産についての満足度が低いことが判明している。

 ## 海外の地域ブランディング事例

　2節でも述べたように海外では，「地域ブランド」は空間全体を捉えた概念を用いてブランディング活動を行っている。沖縄観光は2018年の観光客数1,000万人の突破とコロナ渦を経験したことで，これまでの観光の在り方を，「量から質への転換」に図ろうと模索をしている。地域ブランディングについては，先進的な取り組みを行っているアメリカハワイ州を事例に見ていきたい。ハワイ州は，沖縄県が観光経営のベンチマークとしている地域であり，同じ太平洋地域にあるため，海外における競合地の動向として，参考・把握をすることになるため重要となる。

1　ハワイの地域ブランディング

　ハワイ州（Hawaii State）は，アメリカ合衆国の50番目の州で，太平洋の中央に位置する島々から成っている。ハワイ諸島と呼ばれる8つの主要な島と多くの小さな島々がある。ハワイはかつて独立した王国であったが，1898年にアメリカ合衆国に併合され，1959年に州として承認された。現在のハワイは観光業が主要な経済活動の一つであり，観光資源として，ハワイ王国時代の歴史や文化は今でも重要な資源となっており，ポリネシアンの豊かなハワイアン文化は観光収入に大きな役割を果たしている（Hawai ' i Tourism Authorityホームページ）。

　ハワイアン文化以外にも，熱帯の温暖な気候，独自の生態系を持っており，美しいビーチ，サーフィンなどの水上アクティビティ，豊かな自然景観などがあり，世界中から観光客や移住者を引き寄せている。地理的，歴史的，文化的に独自のアイデンティティを有している。

　ハワイ州は世界的に知られている観光地であるが，この数十年で気軽に旅行ができるようになったことで，観光客数の増加に伴うオーバーツーリズムが地域住民の「アンチツーリズム」という声の高まりや，環境問題が浮き彫りになってきた（観光地経営講座2020）。この状況を受け，ハワイ州の観光施策を統括するハワイ州観光局（以下：HTA）では，2020年から2025年の観光戦略において，伝統的なハワイ文化とコミュニティ（地域社会）を守る事でハワイの独自性を伸ばし，ユニークで思い出に残る豊かな経験を提供すること，コミュニティへの明確な利益と責任ある観光が与える影響を生み出すことで，活力に満ちた持続的な経済を支えることをビジョンとして示している（STRATEGIC PLAN 2020－2025）。

　ハワイの観光戦略において注視する3つの視点では，①高額消費者及び悪い影響を与えない訪問者に来てもらうためのマーケティング，及びブランドマネジメントの実行，②住民と訪問者が同様に利益を得られるように，コミュニティ，文化，自然資源へ貢献できる取り組み，③デスティネーションマネジメ

ント（観光地経営）を成功させるために，パートナー団体やコミュニティグルー
プと協業体制の構築を行っている（第6次沖縄県観光振興基本計画2021，Annual
Report to the Hawai'i State Legislature Regular Session of 2022）。

　HTAの観光戦略では，ハワイを訪れてもらう市場の設定として，重点市場
に対してターゲットを絞ったプロモーション活動をブランドマーケティング体
制において行っている。重点市場である米国本土，日本，カナダ，オセアニア，
韓国の各市場へのプロモーションのため，世界各地のマーケティングチームと
契約し，ハワイ観光におけるビジョンの共有を図っている（図4を参照）。

図4　ハワイ観光局（HTA）のブランドマーケティング体制

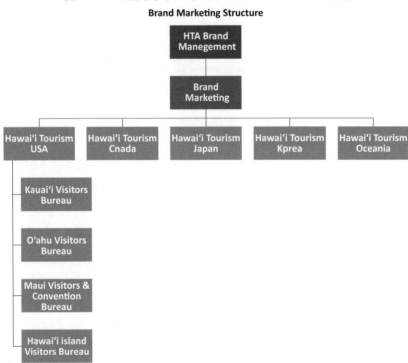

出所：2021 Annual Report to the Hawai'i State Legislature Regular Session of 2022 p.18

　HTAでは持続可能な観光を実現するための重要なカギとして，「レスポンシブル・ツーリズム（責任ある観光）」という考えのもと，ハワイを訪れる観光客に対して，国連が実施する持続可能な開発目標（Sustainable Development Goals：SDGs）を基準として，ハワイの持続可能な目標を達成するために州全体の取り組みとして設定された，地域主導の特別プログラムであるハワイ版SDGs「アロハプラスチャレンジ（Aloha + Challenge）」とハワイ版のスローガンとして「マラマハワイ」を使用している（STRATEGIC PLAN 2020-2025）。

　レスポンシブル・ツーリズム（Responsible Tourism）とは，2000年代に入って生まれたえ方で，国連の専門機関である世界観光機関（以下：UNWTO）が，旅行先の地域コミュニティや環境に与える影響に責任をもち，旅行先に配慮するという考え方である。一部の観光地でオーバーツーリズムなどが問題視される中で観光地（デスティネーション）から旅行者に対して，意識変革を求める動きがみられる。またそのような配慮のある旅行者をレスポンシブルトラベラー（責任ある旅行者／Responsible Traveler）と定義し，UNWTOの世界観光倫理委員会で，世界観光倫理憲章を旅行者向けにまとめたリーフレットが制作されている（UNWTOホームページ）。レスポンシブル・ツーリズムの主要な特徴としては，環境への配慮，社会的な影響，文化的な尊重，教育と認識，フェアトレード等が挙げられるが，ハワイではSDGsの掲げる目標17項目のうち，ハワイ州では6つに絞り，官民一体となり経済，社会，環境の側面からを持続可能な社会を目指すゴールを掲げている（Mālama Hawai'iホームページ）。

　ハワイ版SDGsであるアロハプラスチャレンジの歴史は1976年，ハワイの自然や文化遺産を保護していく概念「マラマハワイ（Mālama Hawai'i）」を源流として具体的な戦略が立てられきた。2011年にホノルルで開催されたアジア太平洋経済協力会議（APEC）では，経済，社会，環境の優先事項に取り組み，2030年までに持続可能な社会目標を達成することを目指すプロジェクト「ハワイグリーングロース」構想が掲げられた。レスポンシブル・ツーリズムを実践する上で，2014年には，ハワイ州が持続可能な社会の実現に向けて進める6つの取り組みを掲げる社会目標「Aloha + Challengeアロハプラスチャレンジ」

が定められ，2015年9月に国連総会で持続可能な開発目標（SDGs）が正式に採択されると，2018年11月にはハワイグリーングロースが国連SDGs「Local 2030 Hub」プロジェクトに，島として，そして太平洋拠点としてはじめて認証がされた。アロハプラスチャレンジは，ハワイ州全体として取り組んでおり，ハワイ島，カウアイ島，オアフ島，マウイ島，4つの島もそれぞれに行動指針を提案し，州民参加型の達成目標を公開している（Mālama Hawai'iホームページ）。アロハプラスチャレンジの6つのゴール（6 Goals of Aloha + Challenge）①クリーンエネルギーへの転換，②地元産の食材供給，③天然資源の管理，④固形廃棄物の削減，⑤スマートで持続可能なコミュニティ，⑥グリーンジョブ及び環境教育の取り組みを行っている（Mālama Hawai'iホームページ）。

　ハワイ州の観光は，世界的な観光地として観光客を受け入れてきたが，オーバーツーリズムの影響によって，地域に対する持続不可能な観光現象が発生したことで，地域にさまざまな悪影響をもたらした。環境への負荷，過密状態，住宅価格の上昇，文化の希釈，生活コストの上昇，地元住民の不満，自然資源の劣化などが挙げられるが，これらの問題は地元コミュニティと観光客に深刻な影響を及ぼし，持続可能な観光の必要性を浮き彫りにした。そのため，HTA理事の木村恭子氏は，「これからは，きちんとハワイを大事にしてくれる人たちだけをお迎えしたいというのが，私たちの願いで，そういう人たちをいかに選別し，発信を行っていくかが重要になってくると思います。」と述べている（観光地経営講座2020）。持続可能な観光開発として，関連するすべての利害関係者の情報に基づいた参加と合意形成を確保するためのリーダーシップを行政及びHTAが取り仕切り，持続可能な観光の達成において継続的なプロセスと，その影響を常に監視し，必要に応じて必要な予防及びまたは是正措置を導入することで，地域ブランディング活動を行っている。

5　おわりに

　本稿では，沖縄県の観光産業における課題と地域ブランドマーケティングの必要性について考察してきた。観光は沖縄県の基幹産業として地域経済に貢献している。急増する観光客数に伴うオーバーツーリズムや，国内・海外の地域間における競争など，多くの課題に対処する必要がある。持続可能な観光業を実現するためには，地域ブランドの概念を活用し，沖縄の独自性や魅力を強調するブランド戦略が不可欠だと考えられる。地域社会，観光業界，行政が連携し，ブランドマーケティングに取り組むことで，沖縄の観光業の競争力を向上させることが期待される。そして，アメリカハワイ州の成功事例を通じて，地域ブランディングが観光地の成功にどれほど重要かを見てきた。ハワイ州は地域ブランドを活用することで，世界的な観光地としての地位を確立している。この成功から，沖縄が同様のアプローチを取ることで，観光業の持続可能性と競争力を向上させる道が開かれている。最終的に，この研究が沖縄だけでなく，日本全休の観光産業に示唆を提供する。

　日本の観光業界は国内外からの観光客を魅了し，経済に多大な貢献をしているが，地域ブランドの概念を理解し，ブランドマーケティングに積極的に取り組むことが，日本全体の観光業界にとっても非常に重要だと考えられる。

　今後，地域社会，観光業界，行政が協力し，持続可能な観光の発展に連携することで，訪日観光客の増加，地域経済の活性化，そして日本の魅力の向上に寄与ができるのではないか。観光を通じて，沖縄や日本，世界中の観光に明るい未来が訪れることを願いたい。

【参考文献】
青木幸弘（2008）「地域ブランドを地域活性化の切り札に」Autumn No.124，ていくお　ふ pp.18−25
小川孔輔（2001）『よくわかるブランド戦略』日本実業出版社
沖縄県　平成29年3月「第5次沖縄県観光振興基本計画改訂版」

沖縄県文化観光スポーツ部観光振興課　令和元年〜令和4年「観光収入【試算値】」

沖縄県文化観光スポーツ部観光政策課　令和元年〜令和4年「入域観光客統計概況」

沖縄県　令和3年版観光要覧「Ⅱ沖縄観光に関する統計・調査資料」

沖縄県　令和4年7月第6次沖縄県観光振興基本計画「世界から選ばれる持続可能な観光地」−世界とつながり，時代を切り拓く「美ら島　沖縄」

沖縄県文化観光スポーツ部　令和元年〜令和3年「沖縄観光に関する県民意識の調査及び分析委託業務報告書【概要版】」

公益財団法人　日本交通公社（2020）『観光文化247』

公益財団法人　日本交通公社（2020）『観光地経営講座』

瑞慶覧美恵（2019），「島嶼における特産品の地域活性化：南大東島ラム酒を事例に」，産業総合研究（27），pp. 49−66

沈潔如（2010），「地域ブランド研究に関する一考察−地域ブランド研究の現状と今後の課題」，商学討究61（2・3），pp. 287−322

デービット・アーカー（2019）阿久津聡・訳『ブランド論　無形の差別化をつくる20の基本原則』ダイヤモンド社

【参考URL】

おきなわ彩発見NEXT　https://okinawasaihakkennext.com/ 閲覧2023. 9. 10

国土交通省　観光庁　https://www.mlit.go.jp/kankocho/index.html

日本経済新聞「沖縄県の観光収入，3年ぶり増加　コロナ前の4割に」2022−09−02 https://www.nikkei.com/article/DGXZQOJC 016 M 70 R 00 C 22 A 9000000/

ハワイ州レスポンシブル・ツーリズム情報サイトMālama Hawai'i　https://www.allhawaii.jp/malamahawaii/

琉球新報「沖縄の観光収入1974憶円，コロナ前の同時期を上回る　22年10〜12月1人当たり消費額も【グラフあり】」 https://ryukyushimpo.jp/news/entry-1668035.html 閲覧2023. 11. 26

American Marketing Association/AMA　https://www.ama.org/ 閲覧2023. 8. 23

Hawai'i Tourism Authority「STRATEGICPLAN 2020−2025」

Hawai'i Tourism Authority「2021 Annual Report to the Hawai'i State Legislature Regular Session of 2022」

UNWTO World Tourism Organization　https://www.unwto.org/ 閲覧2023. 9. 11

第4部

観光産業と地域支援

第13章

地域金融と観光振興

Regional Finance and Tourism Promotion

島袋伊津子
Itsuko SHIMABUKURO

はじめに

　人口減少・高齢化による地域経済の縮小が進む中で，観光振興政策は地方創生の一手段として認識されている[1]。地方に立地する中小企業は，大企業のように輸出や海外進出によって国内需要の先細りを乗り越えることが難しいため，経済波及効果が高いとされる観光業[2]の活性化に望みをかけざるを得ないのかもしれない。一方，そのような企業と多く取引関係を持つ地域金融機関は地方創生への貢献を期待され[3]，その一手段である観光振興においても求められる役割が増えるだろう。

② 地域金融機関による観光振興

1 背　　景

　人口減少，資金需要低下，長きにわたる低金利政策により地域金融機関は厳

しい収益環境の中にある。さらに地域を超える再編・進出，異業種参入によって金融機関間の競争が激化しており，収益基盤の強化が必要とされている。他方，地域活性化において重要な役割を果たすことを求められ[4]，その環境整備のために規制緩和が要望されてきた[5]。このような背景から，段階的に規制が緩和され，2021年施行の改正銀行法[6]で銀行の活動範囲が大幅に拡大された。その内容は次のとおりである。まず，業務範囲に「当該銀行の保有する人材，情報通信技術，設備その他の当該銀行の営む銀行業に係る経営資源を主として活用して営む業務であって，地域の活性化，産業の生産性の向上その他の持続可能な社会の構築に資する業務として内閣府令で定めるもの」が加わった（第10条の２第１項第21号）。また，子会社とすることが可能になった会社に「地域の活性化に資すると認められる事業活動を行う会社として内閣府令で定める会社」と「地域の活性化，産業の生産性の向上その他の持続可能な社会の構築に資する業務またはこれらに資すると見込まれる業務を営む会社」が加わった（第16条の２第１項第14号，第15号）。さらに，子会社に対して銀行グループ外からの収入を制限していた，いわゆる収入依存度規制[7]が撤廃された。規制緩和以前から地域金融機関による地方創生への取り組み事例[8]はあったが，銀行法の厳しい制約の範囲内の活動であり，収益源とするには厳しかった。しかしこれまでの規制緩和で，地域金融機関にとって地域活性化策は幅の広い新たな収益源として期待できる。いうまでもなく金融機関は，預金や貸出という，高い経営健全性が求められる業務に携わるため，規制や監督が必要不可欠であることに変わりはない。規制緩和が金融機関の過度なリスクテイクを引き起こし，経営健全性を損ない，倒産リスクを高めることがあってはならない。この点に関して，安田（2019）は，銀行の収益源の多様化が倒産リスク指標であるＺスコアを高める結果は確認できず，手数料ビジネスへの展開はリスクを勘案しても銀行の収益性に貢献するものの，倒産リスクに影響を与えるほどのインパクトはないという示唆を得ている。そもそも現在の地域経済衰退下においては，地域金融機関の経営健全性は，リスクテイクを避けるだけで維持できるものではない。経営健全性を維持するためには利益を確保せねばならず，そのために

費用効率や収益率を向上させる方策を講じる必要があり，昨今の規制緩和はその環境整備として理解できる。

❷　具体的取り組み

金融機関による観光振興の取り組みとして，まず本来業務である融資がある。例えば，京都銀行は「京銀観光支援特別融資＜賑わい＞」で，観光関連業を営む者を対象に運転資金・設備資金を融資している。一方，このような本来業務以外にもさまざまな手法があり，これまでの規制緩和によってその幅は広がっている。これを３つに類型化すると，次のようになる。

・類型１：他行，他業種，公的組織等との連携・協定締結・業務提携

・類型２：観光振興ファンドの活用

・類型３：地域商社事業

表１は，類型１の事例である。銀行と信用金庫など業態が異なる金融機関間や，他業種，公的機関，他の都道府県など，幅広い主体間で行われている。類型１の取り組み拡大の背景の一つとして，本稿脚注４にあるように，金融機関が定期的に情報公開するべき項目として，「中小企業経営の改善及び地域の活性化のための取り組み状況」が追加されたことがあるだろう。今後は，この動きがどのような具体的な効果を生むかが重要である。

全国信用金庫協会の「信用金庫における地域密着型金融への取り組み事例集（2010年度〜）」で，信用金庫による，経営支援，事業承継支援，海外ビジネス支援，商談会開催等，本来業務にとどまらない取り組みとその成果がまとめられており，その多くが外部組織との連携で成り立っていることがわかる。

表1　観光振興に関する連携・協定締結，業務提携

開始年	参加主体	内容・名称
平成22年	室蘭信用金庫，苫小牧信用金庫，伊達信用金庫，北海道胆振総合振興局	胆振地域の経済の活性化を図るため包括連携協定
平成25年	青森銀行，北洋銀行，（株）アークスグループ，新日本スーパーマーケット協会	青函圏「食と観光」活性化連携
平成27年	中国銀行，広島銀行，山口銀行，阿波銀行，百十四銀行，伊予銀行，みなと銀行，日本政策投資銀行	瀬戸内地域の観光産業の活性化に関する協定
平成28年	北國銀行，福井銀行，富山第一銀行，百五銀行，名古屋銀行，十六銀行	東海・北陸観光産業活性化プロジェクト連携協定，「六ツ星観光プロジェクト」
平成29年	青森銀行，秋田銀行，岩手銀行，七十七銀行，山形銀行，東邦銀行，日本政策投資銀行	観光振興事業への支援に関する業務協力協定「東北観光金融ネットワーク」設立
平成29年	さがみ信用金庫，三島信用金庫	協定締結，「神奈川県西部・静岡県東部地域活性化連絡会議」発足
平成29年	大阪観光局，池田泉州銀行	観光振興に関する連携協定
平成29年	鳥取信用金庫，山陰合同銀行，鳥取銀行，鳥取市，岩美町，智頭町，八頭町，若桜町	「鳥取地域商社設立協議会」，「株式会社地域商社とっとり」設立
平成30年	北越銀行，明治安田生命	株式会社北越銀行と明治安田生命保険互会社の地方創生に関する連携協定
平成30年	横浜銀行，静岡銀行，山梨中央銀行	富士箱根伊豆地域の観光振興に係る連携に関する協定
平成30年	南都銀行，奈良市，（株）NOTE奈良	「奈良市における歴史的建築物活用に関する連携協定」
平成31年	南都銀行（株）近鉄百貨店	地域商社事業による地域産品の販路拡大や新規創業支援を通じた地域活性化を目的とした連携協力に関する協定
令和2年	百五銀行，第三銀行，桑名三重信用金庫，地域経済活性化支援機構（REVIC）	「三重県における観光による地域活性化」に関する連携協定
令和3年	神姫バス，みなと銀行	観光地域活性化に関する連携協定締結
令和4年	辰野町，（株）FOOD ARCHITECT LAB，（株）JTBパブリッシング，アルプス中央信用金庫，八十二銀行	辰野町の観光まちづくりにかかる五者による包括連携協定
令和4年	日本航空（株），百十四銀行	地方創生の推進に係る包括連携協力に関する協定
令和4年	伊達信用金庫，（株）伊達観光物産公社	業務提携
令和4年	（株）スノーピーク，大垣共立銀行	観光振興および，地域活性化に向けた包括連携協定
令和5年	三十三銀行，志摩市，志摩まちづくり（株），中日新聞社，大起産業（株），志摩市観光協会，志摩市商工会，百五銀行，桑名三重信用金庫	観光振興と地域活性化推進に関する連携協定
令和5年	（株）ゼンリン，（株）V・ファーレン長崎，（株）長崎ヴェルカ，十八親和銀行	ながさきのまち魅力発信連携協定

出所：各金融機関ウェブサイトより筆者作成

　表2は，類型2の事例として，地域経済活性化支援機構（REVIC）による「観光産業支援ファンド」を示している。

　5％ルール[9]例外対象となっていたファンドはREVIC関与案件に限る等，以前は制約が強かったが，緩和の要望[10]が2019年に実現して以降，類型2の活用範囲が拡大している。鳥居（2022）によれば，投資専門子会社を設立した地銀は，2019年の百五銀行の「百五みらい投資」が国内初で，2022年11月現在は約20行に上るという。規制緩和以前の観光振興ファンドで民間主導の事例は佐藤（2018）に詳しい。また，観光業との共同ファンドとして，日本政策投資銀行は「協働ファンド業務」で2015年に星野リゾートと共同で通称「ホテル旅館リニューアルファンド1号，2号」）を組成している。

表2　REVICによる観光産業支援ファンド

全国	・観光活性化マザーファンド ・観光遺産産業課投資事業
関東	・かながわ観光活性化投資事業 ・千葉・江戸優り佐原観光活性化投資事業
中部	・ALL信州観光活性化投資事業 ・しすおか観光沽性化投貸事柔
北陸	・ふくい観光活性化投資事業
近畿	・やまと観光活性化投資事業 ・わかやま地域活性化投資事業
四国	・高知県観光活性化投資事業
九州・沖縄	・九州観光活性化投資事業 ・佐賀観光活性化投資事業

出所：地域経済活性化支援機構ウェブサイトより抜粋

　金融機関によるファンド業務はリスクマネー供給促進の側面があり，その環境整備の一つが5％ルール等出資規制の緩和である。しかし，この動きに対して野村（2013）は，リスクマネーの供給等の根本的な問題は，5％ルールの上限緩和だけでは解決されず，緩和自体に副作用も考えられ，投資家層の拡大，出資の出口戦略に向けた環境整備，企業のライフステージに応じた資金調達形

態の多様化，などをあわせて検討すべきと指摘している。

　類型3の地域商社事業は，類型2からさらに踏み込んだ取り組みで，金融機関による他業への本格参入といえる。図1は地域商社の概要である。地域商社は，地域の特産品やサービスを扱うことから観光業との関連が強い。地域金融機関は地域の幅広い業種とネットワークを持つ点で優位性があるとされ，多く参入している（表3）。北海道銀行や十八親和銀行のように，一つの銀行が複数の地域商社を展開している例や，山陰合同銀行・鳥取銀行，阿波銀行・百十四銀行・伊予銀行・四国銀行のように，複数の銀行が共同で一つの地域商社を

図1　地域商社の概要

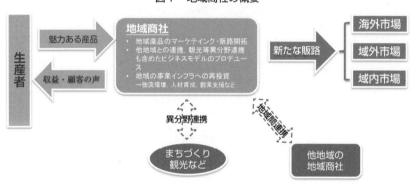

出所：内閣官房・内閣府総合サイト「地方創生」平成29年1月17日「地方創生に関する都道府県・指定都市担当課長説明会」資料　https://www.chisou.go.jp/sousei/meeting/tihousousei_setumeikai/h29-01-17-siryo13-2.pdf（閲覧日：2023年9月4日）より転載

表3　地域商社事業に参入した地方銀行

北海道銀行，みちのく銀行，岩手銀行，秋田銀行，山形銀行，足利銀行，武蔵野銀行，千葉銀行，第四北越銀行，北國銀行，静岡銀行，関西みらい銀行，紀陽銀行，山陰合同銀行，鳥取銀行，中国銀行，広島銀行，山口銀行，阿波銀行，百十四銀行，伊予銀行，四国銀行，福岡銀行，十八親和銀行，佐賀銀行，肥後銀行，大分銀行，宮崎銀行，鹿児島銀行，沖縄銀行

出所：地方銀行協会ウェブサイト　https://www.chiginkyo.or.jp/regional_banks/initiative/regional_trading_company/（閲覧日：2023年9月4日）より筆者作成

展開している例がある。第四北越銀行による地域商社「（株）ブリッジにいがた」や大分銀行による「Oita Made（株）」は，「観光振興事業」を事業内容として明示している。また，山口銀行は，県内企業も出資する「地域商社やまぐち（株）」を運営し，さらに，（株）YMFG ZONE プラニングという観光コンサルティング企業を100％子会社としている。信用金庫として，大地みらい信用金庫は全国で初めて地域商社を設立し，その後，京都中央信用金庫，豊川信用金庫も設立を発表している。また，鳥取信用金庫は，山陰合同銀行，鳥取銀行，鳥取県東部の1市4町（鳥取市，岩美町，智頭町，八頭町，若桜町）と連携し，「株式会社地域商社とっとり」に出資や人的支援を行っている。津山信用金庫は，岡山県津山市の地域商社へ出資し，設立準備に関わっている。

　このような金融機関による地域商社への参入に懐疑的な意見も多い。地域商社ビジネスは成功事例が確立されておらず収益化は容易ではない上に，銀行の優位性を全面的に活用した結果，既存の業者を圧迫する可能性もあり，優越的地位の濫用の観点から慎重な検討を要するという指摘（大野・岡本（2021））や，債権の回収を重視する銀行が経営に関与することが企業価値の向上につながる保証はなく銀行の経営リスクを増大させかねない（安東（2019））という指摘もある。また，岩原（2023）によればアメリカやシンガポールでは銀行が金融関連業以外の事業を営むことが禁止（bankingとcommerceの分離原則）されており，規制がないヨーロッパ大陸諸国の現状を見ても分離原則を廃止すれば銀行の収益性がよくなるとは言い切れないとしている。さらに，松井（2020）は，ドイツは他業への参入を禁止する制度はないが，預金保護に基づく監督や規制に対応するコストが嵩むため，既存の主な銀行は他業をビジネスとして行っていないという。

③　地方創生政策における観光と金融

　地方で急速に進行する人口減少や東京一極集中を改善するという展望の下，平成26年に国は「まち・ひと・しごと創生基本方針」を発表した。その中で掲

げられた4つの基本目標の一つに，「地方にしごとをつくり，安心して働ける
ようにする」（令和2年以降は「稼ぐ地域をつくるとともに，安心して働けるようにす
る」へ変更）があり，これを推進する政策パッケージの一つとして「観光業を
強化する地域における連携体制の構築」が示された。このような動きを背景と
して，これまでさまざまな観光振興施策が展開されている。その中に金融機関
の融資が制度的に組み込まれている施策として，総務省による「地域経済循環
創造事業交付金（ローカル10000プロジェクト）」（図2）がある。

図2　地域経済循環創造事業交付金（ローカル10000プロジェクト）の概要

民間事業者の初期投資費用（施設整備，機械装置，備品費等）		
自己資金 0円でも可	自治体による助成 最大で初期投資費用の1/2まで	地域金融機関等（※）による 融資又は出資 自治体による助成額以上

国の財政支援等

1/2（最大10/10） 国費	1/4 特別交付税
	1/4 自治体負担

※　第一地方銀行，第二地方銀行，信用金庫，信用組合
　　R5年度から，融資元の拡充
　　・日本政策金融公庫及び沖縄振興開発金融公庫
　　・ふるさと融資を利用する場合の地方公共団体

出所：総務省ウェブサイト上の資料　https://www.soumu.go.jp/main_content/
　　　000872904.pdfより一部加工転載

このローカル10000プロジェクトについて「平成27年版地方財政白書」は，
「これまでに197事業が実施され，67億円の交付金に対して，72億円の地域金
融機関による融資が誘発されるなど，地域経済へのさまざまな波及効果が期待
されている」としている。この施策は，対象を観光業に限定しているわけでは
ないが，表4にあるように，多くの観光関連事業に交付されている。また，地
域金融機関による融資や出資が助成額以上に実施されることを条件としており，
例えば，兵庫県の「『食べて買ってもらう』をコンセプトにした商業施設誘致
による阪神地域食材のブランド化・交流人口増加・開発団地活性化プロジェク
ト」は但馬銀行が2,500万円の融資，天理市の「里山ライフ×アートを基軸と
した工房付きゲストハウス整備事業」は大和信用金庫が2,500万円の融資，宇

陀市の「日本酒製造工場（酒蔵）における日本酒文化体験型の観光用見学施設創設事業」は南都銀行と大和信用金庫が3,000万円の融資，上天草市の「『TAYUTA』樋合地区リゾートホテル開発」は肥後銀行が3億7,320万円の融資，佐久市の「SAKU-ORIプロジェクト（古民家機織り里山体験プロジェクト）」は八十二銀行が1,900万の融資をしている。このように金融機関による関与が制度的に組み込まれているため，公的機関による助成金のみの施策と比較し，財務面でのサポートや事業評価に民間視点が加わることでより効率的な運営が期待できる。さらに，金融機関が新たな企業との取引を始めるきっかけとなれば，この施策の交付実績の多くを占める観光関連事業への融資が拡大する可能性を高めるだろう。

表4　観光関連事業に対する「地域経済循環創造事業交付金（ローカル10000プロジェクト）」の交付実績[11]（平成24年～令和4年）　　　　　　　　（単位：千円）

実施主体	事業名	交付額
網走市	オホーツクの食を体験できる新たな観光拠点「網走番屋・オホーツクマルク」設置・運営事業	44945
美唄市	観光地域づくりと中心市街地活性化を促進する駅前宿泊・観光拠点施設整備事	40000
江別市	自然の力に感謝する思いを込めて全天候型センターハウスの設置及び「自然の中のおもちゃ箱」をテーマとしたグリーンツーリズム施設事業	50000
江別市	歴史的れんが建造物保存活用事業	50000
真狩村	洋食レストランの開業による真狩村産野菜等のブランド化	2000
積丹町	積丹町の気候風土や豊富な農林水産資源を活用したジン等のスピリッツ蒸留事業	22230
積丹町	積丹産ボタニカルを活用したサウナ滞在観光の開発	25000
長沼町	馬追の湧水と長沼町産の農作物を用いた化粧品の開発・製造・体感施設整備事業	50000
秋田県	廃業した老舗旅館の地域ブランド発型再生による地域活性化事業	22500
秋田県	天然オンドル湯治棟新築による若年層・インバウンド市場開拓事業	25000
秋田県	「秘湯」乳頭温泉郷におけるインバウンド特化型拠点整備事業	17190
秋田県	ゆざわジオパークの核となる新たな宿泊交流拠点構築事業	40000
秋田県	由利本荘市における「あきた発酵ツーリズム」発信拠点施設整備事業	25000
秋田県	「スポーツと温泉の郷」の核となる集客・交流拠点整備事業	40000
秋田県	湯沢市における「あきた発酵ツーリズム」発信拠点施設整備事業	17500
秋田市	旧料亭・松下亭リノベーション事業	19240
男鹿市	男鹿半島観光業リーディングプロジェクト	50000
にかほ市	奥の細道最北端「鳥海山エリア」滞留型観光地域経済活性化事業	50000
山形市	蔵王温泉の通年型スノーリゾート形成に向けた周遊拠点整備事業	7000

寒河江市	寒河江市中心市街地ミニシアター等整備事業〜「ミニシアター」×「地産地消レストラン」×「中心街マルシェ」によるにぎわい創出事業〜	32000
上山市	登録有形文化財である山城屋を活用した県産ワインと地産地消の飲食施設を核とした複合施設整備事業	2217
上山市	リカバリー温浴施設による蔵王坊平地域経済循環創造事業	40000
尾花沢市	十分一・大正ろまん館の整備	50000
尾花沢市	日帰り温泉施設内での，産直市場が併設された地元食材カフェテリア事業	12000
戸沢村	戸沢村観光振興（温泉施設再開）事業	50000
戸沢村	最上峡芭蕉ライン観光開発事業	35000
遊佐町	鳥海山の伏流水を活用したウイスキーの蒸留製造・販売事業	40000
つくば市	TSUKUBA BREWERY 筑波山麓活性化事業	33332
川越市	川越市指定有形文化財田口家住宅（百足屋）地域経済活性化再生利活用プロジェクト	14055
行田市	国指定特別史跡「埼玉古墳群」を拠点とした地域経済活性化事業	20000
東松山市	クラフトビール・ツーリズム	50000
市原市	市原市旧高滝小学校を活用した地域活性化プロジェクト	25000
香取市	歴史的資源を活用した佐原の町並みウェディング事業	50000
神奈川県	快適な宿泊施設の開設により「スポーツ」と「地域資源」を融合させ賑わいと経済循環を創造する事業	39880
小田原市	歴史的資源を活用した観光活性化と3世代が集う地域コミュニティ形成の循環型南町SDGs推進事業	35000
阿賀野市	地域資源と新産業を活用した異業種連携による地域活性化プロジェクト	40000
佐渡市	空き家再生による地域経済循環創造事業	13964
敦賀市	遊休不動産を活用した交流型ワーケーション施設整備事業	11001
小浜市	鯖街道の起点として御食国（みけつくに）食文化を集約した若狭さとうみ観光プラットフォーム事業	50000
勝山市	日本一の恐竜のまち（勝山市）における周遊観光促進事業	30000
美浜町	若狭美浜町民間施設観光拠点化事業	37000
若狭町	若狭ウエディングドレスの聖地（仮称）整備事業	50000
若狭町	若狭の自然と歴史文化を活かす森の宿泊施設新設事業	50000
南アルプス市	モビリティサービスにより連携する南アルプス市着地型観光事業	25700
北杜市	地域資源と地場農畜産物の融合によるサービス提供及び情報発信による地域ブランド育成事業	50000
笛吹市	石和温泉街利用の犬連れ観光客・宿泊客をメインターゲットにしたホテル併設型サロンの出店事業	15000
長野市	みーるんヴィレッジプロジェクト	50000
佐久市	佐久市地域経済循環創造事業（体験型宿泊事業〜KURABITO STAY〜）	9000
佐久市	SAKU-ORIプロジェクト（古民家機織り里山体験プロジェクト）	19000
東御市	湯の丸高原高地トレーニング環境を活用したアスリート食堂による地域活性化事業	40000

設楽町	古民家等の地域資源を活用した関係人口拡大モデル事業	5000
高島市	地域連携サービスによる高島版着地型観光の魅力創出事業	25000
多賀町	登録有形文化財の古民家の活用による滞在型観光事業	9248
京丹後市	地域資源を活用したおもてなし体験型観光事業〜四季型集客を目指して	50000
兵庫県	古民家再生【community & weekly stay & crafts】－丹波を中心とした兵庫県の人・モノづくりのための定住・育成・販路開拓事業－	10000
兵庫県	「食べて買ってもらう」をコンセプトにした商業施設誘致による阪神地域食材のブランド化・交流人口増加・開発団地活性化プロジェクト	20000
豊岡市	城崎温泉おもてなしステーション事業	29000
豊岡市	自然共生型のアウトドア施設と地元食材を提供するレストランによる観光客の増加と域内循環の拡大事業	22000
豊岡市	未利用資源の加工による高付加価値化と観光施設の設置による消費拡大事業	7200
豊岡市	豊岡鞄の直販による着地型観光の創出と産地及び豊岡鞄の知名度向上事業	19000
豊岡市	地元の観光資源と一次産業を活かした新しい練り製品の開発と豊岡産海産物のブランド化事業	13500
豊岡市	城崎温泉「アートと泊まる旅館」創造事業	25000
丹波篠山市	国登録有形文化財の改修を核とした観光動線再構築事業	50000
丹波市	古民家再生ならびにジビエ食材の活用，アグリツーリズムの提供による丹波市観光活性化プロジェクト	15000
丹波市	廃校を活用した新たな中山間地域のビジネスモデル構築事業	22000
朝来市	農業を核とした観光プログラムの提供と地域農産品の販売促進による朝来市内の観光活性化事業	7161
香美町	山陰海岸ジオパークの海洋資源を活用した観光拠点事業	43000
奈良県	飛鳥・吉野地域EVレンタルで新たな観光モデル創造事業	43200
天理市	新天理駅前広場「食と旅の拠点施設」整備事	30000
天理市	里山ライフ×アートを基軸とした工房付きゲストハウス整備事業	25000
宇陀市	木造校舎滞在型ゲストハウス整備事業	5000
宇陀市	「郷」－室生国際文化・観光・産業・医療交流の拠点の推進事業	25000
宇陀市	日本酒製造工場（酒蔵）における日本酒文化体験型の観光用見学施設創設事業	25000
三郷町	観光と福祉の連携プロジェクト	16000
三郷町	老舗醤油店が手掛ける地域特産品を活用した新商品開発販売事業	5900
斑鳩町	世界文化遺産「法隆寺」周辺まちあるき観光拠点によるハード・ソフト整備事業	17832
安堵町	国づくりの原点である地区（聖徳太子の精神が息吹く地）において，近代陶芸の巨匠が過ごした生家を活用し，おもてなしで地域を元気にする〜安堵町に初めて誕生する宿泊施設展開による地域元気事業	31500
田原本町	奈良県最古の醤油復活（醤油蔵・菌の活用）と周辺エリア観光情報発信の為のハード整備事業	19711
明日香村	飛鳥における古民家活用「おもてなし」プロジェクト〜日本誕生の地で初めてのゲストハウス〜	11000
太地町	森浦湾観光資源開発事業	30000

松江市	歴史文化の港町・美保関の古民家を活用した宿泊施設とレトロなBAR整備事業	19000
海士町	島のバックヤード再生プロジェクト	23955
海士町	島暮らしを楽しみ、移住・定住につなげる島のロングステイ事業	24000
隠岐の島町	離島の地域経済循環創出～空き家を活用したテレワークカフェ併設ビジネスホテル展開事業	21031
岡山県 倉敷市	キャンドルを活用した歴史的建築物再生による地域資源発信事業	15950
倉敷市	せんいのまち・倉敷児島地区における担い手育成型地域資源物販事業による産業と観光の循環サイクルの確立	27000
高梁市	歴史的町並み保存地区の空き家古民家活用による地域経済活性化事業	25000
高梁市	旧高梁市健康増進施設「朝霧温泉ゆ・ら・ら」跡地活用事業～地域の宝再発見～	50000
美作市	モータースポーツの振興・発展を通じた体験型モータースポーツツーリズム確立事業	24942
浅口市	THE VIEW瀬戸内－天空公園HOTEL & SPA-～アジアNO.1の天空天文台隣接公園という地域資源の活性化～	40000
矢掛町	古民家再生ホテルと地域資源を活用した地域活性化事業	16000
呉市	観光客の回遊性向上による呉市の新たな賑わい創出施設運営事業	10000
尾道市	街中温泉施設を再利用した尾道にぎわい創出プロジェクト	45485
竹原市 三原市	瀬戸内産果実を活用したワインと三原・竹原エリアの魅力（瀬戸内産果実，景観，歴史的建物）をフル活用した農業6次産業化及び交流人口・関係人口拡大創出事業	50000
神石高原町	「人と動物と自然の共生」をテーマとした観光コミュニティパーク創設事業	50000
山口県 周南市	湯野地域観光振興拠点施設整備事業	35000
徳島県	新たな観光ランドマーク『徳島新鮮なっとく市』開設で地域に賑わいと経済循環を創造する事業	40000
美馬市	うだつの町並み周辺古民家等活用支援事業	37900
神山町	サテライトオフィス体験宿泊施設～神山式地域経済循環創造～	49949
今治市	海の駅を起点としたサイクルシップによる瀬戸内広域サイクリング観光集客事業	35000
佐賀県 鹿島市	伝統的建造物と発酵文化を活用した「交流・賑わい・雇用」を創出する未来へつなぐ地域経済活性化事業	24499
長崎県 長崎市	明治維新150年　文化と歴史を紡ぐ「維新伝承」による地域活性化事業	25000
長崎市	地域資源を活用した宿泊型自立訓練施設による再犯防止の推進事業	25000
壱岐市	消費・販売ニーズに的確に応えた農業生産，販売及び農産加工等6次産業化の実践による地域資源活用並びに雇用の創出による地域経済活性化	50000
新上五島町	遊休公共施設のリノベーションによるホテル運営とインバウンド受入拠点整備事業	40000
上天草市	「TAYUTA」樋合地区リゾートホテル開発	50000
本部町	伝統的な餅菓子を通じた沖縄の食文化発信事業	47500

出所：総務省ウェブサイト上の資料より筆者作成

4 **公的機関による観光業を対象とする金融支援**

　公的機関による観光業へ特化した支援策が展開されている。政府系金融機関である日本政策金融公庫は，観光産業などの生産性向上及び観光消費の底上げを通じた日本経済の活性化を図るため，中小企業者支援の融資制度として，「観光産業等生産性向上資金」を提供している。また，沖縄県振興開発金融公庫は，国または県の観光関連施策に基づく整備地域において観光リゾート産業の振興に寄与する事業を行う者を対象として，「沖縄観光リゾート産業振興貸付」を実施している。

　信用保証協会においても各都道府県独自の取り組みがある（表5）。

表5　信用保証協会による都道府県独自制度

都道府県	制度名	内　　　容
群馬県・茨城県・栃木県	北関東観光連携保証「ぐいっと北関東」	群馬・茨城・栃木の3県が連携し，観光に関連する事業を営む中小企業・小規模事業者や地域観光の活性化を後押しする。通常料率より10％割引。
山梨県・静岡県・神奈川県	山静神観光連携保証	山梨・静岡・神奈川県の3県の信用保証協会が連携して富士箱根伊豆地域をはじめ，隣接する3県全域において，観光に関連する事業を営む中小企業の事業の拡大または継続に必要な資金調達を支援し，地域の活性化を図る。一般料率0.1％引下げ。
長野県・静岡県・愛知県・名古屋市・岐阜県・岐阜市・三重県・富山県・石川県・福井県・滋賀県	中部圏11協会共同地方創生保証「昇龍道・おもてなし」	中部圏11信用保証協会（長野県・静岡県・愛知県・名古屋市・岐阜県・岐阜市・三重県・富山県・石川県・福井県・滋賀県）の統一保証制度で，一定の要件に該当する観光関連事業者等に対して低保証料率を提供する。
和歌山県	成長サポート資金（観光振興対策）	外国人観光客や新サービスの提供など「おもてなし充実」への取り組みに関する事業計画を定め，不特定多数の方が利用する下記の対象施設の整備・改修を行う者を対象とする。
兵庫・岡山・広島・香川・徳島・愛媛・山口	ぐるり瀬戸内活性化保証（せとうち保証）	瀬戸内7県の信用保証協会が共同で創設した。瀬戸内観光の活性化に資する事業資金を対象とし，通常の保証料率より0.1％引下げ。
沖縄県	観光地形成促進関連保証	対象者は，沖縄振興特別措置法に定める中小企業者であり，かつ中小企業信用保険法に定める中小企業者に該当するもので，沖縄県知事の認定を受けた観光地形成促進措置実施計画に従って観光地形成促進措置を実施する者。

出所：各信用保証協会ウェブサイトより筆者作成

5 おわりに

　観光業は経済波及効果が大きく，交流人口や外需を増やすため，人口減少によって縮小し続ける地域経済を立て直す頼みの綱として注目され，観光振興が盛んに行われている。また，地域経済を基盤とする地域金融機関は，自身の存続のためにも地域経済活性化に資する活動が求められ，その一つとして観光振興に力を入れている。さらに，この動きを促す規制緩和や公的サポートが多く展開されている。本稿ではこのような流れと関連する事例をまとめた。その中で，地域の観光振興のための活動が金融機関の利益につながるのか，健全性を損ねないのか，また，そもそも地方創生政策や，その手段としての観光振興が適切なのか，いまだ意見が分かれるという認識が深まった。とはいえ，地域経済の縮小とそこに立地する地域金融機関の厳しい収益環境は，議論の結果を待ってはくれない。このような行き詰まりの中で，これまでの政策や金融機関の活動は現実的に実行可能な対応策として進められてきたと考えられる。そしてその結果は，やはりその地域の観光業の成長可能性に左右されるだろう。観光振興の成否は，その地域の観光業の成長可能性を適切に見極め，効率的に資源配分されたかが問われる。金融機関が関わることで，見極める力が発揮されれば，理想的な地域金融と観光振興の関係が実現できるだろう。

【注】

(1)　観光庁が発表した「明日の日本を支える観光ビジョン構想会議（平成28年3月30日）」の中に，「観光資源の魅力を極め，地方創生の礎に」とある。また，平成19年に施行された観光立国推進基本法の前文に，「観光が，今後，我が国において世界に例を見ない水準の少子高齢社会の到来（中略）が見込まれる中で，（中略）活力に満ちた地域社会の実現を促進」とある。

(2)　平成15年度「国土交通白書」の中に，「観光産業は（中略）裾野の広い産業であり，平成15年の国民経済に対する効果をみると，観光に係る直接消費は21.3兆円，さらに波及効果を含めると49.4兆円，雇用効果は398万人と推計している。（中略）地域にとっては，交流人口を増加させるとともに，産業や雇用の創出等を通じて地域の再生・活性化に大きく寄与する」とある。

⑶　平成27事務年度「金融行政方針」の中に，具体的重点施策として，「企業の価値向上，経済の持続的成長と地方創生に貢献する金融業の実現」とある。

⑷　金融庁（2013）にあるように，平成25年「中小・地域金融機関向けの総合的な監督指針」改正で，金融機関が定期的に情報公開するべき項目として，「中小企業経営の改善及び地域の活性化のための取り組み状況」が追加されている。

⑸　全国地方銀行協会（2018），同（2019）。

⑹　協同組織金融機関もこれに準じた改正が実施された。

⑺　平成十四年三月二十九日金融庁告示第三十四号（従属業務を営む会社が主として銀行若しくは銀行持株会社又はそれらの子会社のために従属業務を営んでいるか）https://www.fsa.go.jp/news/newsj/17/ginkou/20060628-1/02.pdf（閲覧日：2023年8月11日）

⑻　中小企業金融公庫総合研究所（2008）や地方銀行協会ウェブサイトで，地域金融機関による地方創生の事例が紹介されている。

⑼　銀行又はその子会社は，国内の会社の議決権については，5％を超える議決権を取得し，又は保有してはならない（銀行法第16条の4を要約）。

⑽　全国地方銀行協会（2019）。

⑾　事業名に観光と明示されてるもの，又は，明示されていなくても事業内容に宿泊，観光とあるものを抜粋した。

【参考文献】

安東泰志（2019）「銀行の持ち株規制緩和，もろ刃の剣」日本経済新聞2019年11月4日 https://www.nikkei.com/article/DGXMZO51411440V21C19A0000000/?cn=02（閲覧日：2023年9月8日）

岩原紳作（2023）「銀行の業務範囲規制─BankingとCommerceの分離─」『金融法務研究会報告書（42）銀行に対する業務範囲規制の在り方』第1章所収，金融法務研究会，https://www.zenginkyo.or.jp/fileadmin/res/abstract/affiliate/kinpo/kinpo2020_1_2.pdf（閲覧日：2023年9月8日）

大野晃・岡本陽介（2021）「地方銀行による地域商社事業進出の考察〜課題と収益化への道筋〜」Abeam Consultingインサイト，https://www.abeam.com/jp/ja/topics/insights/regional_trading（閲覧日：2023年9月4日）

Oita Made株式会社，https://oitamade.jp/view/company（閲覧日：2023年9月4日）

沖縄県信用保証協会，https://www.okinawa-cgc.or.jp/system/systemlist/post3260/（閲覧日：2023年9月10日）

沖縄振興開発金融公庫「沖縄観光リゾート産業振興貸付」，https://www.okinawakouko.go.jp/service/purpose/p001/1676534668/（閲覧日：2023年9月10日）

神奈川県信用保証協会「山静神観光連携保証」，https://www.cgc-kanagawa.or.jp/guarantee/cost/tourism1904/（閲覧日：2023年9月8日）

株式会社ブリッジにいがた，https://www.bridge-niigata.co.jp/（閲覧日：2023年9月4日）

観光庁（2016）「明日の日本を支える観光ビジョン」，https://www.mlit.go.jp/common/

001126601.pdf（閲覧日：2023年 8 月11日）

金融庁（2013）「中小・地域金融機関向けの総合的な監督指針（本編）新旧対照表」，https://www.fsa.go.jp/news/ 24/ginkou/ 20130329-6/ 12.pdf（閲覧日：2023年 9 月 8 日）

金融庁（2015）「平成27事務年度　金融行政方針」https://www.fsa.go.jp/news/ 27/ 20150918-1.html（閲覧日：2023年 9 月 8 日）

群馬県信用保証協会「北関東観光連携保証（ぐいっと北関東）」，https://gunma-cgc.or.jp/seido/s 10/kitakantoukankourenkei（閲覧日：2023年 9 月 8 日）

国土交通省（2003）「平成15年度国土交通白書」

佐藤彩生（2018）「観光活性化ファンドを通じた地域金融機関の多様な支援—人的支援にみる観光まちづくり参画への意義—」農林中金総合研究所『農林金融』2018年05月号　第71巻第 5 号通巻867号，https://www.nochuri.co.jp/report/pdf/n 1805re 2.pdf（閲覧日：2023年 9 月 8 日）

全国信用金庫協会「地域密着型金融に関する取り組み事例（2010年度〜）」https://www.shinkin.org/torikumi/area/chiiki/（閲覧日：2023年 9 月12日）

全国地方銀行協会「地方創生事例集」，https://www.chiginkyo.or.jp/regional_banks/initiative/creation/（閲覧日：2023年 8 月12日）

全国地方銀行協会（2018）「環境変化を踏まえた業務範囲規制の見直しに関する要望」，https://www.chiginkyo.or.jp/association/opinion_infomation/opinion/assets/news 20180912.pdf（閲覧日：2023年 8 月11日）

全国地方銀行協会（2019）「議決権保有（いわゆる 5 ％ルール）の緩和に向けた要望」，https://www.chiginkyo.or.jp/association/opinion_infomation/opinion/assets/news 20190405_3.pdf（閲覧日：2023年 8 月11日）

全国地方銀行協会企画調査部（2022）「改正銀行法を契機とした新たな銀行ビジネスの展開」『地銀協レポート』vol. 14，https://www.chiginkyo.or.jp/association/report/assets/rbareport_vol 04_report 02.pdf（閲覧日：2023年 8 月11日）

総務省「ローカル10000」，https://www.soumu.go.jp/main_content/ 000704976.pdf（閲覧日：2023年 8 月11日）

　　https://www.soumu.go.jp/main_content/ 000896397.pdf（閲覧日：2023年 8 月11日）

　　https://www.soumu.go.jp/main_content/ 000530285.pdf（閲覧日：2023年 8 月11日）

　　https://www.soumu.go.jp/main_content/ 000885954.pdf（閲覧日：2023年 8 月11日）

　　https://www.soumu.go.jp/main_content/ 000885954.pdf（閲覧日：2023年 8 月11日）

総務省（2015）「平成27年版地方財政白書」。

第四北越フィナンシャルグループ「地域商社『株式会社ブリッジにいがた』の設立について」https://www.dhfg.co.jp/notice/pdf/ 20190401_bridge.pdf（閲覧日：2022年 9 月 8 日）

第二地方銀行協会「地域活性化」，https://www.dainichiginkyo.or.jp/membership/region_activate.html（閲覧日：2023年 8 月19日）

中小企業金融公庫総合研究所（2008）中小公庫レポート No. 2008-5，https://www.jfc.

go.jp/n/findings/pdf/tyuusyourepo_08_05.pdf（閲覧日：2023年8月12日）

鳥居龍一（2022）「動き出したリスクマネー～地銀ファンドの課題と可能性」Frontier Eyes Online, https://frontier-eyes.online/risk-money_movement/（閲覧日：2022年9月8日）

内閣官房・内閣府総合サイト「地方創生」, https://www.chisou.go.jp/sousei/index.html（閲覧日：2023年8月30日）

内閣官房（2022）「デジタル田園都市国家構想実現会議」第6回議事次第「資料13金融庁提出資料」, https://www.cas.go.jp/jp/seisaku/digital_denen/dai6/siryou13.pdf（閲覧日：2023年8月11日）

名古屋市信用保証協会「中部圏11協会共同地方創生保証「昇龍道・おもてなし」, https://www.cgc-nagoya.or.jp/guarantee/guarantee11-1.html（閲覧日：2023年9月8日）

奈良県天理市「ローカル10000」, https://www.city.tenri.nara.jp/material/files/group/70/71499543.pdf（閲覧日：2023年8月11日）

ニッキンONLINE（2022年12月8日）「豊川信金, 100％出資の地域商社　3年後までに黒字化へ」http://www.nikkinonline.com/article/74763（閲覧日：2023年9月12日）

日本経済新聞（2020年10月19日）「岡山県津山市, 農業振興の地域商社　津山信金と設立」https://www.nikkei.com/article/DGXMZO65183800Z11C20A0LC0000/（閲覧日：2023年9月12日）

日本経済新聞（2022年6月15日）「大地みらい信金が地域商社子会社　財務局が認可」https://www.nikkei.com/article/DGXZQOFC157CN0V10C22A6000000/（閲覧日：2023年9月12日）

日本経済新聞（2022年6月22日）「京都中央信用金庫, 地域商社を設立へ　伝統産業を支援」https://www.nikkei.com/article/DGXZQOUF226ZG0S2A620C2000000/（閲覧日：2023年9月12日）

日本政策金融公庫「観光産業等生産性向上資金」, https://www.jfc.go.jp/n/finance/search/kanko.html（閲覧日：2023年9月8日）

日本政策投資銀行「協働ファンド」, https://www.dbj.jp/service/invest/fund/?tab=1&more=1&sc=1（閲覧日：2023年9月8日）

日本政策投資銀行「星野リゾートと（株）日本政策投資銀行による共同運営ファンド組成合意について通称『ホテル旅館リニューアルファンド』」, https://www.dbj.jp/topics/dbj_news/2015/html/0000021002.html（閲覧日：2023年9月8日）

野村敦子（2013）「銀行の出資規制緩和を巡る議論」JRIレビュー2013 Vol.2 No.3, https://www.jri.co.jp/MediaLibrary/file/report/jrireview/pdf/6575.pdf（閲覧日：2023年9月8日）

松井智予（2020）「他業解禁のビジネス上の合理性―ドイツの事例から―」金融庁金融研究センターディスカッションペーパーDP2020-8, https://www.fsa.go.jp/frtc/seika/discussion/2020/DP2020-8.pdf（閲覧日：2023年9月11日）

安田行宏（2019）「銀行の収益源の多様化とパフォーマンスに関する検証」令和元年度
　　金融調査研究会第 1 研究グループ報告書第 4 章所収，https://www.zenginkyo.or.jp/
　　fileadmin/res/abstract/affiliate/kintyo/kintyo_2019_1_6.pdf（閲覧日：2023年 9
　　月 4 日）
山口銀行「地方創生にかかる新会社の設立について」，https://www.yamaguchibank.
　　co.jp/portal/news/2017/news_0925_1.pdf（閲覧日：2023年 9 月 8 日）
山口県信用保証協会「ぐるり瀬戸内活性化保証（せとうち保証）」，https://www.
　　yamaguchi-cgc.or.jp/publics/index/169/（閲覧日：2023年 9 月 8 日）
山口フィナンシャルグループ「地域観光振興会社「株式会社ワイエムツーリズム」の設
　　立について」，https://www.ymfg.co.jp/news/assets_news/63b501bb52c11bf27ccc2f
　　88837df3668b905ae7.pdf（閲覧日：2023年 9 月 8 日）
和歌山県信用保証協会「成長サポート資金（観光振興対策）」，https://www.cgc-wakayama.
　　jp/system-list/community/g-support-promotion（閲覧日：2023年 9 月 8 日）

第
14
章

宿泊業における雇用の特徴と課題

Characteristics and Issues of Employment in Japanese Hotel Industry

岩橋建治
Kenji IWAHASHI

1 はじめに

　わが国において，観光はこれからの成長が予想される産業であると言われている。観光を通じてさまざまな場面で経済効果がもたらされると期待されている。コロナ禍を経て，インバウンドも復活し，観光業の将来は明るいようにみえる。ところが，観光業の中核といえる宿泊業の現状はどうだろうか。宿泊業を担う従業員の働き方には，まだ多くの課題が残されているように思われる。

　本稿では，わが国の宿泊業における雇用の特徴と課題について述べる。まず，宿泊業をめぐる雇用の現状を明らかにすることで，離職率と人材流動性の高さがこの業界での雇用を大きく特徴づけていることを確認する。次に，宿泊業における高い人材流動性をもたらしていると考えられる，いくつかの要因を整理する。さらに，こうした現状を克服するための課題として，労働生産性を高めるとともに，従業員の待遇改善をすすめていくことについて論じる。その上で，最後に，沖縄県における宿泊業の発展に向けて考察を行う。

宿泊業をめぐる雇用の現状

　宿泊業に関する概況を述べる。厚生労働省「令和 3 年度保険・衛生行政業務報告例」によると，2021年度の旅館業の施設数は89,715軒である。その内訳は，旅館・ホテル営業が50,523軒，簡易宿所営業が38,593軒，下宿営業が599軒である。2017年度から2021年度までの過去 5 年間において，旅館・ホテル営業は1,499軒の増加，簡易宿所営業が6,142軒の増加である。

　就業者数について，総務省統計局「令和 4 年労働力調査」によると，「宿泊業，飲食サービス業」の就業者数は，2022年平均で381万人である。その内訳は，男145万人，女236万人である。

　宿泊業をめぐる雇用の現状としては，以下のように，人材不足，低賃金・長時間労働，非正規雇用の多さが挙げられる。

1　人材不足

　宿泊業における人材不足は，有効求人倍率の高さからもみてとれる。2023年3 月の厚生労働省「一般職業紹介状況」によると，パートタイムを含む常用の有効求人倍率は，全職業で1.22倍であることに対して，「接客・給仕」の職業では3.29倍であった[1]。求職者 1 人に対して，求人数が3.29件あると示しており，他の職業と比べかなり人材不足の状況であることがうかがえる。

　こうした人材不足は，宿泊業での離職率の高さによるところが大きい。厚生労働省「令和元年雇用動向調査」によると，産業大分類の「宿泊業，飲食サービス業」における，2019年度の入職率が36.3%，離職率が33.6%であった。この入職率・離職率はいずれも，他の産業大分類と比べて突出して高い[2]。人材の流動性が高い産業であるといえる。

　新規学卒者のうち就職後 3 年以内に離職した卒業生の割合も高い。厚生労働省「新規学卒者の離職状況」をみると，「宿泊業，飲食サービス業」に就職して 3 年以内に離職した者の割合は，2016年 3 月卒では，大学卒業生で50.4%

（全産業平均32.0%），短大等卒業生で57.4%（全産業平均42.0%），高校卒業生で62.9%（全産業平均39.2%）であった（令和元年［2019年］6月集計値）。いずれにおいても，全産業平均と比べ高い離職率を示している。

このように，宿泊業の人材不足は，その有効求人倍率と離職率の高さから垣間みることができる。この人材不足の傾向は，コロナ禍以降の景気回復や旅行需要拡大に伴い，ますます高まることが予想される。そして他の産業においても，人材不足に悩んでいる企業は少なくない。そのため，宿泊業は，同業種のみならず他業種とも厳しい人材獲得競争を行っている現状であるといえる。

２　低賃金・長時間労働

厚生労働省「令和4年賃金構造基本統計調査」によると，2022年の産業大分類の「宿泊業，飲食サービス業」における産業別平均賃金（所定内給与額）は，257.4千円であった[3]。他の産業大分類と比べて最も低い額である（全産業平均311.8千円）。平均年齢は43.5歳であった。これらを男女別にみた場合，その内訳は，男性の平均賃金291.4千円（平均年齢43.9歳），女性の平均賃金216.1千円（平均年齢43.0歳）である。

宿泊業における長時間労働に関しては，年次有給休暇の取得率の低さが挙げられる。厚生労働省「令和2年就労条件総合調査」によると，2019年の1年間の年次有給休暇の取得率は，全産業平均で56.3%であったのに対して，「宿泊業，飲食サービス業」のそれは41.2%であり，もっとも低い[4]。宿泊業では，基本的に24時間365日稼働体制であることから，拘束時間が長く，休暇を思うように取得できない場合がある。

３　非正規雇用の多さ

総務省統計局「令和4年労働力調査」によると，「宿泊業，飲食サービス業」の2022年平均の就業者数381万人の内訳は，自営業主36万人，家族従業者14万人，雇用者330万人である。この雇用者のうち，役員を除く雇用者は，正規の職員・従業員が80万人であることに対して，非正規の職員・従業員が239

万人であり，非正規雇用の多さが分かる[(5)]。

　これを男女別にみてみる。男性における役員を除く雇用者は，正規48万人，非正規64万人であり，やや非正規雇用が多い。ところが，女性における役員を除く雇用者は，正規31万人，非正規175万人と，圧倒的に非正規雇用が多い。

　さらに，高齢従業員の割合も高い。観光庁「令和元年版観光白書」によると，宿泊業における就業者数全体に占める65歳以上の割合は20.6％と，全産業の平均値である12.9％に比べて高い（p.83）。

　ここから，宿泊業における非正規雇用の背景には，女性従業員，高齢従業員の多さがあるといえる。観光庁「令和元年版観光白書」は，宿泊業が，とくに2010年代において訪日外国人旅行者の増加等を背景とする需要の増加に対し，女性や高齢者を中心とする雇用を拡大させることにより対応してきたことを指摘している（p.83）。

　宿泊業では，閑散期と繁忙期の忙しさが異なり，そのため多くの非正規雇用に頼っている側面があるといえる。

③　宿泊業における人材流動性の要因

　宿泊業における雇用のもっとも大きな特徴は，先述したように，人材の流動性の高さであるといえる。転職へのハードルの低さは宿泊業界従事者の就業意識の特徴とも言われている（田村2019，p.68）。こうした人材流動性の高さをもたらす要因として，業界内競争の激しさ，業界慣習としての転職，そして就業環境が挙げられる。

１　業界内競争の激しさ

　宿泊業の人材流動性の高さをもたらす第１の要因は，この業界における競争環境である。

　Porter（1980）は，業界の構造を分析する上で，企業間の競争を激化させる５つの競争要因——業者間の敵対関係，新規参入の脅威，代替製品・サービス

の脅威，買い手の交渉力，売り手の交渉力——を述べた。

　業者間の敵対関係とは，競争業者（競合他社）間での競争の激しさの程度を表すものであり，競争の激しさは，同規模の企業数が多い，業界自体の成長が遅い，固定コストまたは在庫コストが高い，差別化できない，などの要因で増すとされる（ポーター1982，pp.36-38）。宿泊業は，業界自体の成長や差別化の余地は期待されるものの，とくに観光地であれば競合他社は多く，また事実上の固定費である人件費の比率が高いことから，競争の激しさがうかがえる。

　新規参入の脅威については，新規参入業者が既存企業のそれよりも魅力的な製品またはサービスを提供した場合，その業界での競争は激しさを増すと指摘されている（ポーター1982，p.22）。宿泊業では，先述した簡易宿所営業の増加や，近年の外資系ラグジュアリーホテルの積極的参入が目立ち，競争の激しさが増しているといえる。

　代替製品・サービスの脅威とは，既存の製品またはサービスに代替する，新製品または新サービスが現れる脅威のことである（ポーター1982，pp.41-43）。宿泊業は，装置産業であることから，既存業者には既存施設のハード面での制約があり，長い年数を経るにつれて施設は老朽化する。これに対し新規参入業者は新規にハード面をつくることで，目新しい施設を活用した，いまの時代に沿った個性豊かな体験やサービスを提供しやすい。

　買い手の交渉力とは，買い手が値下げを，または高い品質・サービスを要求する力の強さを指す。この力は，買い手にとって取引先を変えるコストが安く，買い手が十分な情報をもつ場合などにおいて強くなる。買い手の交渉力が強くなるほど業界内の競争は激しくなる（ポーター1982，pp.43-45）。宿泊業については，観光客の多くがインターネットから多くの情報を得て，また一般的に数ある宿泊先を選べる状態にあることから，競争は激しいといえる。

　売り手の交渉力とは，製品のもととなる素材などを供給する業者が，企業に対して売買の交渉を有利にできる力であり，この力が強まるに従い業界内の競争も激化する（ポーター1982，pp.46-47）。宿泊業についていうと，観光庁「観光地域経済調査」（2015年7月）によると，宿泊業の約半数（51.7%）は，仕入・

材料費，外注費の支払先が同じ市区町村内にある。宿泊業は，地元の旬の食材の仕入れなどをはじめとする，地元業者との取引の上で成り立っている。そのため売り手には交渉力があり，そのことが買い手である宿泊業の経営に影響することも無視できない。

　以上のことから，宿泊業の競争環境は，特有の激しさをもつと指摘できる。この競争の激しさゆえに，既存の多くの宿泊業者は価格競争を強いられる。そのことが結果として，従業員の低賃金・長時間労働の状態をもたらしていると考えられる。この状態が，宿泊業の離職率，人材流動性を高めているといえる。

❷　業界慣習としての転職

　宿泊業の人材流動性の高さをもたらす第2の要因は，業界内での転職——後述するようにとくに30歳代以上の中堅層の転職——が，慣習として根付いていることである。

　上野山（2002）は，都市ホテル業の従業員を対象とした質的調査から，宿泊業従業員の組織間移動のパターンについて，入社して数年の20歳代の従業員が離職しその後もホテルを転々とするパターンと，30歳代以降の従業員がときとして部下を引き連れて複数人で他のホテルへ転職するパターンがあると指摘した（p.68）。

　入社して数年の20歳代の従業員の転職については，入職前の期待と，入職後の現実とのギャップに対するリアリティショックが指摘されている。田村（2019）は，ホテル・旅館従業員に対する調査から，その就業意識の基本的特徴として，ユニフォームを着こなしスマートに働くことへの「憧れと誇り」，ホスピタリティあるサービスの提供といった「おもてなしの想い」を指摘しつつも，人を喜ばせたいという想いや理想だけで仕事を続けていくことは難しいとし，従業員が入職後に感じたギャップとして，「労働時間が不規則で拘束時間が長い」「夜勤などが多く体力・精神面できつい」「給与が低い」「休暇が思い通りにとれない」などの回答があったことを挙げている（pp.62-63）。さらに関（2016）は，ホテル従業員の人事管理の難しさについて，とくに専門分野

を担える若手にとって，「やりたい仕事」（例えば企画など）が最初からできるわけではないと指摘する（p.36）。こうしたリアリティショックが若手従業員の離職につながりうることが示唆されている。

　30歳代以上の中堅層の転職は，宿泊業の業界慣習の一つであると指摘されている（上野山2002，田村2019，テイラー2019）。テイラー（2019）は，ホテル業界においては，転職が昇進やキャリアを積み上げる手段であるという常識の存在を論じ，このようなキャリアへのアプローチはとくに外資系ホテル勤務者間で多くみられるという（p.50）。田村（2019）は，30〜40歳代の中堅層が，ポスト不足のため他のホテルに移動しないと上の職位に進めない状況があると述べるとともに，中堅層の過重負担が転職の背景にあると指摘する（p.67）。転職の大きな契機として，ホテルの新規開業が挙げられる。より良い待遇を求めて，ときには直近の部下も引き連れて集団で転職する（上野山2002）。新規開業ホテルではこのような転職組で管理職を固めることが一般的であるとも言われている（テイラー2019）。

③　就業環境

　宿泊業の人材流動性の高さをもたらす第3の要因として，就業環境が挙げられる。

　田村（2019）は，従業員の離職につながる就業環境のケースとして，「労働の量・質に対する報酬等のアンバランス」「有給休暇取得の困難さ」「職場の人間関係が劣悪，居場所がない，非協力，セクハラ，パワハラ」「現実との落差（ギャップ）解消に向けた適切なサポートのなさ」を挙げている（p.70）。

　報酬への不満について，神田（2019）は，「総じて低賃金たる宿泊業は，ある意味異常なまでの内発的動機づけを持つ従業員によって成り立っている産業と捉える。本来，外発的動機づけとのバランスがよいことこそ企業の理想とされるものの，均衡が保たれることはなく，『やりがい搾取』の状況が放置されている」（p.95）と主張する。

　職場の人間関係の影響も大きい。テイラー（2019）は，宿泊業従事者対象調

査において，離職理由として「報酬に不満」の次に「人間関係に問題」が多かったことを挙げ，「そもそも人材の転職理由の上位を占めているのは業界ではなくて会社に対する不満要因である。さらに離職意志の傾向から人材不足の一大要因は業界ではなく職場にあることが見えてくる」（p. 53）と論じている。

さらに，田村（2019）は，「ホテル・旅館のように直接お客様にホスピタリティのあるサービスを提供する職業においては，職場の人間関係の良否は就業意識に影響を与えやすい。なぜなら，職場に軋轢があるとそれだけで精神的エネルギーを消耗し，余裕をもってお客様に対し，心を込めたホスピタリティのある対応をすることが難しくなる」（p. 63）と指摘する。田村（2019）によると，ホテル・旅館従業員に対する調査（複数回答）から，職場の人間関係については「協力・支援があり良好である」（143件）との回答が最も多かったとしつつも，次に多かった回答が「忙しすぎて余裕がなくピリピリしている」（125件），その次に「顧客にはホスピタリティある対応だが，職場ではその逆」（92件）であったという（p. 64）。

　企業としては，ホスピタリティのプロフェッショナルである現場の従業員が働きやすいよう，適切なサポートを提供する必要があるだろう。ただし，先述したように，宿泊業がおかれている環境には厳しいものがあり，そのことが人材流動性の高さの要因となっている。どうすれば，現場をよりよくサポートできるのだろうか。次節では，宿泊業における雇用の課題について考察する。

宿泊業における雇用の課題

　宿泊業における雇用の課題とは，労働生産性を高めるとともに，従業員の待遇改善をすすめていくことであろう。ここでは，企業としての労働生産性の向上にむけた，作業改善，及び労働時間管理の方策を紹介する。そののち，従業員の待遇改善について述べる。

1　作業改善

　内藤（2015）は，製造業における科学的管理法やトヨタ生産方式にあたるものとして，宿泊業での労働生産性を高めるための手法として，リアルタイム・サービス法を提唱している。これは，「必要なときに，必要な人員のスタッフが必要な場所にいて，逆に必要でなければ帰る，休憩を取る，他の仕事をするといったように，現場の実際の稼働に，より柔軟に対応できるようにしていくこと」（内藤2015，p.49）を目指す生産管理手法である。

　内藤（2015）は，リアルタイム・サービス法を現場に導入するためのツールとして，リードタイム，小ロット化，マルチ・スキル，マルチ・プロセス，標準化，整流化を挙げている。

　リードタイムとは，実際の作業に着手する指示の工程から始まり，調達・仕入れ，さまざまな準備，作業途中の手待ち，運搬や保管などを含み，最終的にすべての作業が完了するまでの実時間のことを指す（内藤2015，p.51）。製造業では，このリードタイムを短縮するための作業改善が継続的になされているという。宿泊業においても，リードタイム短縮のためには，付加価値を生まない作業時間（準備，運搬，待機など）を削減することが必要であり，具体的には作業の並列化が有効であるという。これは，仕入れから，下ごしらえ，調理，盛り付け，配膳に至る直列方向の作業をなるべく同時進行にすることで並列化する，この作業プロセスのどこかにボトルネックがあれば必要な工程でスタッフを増やす，と言うものである（内藤2015，p.52）。他にも，必要のない作業の見直しによる作業効率の改善，作業のミスやロスを減らしていくための工夫，一部作業の簡素化によるリードタイムの短縮が挙げられている（内藤2015，pp.53-56）。

　小ロット化とは，これまでまとめて行っていた作業を，必要に応じてこまめに行うことである。例えば，大量仕入れを行い100個すべての料理をまとめてつくっていたのであれば，これを50個単位に分けてつくることで，何かあったとき（料理の急な変更，緊急の注文など）のロスを減らし，柔軟に対応すること

ができる（内藤2015，pp. 56-58）。もちろん，単に作業を小分けにするだけであれば，かえって段取りが増えてしまうことになる。そのため，この小ロット化を実現するには，作業プロセスの中にある，準備や運搬といった段取り作業の時間の効率化も同時にしていく必要があるという（内藤2015，p. 61）。

　内藤（2015）のいうマルチ・スキルとは，製造業では多能工と呼び，1人のスタッフが異なる複数の作業をできるようにすることである。宿泊業では，フロントで働いているスタッフが，食事処で料理を提供できるようにすることがマルチ・スキルの典型であり，マルチ・スキル化によって，それぞれの部署で発生する忙しさに合わせて，部署を超えてスタッフが移動できるようにすることである（内藤2015，pp. 66-67）。マルチ・スキル化を進めていくためには，作業現場の整理・整頓，個々の作業の標準化と単純化を通じて，他部署のスタッフでも作業に対応しやすいようにしていくことや，多様な作業をこなす従業員を評価する人事上の制度の設計も必要になるという（内藤2015，pp. 67-68）。ただし，宿泊業におけるマルチ・スキル化，またはマルチタスクの浸透について，テイラー（2019）は，複数の業務を平均的なレベルで行うことができる人材が増えることで企業の生産性が上がったとしても，サービスの質の低下が懸念されるとし，ホテルとして高品質のサービスを提供するためには，マルチタスクをこなしながらも特定の専門分野のスペシャリストでもある人材を育成する必要があるという（テイラー2019，p. 52）。

　内藤（2015）によると，マルチ・プロセスとは，1人のスタッフが複数の作業を同時並行しながら進めていく仕事のやり方のことである。お客が多い時間帯には各作業に人を投入して分業を行うが，逆にお客が少なくなったときは，1人のスタッフがすべての作業を同時にこなす。これにより，お客が少ない時間帯における人員配置の余剰を減らす（p. 70）。このためには，スタッフが複数の作業を同時並行しやすくなるよう，作業場の配置・場所を見直すなどの工夫も有効であるという（内藤2015，pp. 70-71）。

　平準化とは，季節や日中の特定の時期に集中する需要や現場の作業の負荷をばらして，それらを均等に配分して，作業をできるだけ一定に行えるようにす

ることである（内藤2015, p.72）。内藤（2015）によると平準化をするには3つの方法があり，それぞれ，繁忙期の需要を崩す，閑散期の需要を創出する，作業負荷が集中しない柔軟性ある作業プロセスにする，と言うものである（p.72）。内藤（2015）は，繁忙期の需要を崩すことについて，あえて客室数を減らすことで，同じスタッフでより品質の高いおもてなし・サービスを提供し顧客満足を高めた結果，閑散期にもお客が来るようになり，さらに客室稼働率の向上と客単価アップにより売上を増やした旅館の事例に触れている（p.73)[6]。他にも，同じ時間帯にお客が集中しないよう，食事時間の分散などの工夫を挙げている。

　最後に，整流化とは，上述したツールをフル動員し，それぞれの作業がきちんと隙間なく連結され，淀みなく作業プロセスが流れている状態をいう（内藤2015, p.77）。内藤（2015）によると，現場作業を整流化するためには，段取りの効率化による小ロット生産で顧客要望へより細かく対応できるようにする，現場の整理・整頓や作業の標準化・単純化などでリードタイムをさらに短縮する，作業間の密接な情報共有で需要の発生と必要な生産のタイミングを合わせていく，マルチ・スキルとマルチ・プロセスで稼働変動に現場作業が柔軟に対応できるようにする，といったことが必要であるという（pp.77-78）。

　こうした方策をもとに，宿泊業における作業改善を進め，労働生産性を高めるということが述べられている。

２　労働時間管理

　内藤（2015）によると，宿泊業の現場スタッフをよくみると多くの手待ち時間がみられ，本当に忙しい一瞬の時間に人手が足りていないだけで，1日8時間という労働時間の中では余裕のある時間が多くあるという（pp.48-49）。

　内藤（2015）は，各部署の人員を固定で抱えているとどの部署も少しずつ無駄な労働時間を持つことになるが，手待ち時間を使って，マルチ・スキル化でお互いに手伝うなど現場の働き方を柔軟にすることで従来の仕事により少ない人数で対応できるようになるとし，さらに，客数の変動に対して労働投入量がきちんと変動できるよう，繁忙日に全員出勤，そして閑散日には休日や休暇，

短時間勤務というシフトを組むことで，繁忙期により手厚いおもてなしをお客に提供することが可能であるという（pp. 151–152）。おもてなしのレベルを上げ集客力を高めることで，「売り上げが上がったが，労働時間が減る」状態を目指すというのである。

サービス業では，いつ来るか分からないお客のために，スタッフが待機している手待ち時間がある。内藤（2015）は，労働時間管理手法として，稼働対応労働時間制を提唱する。これは，1 日の労働時間を 1 ヶ月で平均 8 時間とし，それを日によって変形させない固定的な「所定労働時間」と，現場の稼働状況によって日々変動する「稼働対応労働時間」に 2 分割すると言うものであり，例えば 4 時間の所定労働時間と，1 日平均 4 時間の稼働対応労働時間に，1 日の労働時間を分割するという（pp. 185–186）。労働時間の分割という視点は，他業種で普及しているフレックスタイム制に近いものがあると言えよう。こうした労働時間管理によって，手待ち時間を減らし，客数の変動に柔軟に対応し，客数の多いときに人員をより確保することでおもてなしのレベルを高めるというのである。

❸　従業員の待遇改善に向けて

上述した，作業改善及び労働時間管理の方策をつうじて，企業としての労働生産性を高めることで，組織に人員的・時間的なゆとりを生み出し，そこから従業員の待遇改善を可能にすることが望ましい。

従業員の待遇改善に向けて，第 1 に，賃金の引き上げが求められる。これまで述べてきた通り，宿泊業における離職者の多さは，長時間労働でありながら低賃金であることに起因している。

確かに，前述したように厳しい業界内競争にさらされている宿泊業において，賃上げは勇気がいる決断かもしれない。しかし，現状にとどまれば人材不足を解消することが難しい。神田（2019）は，それぞれが独自の価値を表出することで，宿泊業界全体でサービス販売価格を底上げできるような風土を醸成することが必要であると述べ，そのことで，従業員の賃金改善を含めあらゆる要素

で好循環を生みだせる可能性があると指摘する（p.92）。

　従業員の待遇改善に向けた第2の課題は，長時間労働の是正も含めての，従業員のワーク・ライフ・バランスの確保である。労働時間管理の見直しをすすめるとともに，安心して働き続けられるよう，福利厚生の向上，短時間正社員制の導入や，在宅勤務などの柔軟な働き方の実現を図ることが挙げられる。

　第3の課題は，現場の従業員のための，就業環境の改善である。ここでは，現場に任せることの効用と，現場をサポートするリーダーシップの在り方について触れる。星野リゾート社長の星野佳路は，従業員が定着しなければ改革は挫折するとし，定着させるための方策の一つとして，フラットな組織づくりを進めた。それは，現場の従業員に裁量を「任せる」ことで，自ら考えて動くようになり，互いに情報共有につとめ，言いたいことをいえる風通しのよい職場に変えていくと言うものである（中沢2010，pp.182-191）。さらに，リッツ・カールトンでは，従業員の「自尊心」を高めることが大切であり，そのためにはリーダーが従業員を尊重し敬意を払うことの美徳が強調される。敬意を払われていると感じている従業員は，人の役に立つことに誇りを覚えるようになり，それにより優れたサービスが可能になるというのである（フラー2012，p.77）。

 **おわりに：
沖縄県における宿泊業の発展に向けて**

　本稿では，わが国の宿泊業における雇用の特徴と課題について述べた。まず宿泊業をめぐる雇用の現状について，人材不足，低賃金・長時間労働，非正規雇用の多さを指摘した。こうしたことが，宿泊業における高い離職率，人材流動性の背景になっている。宿泊業の人材流動性の高さをもたらす要因としては，業界内競争の特有の激しさ，業界慣習として転職が根づいていること，及び就業環境における諸問題が挙げられた。こうした現状を克服するための課題として，作業改善と労働時間管理によって労働生産性を高めるとともに，従業員の待遇改善をすすめていくことが必要であると論じた。

　最後に，沖縄県における宿泊業の発展に向けて，若干の考察を加えたい。

　沖縄県文化観光スポーツ部「令和4年度沖縄観光に関する県民意識の調査結果報告書」によると，宿泊業従事者を対象に職業満足度を問うたところ，「とても満足している」とした回答が8.5％，「やや満足している」の回答が44.3％であった。半数は現在勤めている職業に満足しているようである。なお，その他の回答としては，「どちらともいえない」30.3％，「あまり満足していない」7.5％，「まったく満足していない」9.4％であった（p.51）[7]。

　宿泊業従事者の半数が現在の職業に満足している一方，観光産業に対するイメージについてはマイナスの印象のものも多かった。沖縄県文化観光スポーツ部の同報告書によると，観光客と接する機会が「日常業務の一環」である人たちに対して，観光産業のイメージを複数回答できいたところ，「休みがとりにくい」という回答が36.9％と最多であり，以下，「残業が多い」33.4％，「体力的な負担が多い」28.1％，「給与，待遇が悪そう」25.4％と，上位の回答にはマイナスイメージが続いた。ただし，同調査では，「仕事を通じて成長できそう」24.4％，「仕事内容が面白そう」23.6％というポジティブな回答もみられた（p.44）。

　こうした傾向から，日常業務の一環として観光客と接する人たちにとって，観光産業のイメージはネガティブな回答も含むものではあるものの，同時に，ポジティブなやりがい要素も見出されていることが分かる。

　コロナ禍を経て，再び観光客数が増加している反面，沖縄県における宿泊業は，深刻な人材不足の状態にある。本土資本や外国資本の高級リゾートホテルなどの積極的参入により，業界内競争は一段と激しさを増している。他の都道府県と同様に，低賃金・長時間労働といった雇用をめぐる問題も抱えている。労働生産性をより高めると同時に，従業員の待遇改善をすすめることで，宿泊業における就業イメージを良くしていく必要があるといえる。幸い，上述したように，沖縄県における宿泊業従事者の半数は職務に満足を感じており，観光業で働くことに対するイメージにもポジティブな要素がみてとれた。沖縄県における宿泊業のさらなる発展を期待している。

【注】

(1)　厚生労働省「一般職業紹介状況」（令和 5 年 3 月分及び令和 4 年度分）。

(2)　コロナ禍直前である2019年度の状況を知るため，厚生労働省「令和元年雇用動向調査」を参照。

(3)　短時間労働者を除く一般労働者の値である。厚生労働省「令和 4 年賃金構造基本統計調査」。

(4)　コロナ禍直前である2019年度の状況を知るため，厚生労働省「令和 2 年就労条件総合調査」を参照。

(5)　総務省統計局「令和 4 年労働力調査」。

(6)　鎌先温泉の時音の宿湯主一條の事例である。

(7)　沖縄県文化観光スポーツ部「令和 4 年度沖縄観光に関する県民意識の調査結果報告書」。

【参考文献】

上野山達哉（2002）「ホテル産業における人的資源管理の内的整合性と変革」『福島大学地域創造』14（2），pp. 67－76.

神田達哉（2019）「観光産業における労使関係・課題」『日本労働研究雑誌』2019年 7 月号（No. 708），pp. 88－95.

関千里（2016）「ホテルGMのキャリア形成にかんする研究―総支配人による講演会を手掛かりとした探索的研究」『経営管理研究所紀要』（愛知学院大学）23，pp. 29－40.

田村尚子（2019）「宿泊業従事者の就業意識――その特徴と課題」『日本労働研究雑誌』2019年 7 月号（No. 708），pp. 60－73.

テイラー雅子（2019）「宿泊業界における成長戦略としての人材育成――ホテル業の現状と課題」『日本労働研究雑誌』2019年 7 月号（No. 708），pp. 47－59.

内藤耕（2015）『サービス産業　労働生産性の革新　理論と実務』旅行新聞新社。

中沢康彦（2010）『星野リゾートの教科書　サービスと利益　両立の法則』日経BP社。

Fuller, Edwin D.（2011）"You Can't Lead With Your Feet On the Desk", Wiley,（小川敏子訳（2012）『最高のサービスを実現するリーダーシップ　リッツ・カールトンの流儀』日本経済新聞社）

Porter, Michael E.（1980）"Competitive Strategy", The Free Press,（土岐坤・中辻萬治・服部照夫訳（1982）『競争の戦略』ダイヤモンド社）

第15章

働く人のヘルスプロモーション

Health Promotion for Workers

島袋　桂

Kei SHIMABUKURO

1 はじめに

　わが国を取り巻く社会環境の変化は，労働人口にも影響を与えている。2012年から労働人口は増え続けており，とくに女性と高齢者の労働人口の増加は顕著である。2022年総務省統計局労働力調査によると，わが国における就業者は男性3,699万人，女性3,024万人，計6,723万人となっており，15歳以上人口に占める働く人の割合は6割を超えている。

　「働くこと」の意義は，経済的自立の他に，スキルの向上，生きがい，社会貢献など多くのポジティブな要素が含まれている。一方で，長時間労働による働き過ぎ，職場内における人間関係やハラスメント，非正規雇用に代表される不安定な就労形態や低賃金の問題により，心身の不調をきたす者も少なくない。個人のレベルでみると，働く人の不調は本人の健康問題につながることはもちろんのこと，その家族にも影響が及ぶことが知られている。加えて，職場レベルでは欠勤や体調不良のまま働くことによる生産性の低下，他の者への負担増加など，働く人の不健康が及ぼす影響の範囲は大きく，重要な社会課題の一つ

と言えるだろう。

　以上のような現状がどのような背景から生まれ，どのような機序で健康に影響を及ぼすのかについて知ることは，働く人の健康課題を解決するために不可欠である。ただし，健康問題の解決には，以下の二つの視点を忘れてはならない。一つは，健康行動には心理社会的な要素が多く含まれていることである（例えば仕事のトラブルでストレスを抱え，そのストレスを解消するために喫煙や暴飲暴食を行うなど）。二つ目は，健康問題には社会経済的状態（所得，学歴，職位階層，人間関係など）が強く関わっており，個人が健康な生活を送れるか否かは，本人の努力だけではなく本人を取り巻く社会的資源に依存している面が大きい。

　本稿では，働く人の健康課題とその処方について，健康問題には心理社会的な要因が含まれていることと，社会経済的状態の差が健康の格差へとつながっているという視点を踏まえて論じていくものとする。

2 健康の社会的勾配

　私たちの健康を決定しているものは何だろうか。多くの人は，運動やバランスの良い食事に代表される生活習慣が健康にとって最も重要だと考えていることが予想される。もちろん生活習慣は重要で，生活習慣と健康状態に関して多数のエビデンスが存在する。それでは，私たちの生活習慣を規定するものは何であろうか。健康課題の原因が生活習慣にあるとすれば，不健康な生活習慣が何に起因しているのかという原因の原因を探る視点が重要となる。

　林（2023）が著書の中で示したアメリカのCDC（アメリカ疾病予防管理センター）が示した健康に影響を与える要因のイメージ図によると，健康を規定する要因のうち，多くの人が最も重要であるだろうと考えている生活習慣は2割程度で，医療や遺伝要因も合わせて2割程度でしかない。私たちの健康を決める要因として最も多くを占めているのは社会経済的状態（以下，SES）を含む環境となっている。SESを含めた環境とは，個人の住んでいる場所や職場の他，所得，教育歴，地位なども含めた環境を指している。SESと健康に関しては，

国内外で多くのエビデンスが蓄積されており，アメリカの研究では世帯所得が低くなるほど死亡率が高くなることが示されている他，教育歴が少ないほど慢性疾患による死亡率が高いことがわかっている。国内の研究においても，同様に所得や教育歴と死亡率，所得とうつ，要介護などの関連が示されており，SESが良くない者ほど健康状態も良くないことが明らかになっている。所得や教育歴だけではなく，本稿のテーマとなる働く場所である職場や，職場内の階級である職位もSESに含まれており，労働時間や給与，雇用形態，人間関係なども健康に影響を与えている。

　SESと健康についてもう少し詳しく言及すると，SESが低いことは病気にかかりやすいだけではなく，病気の原因となる生活習慣も良くないことが明らかになっている。SESが良くない人ほど，良い人と比べて食事，身体活動，睡眠，喫煙，飲酒について不健康行動を取る傾向があり，逆にSESが良ければ健康な生活習慣をより多くとることができている。つまり，私たちの健康に関わる行動は健康に対する意識や関心だけではなく，個人と集団を取り巻く社会的資源（所得，教育歴，職業，人とのつながり等）によって規定されている部分は大きく，健康をコントロールするのは容易とは言えない。

　日本と世界の多くの国と地域に経済格差が存在するのと同様に，健康にも格差が存在してる。マーモット（2017）は，SESが低位から高位に上がるほど健康状態も良好になることを示し，健康の社会的勾配が生じていることを指摘している。このような格差は，健康は個人の努力で決まるという多くの人の認識と異なっているだけではなく，持つ者だけが健康になれるという不平等な状態と言えるだろう。さらに，収入や教育歴などのSESは世代間で引き継がれやすいことが明らかになっており，格差の固定化も懸念される。

　さらに，SESと健康の関連は，SESが低い者だけの問題ではない。所得を例に挙げると，所得が低いことに起因する物質的な制限のような絶対的所得水準が健康へ影響する経路だけではなく，他の人と比べて自分の所得が低いという認知がストレスとなり健康へ影響を及ぼすという相対的所得水準が健康に影響を与える可能性が高いことが示唆されている。よって，食料や住居，医療など

に困っていない中間層の人であっても，周りに高い所得の人がいれば健康を害されることになる。国内外の研究においても，ジニ係数が大きい国や地域で健康に影響が出ることが明らかになっており，経済的な格差が広がれば広がるほど社会全体の健康が害される可能性が高い。

身体的・精神的健康を享受することは，権利として国際条約でもうたわれており，わが国の生存権でも健康で文化的な最低限度の生活を営む権利としてうたわれている。以上からも，SESが引き起こす健康格差という不平等は，人々の幸福と公正な社会の実現のために改善される必要があり，わが国の喫緊の課題といえる。現在，健康格差の是正に向けて多くの知見が積み上げられており，国家，地方自治体，地域，学校，家庭などそれぞれの場所で有効な取り組みについて検証が続けられている。本稿では，とくに働く人の健康に焦点化し，個人とその家族，職場の健康に関するレビューを行い，個人と組織にとって有効かつ実現可能な取り組みについて考察していく。

3 本稿における話題の整理

本稿では，働く人の健康について先行研究等の知見を羅列するよりも，一つのモデルに各要因に関わる事象をプロットする方が全体の関係性が理解しやすいと考えたため，プリシードプロシードモデル（以下，PPモデル）を用いて働く人の健康を整理した。

PPモデルは，Greenら（1991）によって開発され公衆衛生の分野では臨床研究，健康教育の現場でも用いられており汎用性の高いモデルとなっている。特徴としては，健康課題の分析から課題解決のための計画・実践・評価までのプロセスを一つのモデルで示すことができ，健康課題の分析を中心とするプリシードのプロセス5段階と計画・実践・評価を行うプロシードのプロセス4段階の9段階で構成されている。図1は筆者が作成した仕事と健康のPPモデルで，本稿はPPモデルの右から左の方向に話題が展開されていく。

図1　仕事と健康のPPモデル

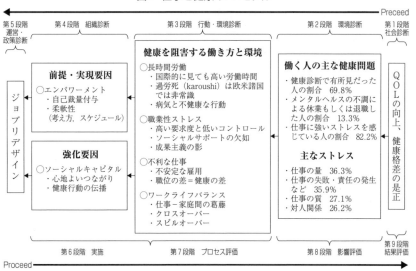

4　仕事と健康

　健康教育やヘルスプロモーションの最終目標は，子どもから大人，働く人においても変わらない。病気や障害が無いことだけを目指すのではなく，幸福な個人と社会の実現，公正な社会の結果として得られる質の高い生活という意味が込められたQOL（Quality of life）の向上を目指している。PPモデルの一番右は，個人と社会がどのような姿を目指していくかを示す箇所になっており，QOLの向上と日本を含む世界の多くの国と地域で喫緊の健康課題である健康格差の是正が挙げている。次の段階では，QOLの向上などを目指す上で，働く人の健康がどのような状態にあるのか，収集されたデータを確認する。

　厚生労働省の令和4年労働安全衛生調査結果の概要における事業所への調査によると，過去1年間に一般健康診断を実施した事業所において所見のあった労働者がいた割合は69.8%となっており，7割近くの事業所で健康に問題のあ

る労働者が存在している。その他，過去 1 年間にメンタルヘルス不調により連続 1 ヶ月以上休業したもしくは退職した労働者がいた割合は13.3％となっており，多くの事業所において心身の不調を感じている労働者が存在していることがわかる。

　次に，同じ調査による個人への聞き取りの結果をみてみると，現在の仕事において強い不安，悩み，ストレスを感じている労働者の割合は82.2％と高い割合となっている。強いストレスは不健康な行動（暴飲暴食，飲酒，喫煙，身体活動不足等）と関連していることから，直接的にまたは間接的に仕事によって健康を損なっている人が多く存在している可能性は高い。働く人のストレスについては，その内容についても聞き取りが行われている。厚生労働省よると，労働者のストレスの内容の主なものとして，割合の高い順に「仕事の量（36.3％）」，次いで「仕事の失敗，責任の発生等（35.9％）」，「仕事の質（27.1％）」，「対人関係（26.2％）」となっている。以上のような現状は，現代の労働者の職場環境や働き方に大きく依存していることは間違いない。どのような問題があり，それらの問題が働く人の健康に与える影響ついて次の段階で示していく。

　仕事と健康に関しては，国内外で多くの研究が報告されている。その中から，本稿の中心的な関心である心理社会的要因と健康格差に関連し，かつ日本の職場環境で頻発している 4 つの事象について紹介する。

1　長時間労働

　OECD（2022）の国別労働時間をみてみると，日本は1607時間で30位となっている。しかし，この数字には注意が必要で，日本で年々増加しているパートタイム雇用者等が含まれていないこと，日本の多くの事業所でみられるサービス残業が含まれていないことが影響している。実際，厚生労働省の「我が国における過労死等の概要及び政府が過労死等の防止のために講じた施策の状況（2021）」によると，週あたり49時間以上働いている者の割合は15.1％と諸外国よりも高く（アメリカ14.6％，イギリス11.4％，フランス8.5％，ドイツ5.7％，韓国は日本より高い18.7％），とくに男性は21.7％と高い割合となっており，長時

間労働者の割合は以前より改善されているものの，国際的にみて依然として高い。「過労死」という言葉は英語でも「Karoushi」であることからもわかるように，日本（韓国や中国など東アジアも同様）の働く時間や労働に対する価値観は，欧米諸国からすると非常識であるという見方が成立するかもしれない。長時間労働の健康への影響は，脳血管疾患及び虚血性心疾患等の他，うつ等の精神疾患の発症と関連する。加えて，これらの疾患を引き起こす原因となる生活習慣への影響として，長時間労働により睡眠不足や心理的ストレスが増加することが明らかになっている。他にも，因果関係について十分な検証はされていないものの，長時間労働と低い身体活動，喫煙，過剰飲酒，肥満等が関連することを示した報告もある。労働時間と健康行動はトレードオフの関係があり，働く時間が長くなれば，睡眠や運動にあてる時間が短くなること，健康的な食事を準備することなど健康にかける時間的コストは小さくなり，長時間労働が不健康な生活習慣につながる可能性がある。

　長時間労働と心理的ストレスについては，長時間働く者ほど仕事への努力（働く時間を含む）と報酬（給与や賞賛，承認等）の不均衡がみられることもわかっており，働いていることに対する対価を小さく感じている人が多くいる。

　このような長時間労働の背景には，競争的な市場構造，業務量の多さ，非効率な働き方だけではなく，正規雇用者に対する終身雇用制等にみられる日本企業の慣習や職場の文化（風習や上司の考え方）等が影響している。正規雇用の労働者は，高い賃金や福利厚生の充実（保険加入や休暇等）と引き換えに時間的な拘束を受けているという「見返り的滅私奉公（山口2009）」の慣習があるとう指摘もある。他にも，上司の存在が健康に与える影響の知見として，職場の上司が労働時間も含めた働き方に対して柔軟な考え方を持っていない場合，柔軟性のある上司の下で働く人に比べて睡眠時間が30分短くなることなども明らかになっている。

　加えて，長時間労働は労働者だけではなく，その家族の健康にも影響する。内閣府の調査（2020）では，30代から50代の子育て世代男性の労働時間は長く，家事に当てる時間が短くなっており，必然的に家庭におけるパートナーの負担

は大きくなる。さらに，アメリカの研究では男性の労働時間が長い場合，パートナーの女性のファーストフード消費量の増加と身体活動が減少する傾向があることが示されており，長時間労働が及ぼす影響の範囲は小さくない。

2　職業性ストレス

仕事の量が多いことはもちろん働く人の健康に影響する。一方で，仕事の失敗などに対する重圧や単純作業の繰り返し，仕事の裁量権がないことなどの質的な面も健康に影響を与える。

仕事に関わるストレス（以下，職業性ストレス）については，カラセック（1979）の「仕事の要求度－コントロールモデル」が参考になる（図2）。このモデルでは縦軸に，仕事の進め方や働く時間，仕事の量などについて自己裁量をどの程度持っているかという「仕事のコントロール（裁量度）」と，仕事の速さや正確性，期限の有無等の「仕事の要求度」を横軸にし，二つの軸で分けられた4つの部屋で構成されている。

最もストレスが高く健康リスクも高いのは，要求度が高いにもかかわらずコントロールの低い「高ストレイン群」で，ノルマのある営業職やコールセンター業務，工場等のライン作業者が該当する。実際に，高ストレイン群にあてはまる職業をしている人はそうでない人と比較して冠状動脈疾患を発症しやすくなる。さらに，健康行動についても因果関係までは明らかになっていないものの，高ストレインは過度な飲酒，喫

図2　仕事の要求度―コントロールモデル

		仕事の要求度 低い	仕事の要求度 高い
仕事のコントロール	高い	低ストレイン群	アクティブ群
	低い	パッシブ群	高ストレイン群

出典：リサ・F・パークマンら。『社会疫学（上）』大修館書店；2017。

煙，肥満等の不健康な行動と関連している（注：不健康な行動をとる人は高ストレインの仕事にしかつけない可能性も残されている）。

　ただし，高ストレインの仕事であったとしても，同僚や上司から仕事の手伝いや助言，励ましの言葉等のサポート（ソーシャルサポート）があれば，仕事による心理的ストレスも軽減されることが予想される。一方で，もし高ストレインかつソーシャルサポートが無い場合には，心疾患のリスクも高くなることが明らかになり，有害な働き方とみなすことができる。注意しなければならないのは，高ストレインの職業ほど孤立しやすい傾向があるということである。高ストレインの仕事の例としてあげた，コールセンターの職場では多くの場合デスク間に仕切りがありコミュニケーションが取りにくい環境となっている。他にも，ノルマのある営業などでは，給与を短期の成果に連動させるシステムである成果主義が職場で採用されている場合が多い。この成果主義には負の側面があり，成果をあげることができない同僚や部下へのサポートが弱くなり，社員同士のつながりや結束が低下してしまうこと等が挙げられる。

　図2において，最もストレスが生じやすいのは高ストレイン群ではあるものの，他の3つの部屋がストレスを感じないわけではなく，それぞれの部屋で発生するストレスの種類が異なるという見方が適切である。右上の「アクティブ群」に該当しそうな医師や学校の先生であれば，責任のある仕事をある程度高い裁量で行えるという点においてやりがいを感じる一方で，責任の大きさや時間的コストの大きさを感じる可能性も高い。左上の「低ストレイン」に代表される大学教員や芸術家，職人等は働き方について大きなコントロールがある一方で，孤独感や社会からの疎外感を感じやすいだろう。左下の「パッシブ群」では，要求度は低く，裁量度は高いため，ストレスは感じにくいと思われがちであるものの，仕事での刺激が少ないがゆえに不安を感じる，刺激を求めて飲酒や喫煙などの不健康な行動をとる可能性も高い。

　仕事の要求度については，当然職業によって異なる部分がある。しかし，仕事のコントロールについては，職場に依存する範囲が大きい。労働者の仕事のコントロールを高めることで，職業性ストレスが改善することが示されている。

現在の仕事のコントロールと給与の関係では，給与の高い仕事ほどコントロールが高い傾向にあり，逆にコントロールが低い仕事は給与が少ない職業が多く，仕事における健康格差の要因ともなっている。以上より，盛んに議論の交わされている働き方の改革は，労働時間だけではなく仕事のコントロールにも焦点を当てる必要がある。

❸　不利な仕事

要求度とコントロールモデルと異なる経路からの健康への影響を及ぼす概念として，努力・報酬不均衡がある。つまり，一生懸命働いてその対価にふさわしい金銭や承認があれば，人は報われたと感じるだろう。一方で，仕事に関して本人の投じた努力や労力と報酬が明らかに釣り合っていなければ，心理的なダメージを通して健康にネガティブな影響を与える。

日本では，女性と高齢者の就労が増えてきた。同時に，パートタイムや有期雇用を含む非正規労働者も増加し続けている。上述の努力・報酬不均衡は，正規労働者に比べると非正規労働者に多くみられ，冠状動脈疾患や心身の不健康等，正規労働者に比べて健康水準が低いことがわかっている。非正規労働者は，福利厚生がないことや労働組合に保護されない，スキルが身につかないことなど多くの問題がある中で，とくに低賃金の問題は健康に強く影響を与えていることが明らかになっている。

ただし，賃金の水準が多少の改善を見せたとしても，非正規雇用であることは健康にとって不利である可能性が高い。非正規労働者は，将来の雇用が保証されておらず不安定な雇用形態となっており，失業や突然の部署移動などの不安を常に抱えることになる。実際，雇用の不安定性を認知している労働者は身体的または精神的指標において健康水準が良くないことがわかっている。他にも，不安定な雇用形態である労働者ほど，睡眠障害を通じて不健康に至るケースの多い夜勤を含めたシフト勤務を強いられているパターンも多いことが推察される。加えて，日本では若年層の非正規雇用が多い。初めての仕事で非正規となった場合は，正規になることは難しく，将来も非正規になりやすいことが

明らかになっており，所得の低さや労働環境の過酷さにより不健康に結びつきやすい。さらに，国内の調査で男性が非正規であること，収入が低いことは結婚につながりにくいことが示されている。結婚には，ストレスを軽減させる情緒的サポートや経済的な安定の他，食生活の改善や健康診断の受診行動などの健康的生活習慣の増加など，健康の改善にメリットがあることが国内外の研究で明らかになっている。しかし，男性が非正規であることや低収入であることは，男性がお金を稼いで女性が家事を担当するという男性稼ぎ手モデルの文脈が根強く残っていることにより，結婚へ踏み切れないという現象を引き起こしている可能性が高い。

　要点として，非正規雇用や低賃金の仕事など職位の低い人ほど，安全や衛生面が確保されていない，孤立しやすい，結婚できない，仕事におけるコントロールの不良等の不利な状況を強いられており，健康を害しやすいということである。実際に，給与や裁量度が高い経営者や管理職と比べて，職位が下がるごとに健康状態も悪くなるという，職位階層による健康の勾配があることも明らかになっている。非正規雇用が増加し，不利な環境で働いている人への対策が十分とは言えない日本では，職位階層の差による健康格差の拡大が今後ますます懸念される。

4　ワークライフバランス

　職業性ストレスなどの問題については，仕事の時間と家庭の時間を完全に切り離して考えるのは無理がある。仕事と家庭やプライベートの時間の調和がとれなければ，健康な働き方は出来ないという見方が妥当ではないだろうか。とくに，パートナーや子どもが含まれる家庭の存在は，仕事への活力にもなれば，家事や育児と仕事の間で葛藤を生むことにもなる。次に，近年注目されているワークライフバランスと健康との関係について紹介していきたい。

　内閣府「仕事と生活の調和」推進サイトでは，ワークライフバランスを「老若男女誰もが，仕事，家庭生活，地域生活，個人の自己啓発など，さまざまな活動について，自ら希望するバランスで展開できる状態である」としている。

1997年以降から共働き世帯は専業主婦世帯の数を超えており，夫婦ともに仕事と家庭のそれぞれから求められる要求に応えていく必要が生じている。当然，仕事と家庭のどちらかもしくは両方から強い要求があり，負担の軽減等についてコントロールが無く，本人の許容を超える負担を背負うことになれば健康に影響が出てしまう。他にも，一方の要求に応えることで他方の要求に応えることが難しくなることが予想される場合，その状況で葛藤が生じ，それがストレスとなり健康に影響を及ぼすこともある。ただし，そこに家庭内のサポート（親による家事・育児の協力等）や制度的なサポート（フレックス勤務等）があればその影響も異なってくる。以上のような仕事と家庭の間で生じるストレスについて，Berkmannら（2013）がモデル化している（図３）。例えば，依然として家事の大半を担っている女性がフルタイムで働く場合，家庭と仕事の両方からの要求は高くなる。その女性の仕事が，時間が不規則であったり休みがとりにくい等のコントロールが低く，かつ家族やコミュニティからのフォーマル・インフォーマルなサポートが無い組み合わせの時に，最も健康リスクが高まる。

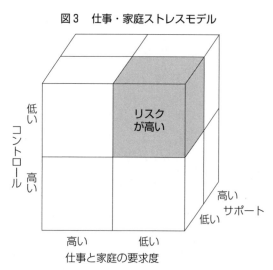

図３　仕事・家庭ストレスモデル

出典：リサ・Ｆ・パークマンら。『社会疫学（上）』
大修館書店；2017。

仕事と家庭の関係についての知見として，仕事で生じたストレスが家庭での時間に引き継がれることをスピルオーバーという。スピルオーバーは，仕事から家庭の方向もあれば家庭から仕事へ引き継がれるパターンもある。職業性ストレスや仕事―家庭葛藤等のストレスはが仕事－家庭間の双方向に持ち越される状態になれば，疾病リスクが高まる他，喫煙や飲酒等の不健

康行動を増加させる可能性も高い。他にも，仕事のストレスがパートナーや子ども等の家族の健康に影響を与えることもあり，これをクロスオーバーという。実際に，仕事でバーンアウト（燃え尽き）したパートナーと頻繁に接することで，本人もバーンアウトすることが海外の研究で示されている。

　仕事で生じたストレスは，本人の仕事以外の生活にも影響を与えるだけではなく，その家族にもネガティブな影響を与える。上述したストレスだけではなく，働き方の問題やハラスメントの問題等は依然として存在しており，経営者や上司などの職場環境に強い影響を持つ人は，仕事で生じるストレスの影響の範囲についても理解を深める必要がある。

 ## 健康に働くために

　ここまで，仕事における長時間労働や職業性ストレス，不利な仕事，ワークライフバランスの問題について紹介してきた。現在の経済成長を優先する社会の在り方の中で，健康を守ることは容易ではなく，法律による規制や保護など国家レベルでの時間とお金のかかる大規模な取り組みが必要になる。ただし，法改正のような国家レベルの取り組み以外にも，企業や事業所などの組織レベルでの有効な取り組みや個人レベルの取り組みで，健康を改善できる方策についても多くの知見が集積されており，以下で紹介していく。

1　エンパワーメント（コントロールを高める）

　『健康格差（2017）』の著者であるマーモットは，仕事や普段の生活で最もストレスを感じる場面を「コントロールを失った時」としている。多くの人は忙しさには対処はできるかもしれない。しかし，忙しい時に上司に仕事を押し付けられたり，その仕事を自分のやり方で進められない，急なタイミングで子どもが体調を崩し帰宅することを迫られたりすれば，出来事をコントロールできていないと感じる可能性は高い。図2で示した要求度―コントロールモデルのパッシブ群や高ストレイン群のコントロールの低い職業や職場で働く人は，仕

事の内容，やり方，量，時間などについて自分で選択をする裁量が与えられておらず，心理的ストレスを感じやすい。コントロールの低さは職位の低い者に多く，職場での健康格差を招く要因にもなり得る。とくに非正規労働者等は仕事における意思決定（どのような商品を開発するか等）に参加できない場合が多く，仕事のやりがいを低下させやすいだけではなく，有給などが付与されていなければ家庭の事情などで仕事を休む必要が生じた際に収入が減少してしまう。

　マーモットらの行ったホワイトホール研究では，仕事のコントロールを高めることで健康状態が改善することが示され，とくに最も職位の低い群に効果が高かった。職場における仕事の在り方を見直し，働く人のコントロールを高める等の職場環境を再構築する戦略を「ジョブリデザイン」とよび，いくつかの企業ですでに実践されている。

　ジョブデザインの例として，自動車会社ボルボのライン作業者を対象にした取り組みがある。以前は，ボルボ社のライン作業者は，ミスが許されない現場（要求度高い）で，定められた内容を機械的に行う（コントロール低い）と言うものだった。これを，より柔軟でコントロールの高いチーム作業に変更した結果，作業者のストレスの度合いを評価するエピネフリン濃度が減少し，生産性の低下もなかったことが示された。ボルボの例の他にも，いつ始業していつ就業するかという勤務スケジュールに柔軟性を持たせることが，男女ともに仕事―家庭間葛藤の軽減につながることが示唆されている。

　以上，働く人のコントロールを高めエンパワーメントをしていくことは，組織として取り組むことができる有効な処方だといえる。

２　ソーシャルキャピタル

　ソーシャルキャピタルは，信頼感（絆），互酬性（お互い様という暗黙のルール），社会的紐帯（つながり）等の個人や集団の持つ社会関連資本である。ソーシャルキャピタルと健康の関連については多くの知見が集積されており，近藤（2010）によるとソーシャルキャピタルの高い国や地域は経済成長率が高く，犯罪や虐待が少ない他，そこに暮らす人々の健康状態も良いことが明らかに

なっている。個人のソーシャルキャピタルと健康においても，死亡率の低さや精神的健康，要介護になりにくいこと等が示されており，健康格差を縮小させるために地域や学校，職場などのさまざまなコミュニティにおいてソーシャルキャピタルが注目されている。

　働く人のメンタルヘルスとソーシャルキャピタルについて，フィンランドの公務員を対象とした研究では，職場のソーシャルキャピタル低い場合，高い場合と比べて高血圧になり確率が高くなることが示されている。国内の研究においても，職場のソーシャルキャピタルを高めることがメンタルヘルスの改善に有効であることが示されている。加えて，その効果は仕事で大きなストレスを抱えていたり，職場でのサポートが少ないハイリスクな集団へ保護的に作用することが示されている。

　職場の人間関係が希薄であれば，同僚や上司からのサポートは少なくなることが予想され，先に述べた職業性ストレスが増加することは当然ともいえる。逆に，同僚や上司との関係性が良好であれば，サポートは多くなり，互いに尊敬しあい，ハラスメントが少なくなることが期待できる。加えて，人間関係が良くなれば，職場の雰囲気も良くなることが推察される。アメリカで注目されている「Fear-based workplace（恐怖に基づいた職場）」では，不安やストレス，疲労感が増すだけではなく，仕事に対するやる気がなくなりパフォーマンスも低下することが報告されており，職場の人間関係や雰囲気の改善が健康だけではなく生産性にも影響を与えることが示されている。

　その他，ソーシャルキャピタルが高まることのメリットとして，人と人との関係性が密になることで情報も伝播しやすくなる。例えば，個人が持っている健康に関する情報，健康増進のために行っている行動等も職場の社会的ネットワークを通じて広がっていく。よって，経済産業省の行っている健康経営のような職場の健康増進を目的とした取り組みにおいては，健康の知識とスキル獲得と同時にソーシャルキャピタルをいかに高めていくかという視点も重要になってくる。最後に，ソーシャルキャピタルの特筆すべき点として，逆境的な状況にいる人に保護的に作用する可能性が高い点である。本稿でも述べてきた

ように，職場にも健康格差は存在し，現状の働き方ではその差の拡大も懸念される。制度の改革は必要であるものの，時間がかかってしまう。しかし，職場で関係性を大事にする，お互いを尊敬することであれば，すべての人が明日からでも始められることではないだろうか。

⑥　おわりに

　本稿では働く人の健康に焦点をあて，働き方や職場の環境が健康に与える影響についてと，その処方について紹介してきた。しかし，当然すべてを網羅できているわけではない。まず，個人や組織ができることについて考察することを目的にしていたため，制度的な課題や法改正の効果などについては触れていない。他にも，現在の労働市場の変化として女性と高齢者が多く参加していることが挙げられるにも関わらず，この両者の仕事と健康についてもほとんど言及していないことや，エンパワーメントとソーシャルキャピタル以外にも職場の健康を増進させるためのキーとなる概念についても含めることができていない。

　以上のような課題はあるものの，働く人と職場の健康増進のために各々が気をつけることや明日からでも実践できることが記述されていることは一定の評価ができる。本稿の内容が多くの働く人と職場，これから社会に出る学生の参考になれば幸いである。

【参考文献】
イチロー・カワチ．命の格差は止められるか．東京：小学館；2013．
OECD．労働時間．https://www.oecd.org/tokyo/statistics/hours-worked-japanese-version.htm
片瀬一男，神林博史，坪谷透．健康格差の社会学－社会的決定要因と帰結．京都：ミネルヴァ書房；2022．
経済産業省HP．健康経営．https://www.meti.go.jp/policy/mono_info_service/healthcare/kenko_keiei.html
厚生労働省．令和4年労働安全衛生調査結果の概要．https://www.mhlw.go.jp/toukei/list/r04-46-50b.html
厚生労働省．令和3年度我が国における過労死等の概要及び政府が過労死等の防止のた

めに講じた施策の状況. https://www.mhlw.go.jp/content/11200000/001001664.pdf

近藤克則. 健康格差社会を生き抜く. 東京：朝日新書；2010.

近藤克則. 健康格差社会への処方箋. 東京：医学書院；2017.

総務省統計局. 労働力調査2022年平均結果の要約. https://www.stat.go.jp/data/roudou/sokuhou/nen/ft/pdf/youyaku.pdf

内閣府. 男女共同参画白書令和2年版. https://www.gender.go.jp/about_danjo/whitepaper/r02/zentai/html/zuhyo/zuhyo01-00-16a.html

内閣府HP.「仕事と生活の調和」推進サイト. https://wwwa.cao.go.jp/wlb/towa/definition.html

林英恵. 健康になる技術大全. 東京：ダイヤモンド社；2023.

マイケル・マーモット. 健康格差−不平等な政界への挑戦. 東京：日本評論社；2017.

リサ・F・バークマン，イチロー・カワチ，M・マリア・グリモール. 社会疫学（上）. 大修館書店；2017.

ローレンス・W・グリーン. 実践ヘルスプロモーション—PRECEDE-PROCEEDモデルによる企画と評価. 東京：医学書院；2005.

新時代の沖縄観光の諸相：コロナ禍とその後の挑戦

2024年3月1日　初版第1刷発行

編 著 者　沖縄国際大学産業総合研究所
発 行 者　大坪　克行
発 行 所　株式会社　泉文堂
　　　　　〒161-0033　東京都新宿区下落合1－2－16
　　　　　電話 03(3951)9610　FAX 03(3951)6830

印 刷 所　山吹印刷有限会社
製 本 所　牧製本印刷株式会社

ISBN978－4－7930－0326－4　C1034